三聯學術

伦理学纲要续篇

李泽厚

回应桑德尔及其他
什么是道德？
伦理学补注及附录

生活·讀書·新知 三联书店

Copyright © 2017 by SDX Joint Publishing Company.
All Rights Reserved.
本作品版权由生活·读书·新知三联书店所有。
未经许可，不得翻印。

图书在版编目（CIP）数据

伦理学纲要续篇／李泽厚著．—北京：生活·读书·新知三联书店，2017.8
ISBN 978-7-108-05941-3

Ⅰ．①伦…　Ⅱ．①李…　Ⅲ．①伦理学
Ⅳ．① B82

中国版本图书馆 CIP 数据核字（2017）第 086236 号

特邀编辑	钟　韵
责任编辑	冯金红
装帧设计	蔡立国
责任校对	常高峰
责任印制	宋　家
出版发行	生活·讀書·新知 三联书店
	（北京市东城区美术馆东街 22 号 100010）
网　　址	www.sdxjpc.com
经　　销	新华书店
印　　刷	北京市松源印刷有限公司
版　　次	2017 年 8 月北京第 1 版
	2017 年 8 月北京第 1 次印刷
开　　本	880 毫米 × 1092 毫米　1/32　印张 12.75
字　　数	253 千字
印　　数	0,001-5,000 册
定　　价	46.00 元

（印装查询：01064002715；邮购查询：01084010542）

《回应桑德尔及其他》《什么是道德?》《伦理学补注并附录》书影

李泽厚先生 2014 年 5 月在华东师大开讲伦理学

目 录

回应桑德尔及其他（2014）

一 理性与情理　3

　　从头讲起　5

　　什么是哲学　10

　　中国哲学　13

　　情、欲、钱　15

二 个体主义与关系主义　19

　　公正何来　21

　　总览表　25

　　功利主义　28

自由主义　　33

　　反自由主义　　36

　　物质刺激　　40

　　历史与道德的张力　　43

　　类似却不相同　　47

　　荀子　　50

　　情感和谐高于理性公正　　55

　　为时过早　　59

三　从 Kant 谈人性与善恶　　65

　　人是目的　　67

　　普遍立法　　69

　　自由意志　　71

　　伦理与道德　　73

　　四个箭头　　75

　　人性情感　　78

　　孟荀统一于孔子　　80

　　不能倒过来　　85

　　善恶观念　　92

蔡元培的话　95

至善　96

《三字经》与公民课　101

价值中立　103

权利优先于善　110

内圣外王之道　115

孔夫子加 Kant　119

四　余论　127

儒教　129

孔颜乐处　134

新的解说　137

全文结语　144

什么是道德?
——李泽厚伦理学讨论班实录（2015）

第一课　从与桑德尔的异同谈起　149

开场　151

justice：译为"公正"还是"正义"?　154

异与同：（一）市场与道德　　156

异与同：（二）对自由主义、功利主义的批判　　162

疯狂的电车：旁观者与司机 I　　163

疯狂的电车：法律与道德、伦理　　167

疯狂的电车：历史的具体的情境　　170

疯狂的电车：旁观者与司机 II　　173

船上杀人案：法律与道德　　177

船上杀人案：经验与先验之争　　185

结语　　187

第二课　道德心理结构：意志、观念、情感　　193

开场　　195

构成道德心理冲突的因素　　199

动物有没有道德？　　211

结语　　237

第三课　宗教性道德与现代社会性道德　　241

伦理学作为学科是否存在？　　243

讨论"动物是否有道德"有无必要？　　246

恐怖分子与救火队员到底有什么不同？　*249*

行为的道德判断：对错还是善恶？　*258*

结语　*271*

第四课　道德与伦理的区分和联系　*273*

开场　*275*

我为什么要道德？（Why should I be moral?）　*276*

道德是由外而内还是由内而外？　*282*

相对主义伦理和绝对主义伦理　*284*

至善问题　*297*

结语　*309*

整理后记　*317*

伦理学补注（2016）并附录（2017）

一　科学+诗　*321*

二　词语与方法　*327*

三　"伦理"与"道德"两词语的区分　*331*

四　由外而内　*337*

五　直觉、性善与孟、荀　*345*

六　Kant、伦理相对主义和美德伦理　*355*

七　儒学深层结构　*365*

八　自我　*377*

附录　举孟旗行荀学　*383*

回应桑德尔及其他(2014)[*]

A Response to Michael Sandel and Other Matters

---

[*] 本篇2014年由生活·读书·新知三联书店出版,收入本书时,删除了"附录"(《说儒法互用》)。——编者

一

理性与情理

从头讲起

问：你知道 Michael Sandel 吧？

答：知道。90年代我读过一批社群主义（Communitarianism）的书，也包括他的《民主的不满》等。

问：对社群主义你如何看？

答：《己卯五说》（1999）特别是《历史本体论》（2002）中有所评论，已十多年了。迄今看法没有改变。简而言之，认为社群主义是具有长久自由主义传统的发达国家的产物，有参考借鉴价值，但直接搬用，危险甚大。

问：Sandel 近来很红，在欧洲、日本、中国到处演讲，受到热烈欢迎，被誉为学术世界的超级明星。你愿意以你的伦理学如"两德论"回应一下他的观点和问题否？

答：可以。我不久前读了他的 *Justice:What's the Right Thing to Do?*（2010平装本）和 *What Money Can't Buy: The Moral Limits of Markets*（2013平装本）。他在这两书中，突出美国等（也包括中国）由市场经济（他赞成）走向"市场社会"（他反对），即一切均可买卖，已无道德可言，对此深表忧虑。他举了很多事例。中国还没到这一步，但已开始了，所以值得注意。当然，中国问题更复杂，市场还不够发达，正因为此，可以未雨绸缪，这也就是我要提出"两德论"（《哲学探寻录》1994，《历史本体论》2002）的原因。

问：*Justice* 是世界畅销书。你印象如何？

答：我欣赏它彻底避开了学院语言，深入浅出地触及要害，虽然在理论上并无原创。这里要着重说明的是，Sandel 是根据两百多年美国历史和现状，举例论证他的观点，中美在这两方面差异都很大，我没有可能也没有必要逐一讨论他那许多例证和问题，而只就他的基本观点从中国历史和现状作些回应。同时要说明，这不是学术论著，只是一个挂一漏万的粗略对谈。

问：你刚才提到"两德论"，你还提出"历史与伦理的二律背反""历史在悲剧中前行""和谐高于公正"等等，与他的问题相关吗？

答：相关。这些基本观点可以回应他所尖锐提出的"市场与道德"问题。但还得以我为主，从头即从中国传统的"情本体"等命题讲起。"公正"主要是"理"，而"和谐"是"情理"。拙著《论语今读》前言中说，"文化心理结构的核心"是"情理结构"。拙著《中国哲学如何登场？》一书又强调以"行动（'天行健'）—生命—情理—一个世界"与"逻辑（logos）—语言—理性—两个世界"来作为中西哲学、思想的根本性差异，认为"情理"而非"理性"是中国伦理学与包括 Sandel 在内西方伦理学的重要区分的哲学基础，也是今天谈论"市场与道德"问题的一个要害。

问：你不是一直强调"理性"吗？并多次提过 Aristotle "人是理性的动物"的"定义"，但又强调"理性"不同于"情理"。

答："情"与"欲"相联，"欲"属于动物本能，Aristotle 突出了人区别于动物本能的理性。但人又仍然是动物，不是神灵，不能摆脱欲望，所以就有这个"情理结构"（emotional-rational structure）的问题。Aristotle 和许多西方哲学家如 Hume 也对人的欲望和情感作过各种细致区分和大量的经验描述，但未在根本上进行讨论。与此不同，中国原典儒学一开头便重视这个问题，并以之为出发点。

问：但你也说过，汉代便讲"性善情恶"，宋明理学更是"存天理,灭人欲",贬低情感的地位。

答:所以我说要回归原典儒学,承继"道始于情""礼生于情"而提出"儒学四期"和"情本体"。

问:看来,在讨论Sandel之前,先得谈谈"理性""情理"这些问题。例如,什么是"理性"?它从何而来?

答:这样一来便要扯得很远,的确是从头说起,而且又得老重复自己了。以前我便多次说过,"理性"一词解说纷纭。我基本界定它是人类群体将其活动自身及其对对象的把握加以可重复的秩序化、规范化、形式化,以语言记录保存在群体成员的自觉意识中,并传递给下代,形成了区别于其他动物族类的心理构建。而这个"人类群体"的基本活动就是制造—使用工具以获得生存的物质实践,我称之为工具本体。

问:但你同时又提出和强调人类独有的心理构建,即你所谓的"双本体"论。

答:后者也是一个非常庞大而复杂的系统。如以前所说,其中包括三方面:A. 由语言训令所呈现的群体规范对个体行为以及本能欲求的控制和主宰的理性凝聚,即意志;B. 由动作到操作—技艺所完成并发展为逻辑和数学的理性内构，即认识；C. 秩序、规则、形式对个体感知的渗透交织的理性融化，即审美。这已讲了几十年了。在这三者中，理性与情感的结构关系便很不相同。

问：你一直把"理性"追根溯源归结为使用—制造工具的活动。但一些动物不也有此活动吗？

答：这问题已回答了很多次。使用—制造工具活动的普遍性（无之必不然，即人类不能生活）成为人类生存的必要条件，使用—制造工具的多样性成为人类生存的充分条件（有之必然，使人类生活不断发展），这就是区别于黑猩猩等动物使用—制造工具不同的地方。有此普遍性和多样性，上述"理性"才能产生或出现。

问：所以你强调"学而第一"，使用—制造工具并非天生能耐，是需要经过"学"才能获有和传递。

答：《论语》一书，强调的便是"学"。《论语》当然不是强调学制造工具，而是强调"学做人"。这恰恰就是伦理学。伦理学的对象是人的行为，即使在原始状态，规范人的行为也先于规范人的认识，这一点我在80年代已讲过。"礼"就是行为规范。孔子一生讲"礼"，"学"什么？学"礼"。人要"立于礼"，就必须"学"，"我非生而知之者，好古，敏以求之者也"，"十室之邑，必有忠信如丘者焉，不如丘之好学也"。这个"学"就不只是"学"获得"理性",而是"学"如何构建塑造人区别于物的"情理结构"。为什么原典儒学重礼乐并行,即以此故。所以我说不是神秘的"天",也非先验之"善",而是脚踏实地的"学",才塑建出人的"情理结构",构成了人类本体。

问:你一贯强调"理性"不能替代"情—理",逻辑、语法不能等同于心理。大脑大于意识,意识大于理性。

答:这也是中国哲学传统,既重视人的理性,同时重视人是具有本能欲求和自然需要的生物体,不能用某种道德的理性理念将它们抹杀。今天的市场经济打开了这个本能欲望的魔盒,有效地、充分地满足并制造出人的各种欲望,以至"物欲横流"。光用理性原则和道德律令,不讲情理结构,不能解决问题。Freud发现了超我对本我的压制。各种宗教教义和各种主义教条以理性律令来压制情欲。八个样板戏里无爱情,但今天重来,恐怕行不通了。

什么是哲学

问:你所欣赏的当代英美心灵哲学(Philosophy of Mind)不也正在研究情理关系等问题吗?

答:心灵哲学也有不同派别,我重视的是以语言分析为途径和依靠，结合脑科学成果，其中有指向"情理结构"的研究。它在哲学专业领域内也大有取代分析哲学的趋向，与我提出"走出语言"的想法合拍，我非常赞赏。我以为正如当年语言哲学对我们了解语言的"意义"、用法、谬误从而厘清思想混乱大有助益一样，心灵哲学对我们了解"心灵"，厘清情感、欲望与思维、理性的关系也会大有助益。但是，也有如语言哲学一样，它已逐渐成为某种非常专业、技术性很强、细密谨严的准科学，只有极少数人能了解和懂得。它不再提出宏观性的哲学命题。包括像 Sandel 提出"市场与道德"这种宏观性问题，心灵哲学大概不会提了。而我以为提出宏观命题才是哲学的任务。

问：好，干脆扯远一点，什么是哲学或哲学是什么？

答：Hegel 当年曾嘲笑英国人把许多东西都叫哲学，在 Hegel 看来，只有对真理的抽象思辨，实际也就是指自希腊以来经过严格逻辑思辨的概念推演才叫哲学。所以 Hegel 根本瞧不上孔老夫子的"处世格言"，认为那不是哲学。但并不是所有人都同意 Hegel 的看法，所以这问题并未解决。"什么是哲学"或"哲学是什么"的书籍也在不断出版。各念各的经，各唱各的调。

问：你如何看？

答：有如 Hegel 所言，哲学在某种意义上也可以说是哲学史的哲学，即哲学常常是在前辈哲人基础上再次提出新的宏观视角和概念。就西方说，哲学有其"理性"的遗传基因，即希腊哲学特别是 Plato、Aristotle 所定下的格局。如对 Being 的寻求、Truth 的探询等等。它在中世纪变为神学的仆从，即理性地、逻辑地论证上帝的存在。自文艺复兴摆脱神学之后，创造了近代西方哲学高峰。另方面它又不断地分化成为逻辑学、伦理学、政治哲学、法哲学、美学以及今天的语言哲学、心灵哲学等等，日渐走向科学化或专业化，变成了好些专业领域，于是"哲学终结"。Heidegger、Wittgenstein 之后好像没有"哲学"了。

问：真没有哲学了吗？

答：实际上依然存在。

问：为什么？

答：如同艺术一样，各种哲学虽然产生在特定时空环境内，却常常超越它们而获有长久价值，使得人们频频回顾。这是因为人生、命运、宇宙、人活着、为什么活、活得怎样（活在哪种境界里）这些大问题总不断地甚至永远地困惑着、干扰着人们，总让人们去寻求了解、寻求回答而思考。随着时代和生活的变迁，人们也不断提出各种不同的宏观视角和概念。例如人为何要道德？道德又是什么？人们就在不断地寻求解答。所以我说形而上学每次都埋葬它的埋葬者。著名科学作品可以过时而被搁置，但今天人们还在读《老子》和 Plato。读艺术是获得感受形式，读哲学是体认情理结构。

中国哲学

问：如果这样说，中国传统思想里当然也有哲学，哲学并不止西方哲学史着重理性推演的形态。

答：B. Russell 很聪明，不同于以前的书名，他明确他所写的只是《西方哲学史》。可是，近百年来中国学人写的《中国哲学史》却总是以西方那套模式来解说中国，丢失了中国哲学中的许多核心遗产，例如"情理结构"。我以亲身事例说过，许多年前我谈"情本体"时，一位研究西方哲学、学养甚优的老同事便问我：那还算"哲学"吗？

问：因此你想以"情本体""情理结构"来建立中国哲学在世界哲学中的独特地位？

答：它其实更是对当代西方流行、中国学界也效颦不已的后现代反启蒙反理性哲学思潮而发。大家知道，我一向反对反启蒙反理性，非常肯定理性与启蒙，但同时又强调不能止于理性与启蒙，80年代我提过"提倡启蒙，超越启蒙"，我认为理性如何与情绪、欲望发生关系、产生人性，才是更重要的课题。后现代反理性是破坏性的，我讲"情本体""情理结构"，再度提出人性问题，是建设性的。并认为它来自中国传统，却有世界普遍性，希望它与在现实实践中的中国之路能相交会配合，从80年代以来我一直主张如此。

问：你的"情本体"或"情理结构"作为哲学性概念是否同一？

答：不同一，着重有所不同。"情本体"是就它对人是有根本价值、地位而言，所谓"本体"不是noumenon，而是root、substance。"结构"是就它与"理性"具体交织而言，突出的是"情理"关系的各种不同比例、比重和变动不居，这也就是复杂的人性。

问：今天心灵哲学已经把"心灵"研究弄得细致了，你提出这种模糊笼统的"情本体""情理结构"又不去细化，有何意义？

答：我是从"人类如何可能"探究"人性是什么"才提出"情理结构""情本体"等宏观概念和问题，与心灵哲学可以沟通但并不相同，上面似乎已经讲过了。宏观视角不解决问题，但试图给人启发。我只提出"情本体""情理结构"这些概念，没有也不可能去作具体研究，那属于科学范围。

情、欲、钱

问：因此，你也是说，不同于 Sandel，你是在中国传统基础上提出"情理结构"来谈"市场与道德"等问题？

答：可以这么说。总命题是"人性"。亦即是"何以为人"？这恰恰也是伦理学的命题。我已反复说过了，我不赞同上帝造人，也不赞同自然演化（biological evolution）。我不承认有天赐的"良知良能"，不管这"天"是自然、是上帝，还是"纯粹理性"，人的伦理道德也是如此。人包括其伦理道德都是自我建立和生成，这个"自我"也绝非"原子个人"，而是群体社会，是历史和教育即社会性的成果。我比较喜欢 Heidegger 的前期和 Wittgenstein 的后期，因为他们都抓住了"人生在世"的"去在"（Dasein，我拟译为"去在"）和"生活形式""生活之流"（语言之本）。我想由之进而探求这个"人生在世"和"生活之流"，其中便包括伦理—道德的来龙去脉，而"动""度""情本体"便成了重要环节。与好些研究中国哲学大讲传统的学者不同，我不采取对西方哲学隔绝、疏离、不闻不问的态度，而是主张尽量吸收其中养分来发展自己的传统，并以此突破希腊—欧洲哲学的话语主流统治世界的局面。Sandel 举了大量金钱所不能或不应买的事例，但他恰恰没突出"情"是钱所不能够买的。例如，他大讲代孕问题，却不谈与情感的密切联系、严重纠葛和损伤。

问：Sandel突出和反对市场对道德的无孔不入的侵害。他并不反对市场经济，却未提出反对这个"侵入"的底线，即市场和道德的分界线在哪里，或到底什么是金钱不能买或不能买到的？

答：如上所说，底线或金钱能不能买的就是情感（emotion / feeling）。市场原则是理性的"平等交换""自由贸易"，这也就是为什么我回应Sandel要一开头从"理性"和"情理"、中西哲学差异讲起的缘由。

问："情"与"欲"相联结。欲望经常是金钱可以买卖、市场可以侵入的。

答："情""欲"相联，"情"却不等同于"欲"。"欲"可购买，"情"未必然。欲望可以在理性原则基础上等价或不等价地交换、买卖，"情"却难以或不能等价或不等价进行理性交换了。但"情"与"欲"总经常纠缠在一起，很难划分得十分清楚，下面也连在一起讲。大体说来，"欲"与个体生理苦乐和需求直接联结，也有emotion / feeling，但更是desire、need。"情"则有超越生理和个体的方面。有如梁漱溟所说，"人在情感中，恒只见对方而忘了自己。反之，人在欲望中，却只知为我而顾不到对方"（《中国文化要义》，下同）。情欲二者渗透交错，非常复杂，这些得由心灵哲学、分析哲学等等仔细研究，这里只能笼统说说。总之，

"情""欲""钱"究竟应该是何种关系，便值得去探究。这是当今伦理学所应该重视的问题。

问：但有如一些评论所认为，你的哲学如"情本体""情理结构"似乎更重视人的内在心灵方面，而较少谈及外在社会方面，你的伦理学也如此？

答：Yes and No。我的确重视"内在方面"，因为我强调提出了人性问题。但又恰恰强调这"内"（个体心灵）是由"外"（群体社会）所塑建成的。由外而内，由"礼"而"仁"。如《伦理学答问补》所说，"礼"本于"情"而成为"理"，但又是此"理"而非"情"主宰了个体的道德行为。就群体说，"礼"（伦理）来自"情"（情境、情感），就个体说，"理"主宰"情"。现在可以谈到 Sandel 了。

二

个体主义与关系主义

公正何来

问：可以从 Justice（《公正》）一书谈起。

答：Justice（前译"正义"，为妥帖准确，似译"公正"为宜。）为何？"公正"何来？即"公正"是什么，又为了什么？它从哪里来？无论是 Sandel 讨论的功利主义（utilitarianism，或译效益主义，似更贴切，但约定俗成，不必改了），左（平等自由主义，egalitarian liberals）右（自由至上主义，libertarianism）自由主义或 Kant、Rawls，都是以各种相当抽象的理性原则（"最大多数的最大幸福"，"个体自由选择和决定"，"绝对律令"，"公平的公正"）来界定什么是"公正"。但为什么人类的群体生活需要"公正"的理性原则呢？似乎没说多少。当然，也说过来自个人安全、个人利益而约定等等，但如何可能约定呢？并无历史依据，也就没法多说，只能是一种虚拟的理性设定了。

问：你的看法又是什么？

答：我是历史主义者。我以为包括"公正"在内的所有的伦理道德都是为了人类（即各群体社会）的生存延续，"公正"不是来自个体之间的理性约定，而是来自群体生存的历史具体情境。我以原典儒学的"礼生于情""道始于情""礼因人之情而为之""始者近情，终者近义"（均《郭店竹简》）来解释"公正"原则的来由或形成。

问：如何讲？

答：这个"情"就是人（包括个体与群体，下同）的生存情况状态，它是"情境"（situation、context），也是"情感、情欲"。情感、情欲离不开生存情境，生存情境也离不开当时人的情感、欲望（首先是生存欲望），它们都是非常历史具体的。情境与情感、情欲的各种具体联系需要专门研究。但《郭店竹简》和荀子已作了很好的哲学提示。拙文《孔子再评价》(1980)曾引刘师培的话"礼源于俗"，这个"俗"也就是在特定现实生活的情境、情欲中生出来的风习（风俗习惯）、规定、准则、制度、秩序，即"礼"。"礼""法"是连在一起的，"礼"也就是未成文法。它的抽象思辨或语言概括便是"理"（理性）。这说明"理"或"理性"来自人类生存而不是先验原则。

问：也就是说"理"或"理性"由人类生存的"情境"（其中包括情感—欲望）而生出，从而在本源上，"情"高于"理"？

答:"高"是什么意思,需要分析,不可笼统这么说,下面还要一再回到这个问题。什么是"公正"呢?我记得60年代读过一本Karl Marx女婿法国人Paul Lafargue《思想的起源》中译本,其中讲"善"在原始部落时是指勇敢,"恶"指怯懦,"公正"则来自血族复仇和公平分配,都是一些非常具体即历史性的行为规范或标准。大量文化人类学研究和许多原始文化材料也如此说。后世才逐渐把它们作为伦理学范畴抽象化和扩展化,最后才成为某种要求"放之四海而皆准"的观念、理念、原则、价值,甚至成为只可直观不可定义的"品质"。

问:你以前也说过,在日常生活中"善""好"有许多不同层次、不同意思的语义,包括有益、有用、有利以及所谓moral good(善)与good(好)等等之分。

答:一些哲学家把它们分为"固有善""目的善""手段善"等等,却仍难说清楚。特别是离开各种具体的"情"(情况、情境、情感)来讨论,便会产生许多空洞而繁复的问题,反而纠缠不清。例如Sandel提出因风灾、水灾,物价应否上涨,是应遵守市场规律呢,还是应遵循道德原则?我以为这就是脱开"情"(当时当地的各种情况和人们当时具体感受和情感)对"公正"所作的抽象"理性"讨论:以理性的抽象论议代替了具体的情境分析。因为水灾风灾各有许多不同的具体情况,即便同一灾难、同一地区也有各种程度不同的灾情,应否涨价、何种物品应涨或不应涨、涨多少(度)

或应无偿供应，都需要依据各种具体情况来决定，作这些决定不仅有理性原则，还有道义情感，怎么能用一个抽象的普泛的理性原则（市场或道德）来进行判断呢？Sandel 描述许多事例非常具体，但所归结的问题讨论却非常抽象，特别是他讲演问完全不清楚具体情况的学生：涨价是好还是不好？遵循道德原则还是遵守市场规律？等等。这不与为 Hegel 所嘲笑的"天下雨是好还是坏"一样吗？Sandel 最后把它归结为这样"一个政治哲学的大问题：一个公正社会要不要寻求提升公民德性，还是法律应中立对待德性概念的竞争，从而公民可以自由选择对他们来说的最佳生活方式？"Sandel 认为这就是古典（Aristotle）与现代（Kant、Rawls）的分途。虽然我并不赞同 Hegel"现实的就是合理的"伦理相对主义，但在这个问题上我明确赞成 Hegel、Marx 历史主义的方法论，即任何善恶、公正、政治、教育都必须放置在特定的历史条件下去具体地分析判断。Sandel 所提出的"奴隶制任何时候都是错的"，在美国历史上也许可以这么说，但在人类史上却不然。因为比起原始社会的大量杀俘，古代以奴役代替戮杀，这是历史的一大进步，从而是公正的。Sandel 也谈到 Aristotle 为奴隶制辩护。Aristotle 肯定奴隶制，认为人各有其本性（nature by born）。孟子也讲过"劳心者治人，劳力者治于人"的社会分工。显然，不能以今日奴隶制、农奴制的非公正作为一种抽象公正观点来评判过去。同样，把水灾风灾的"哄抬物价"一律划入"趁火打劫"恶毒心肠的道德评判，这能说清和解决问题吗？我以为不能。Sandel 提醒人们在日常生活和行为中有道德两难问题或困境，很有意义，但以某种抽象原理直接搬用于各种具体事例，在方法上不可取。

总览表

问：你提出"情理结构"还蕴涵这么一个方法论在内？

答：对。这方法论也许可简略概括为"历史具体"和"度的把握"这两条，它们又仍然与是否"理性至上"的基本观点攸关。这方法不赞成用一种抽象的理性原则普遍地直接地施加在一切具体事物上面，不赞成伦理道德来自这种普遍适用的抽象理性，这仍然是我所讲的"实用理性"与"先验理性"在方法论上的区别。我这里有一个伦理—道德的"总览表"（见下页）即"礼生于情"到"理主宰情"。

这个图表下面要再三说到。总之是要表明，"礼生于情"的中国传统的和谐观与"理性至上"的西方公正观在伦理学上是有歧异的。

问：中西为何有此差异？

答：我的回答又仍是历史性的。当然，西方在生活、制度、理论上也讲情感和情理关系，这里只是说，从意识重点、理论关切、哲学构造看，不像中国这么突出和重视。中国由于漫长发达的新石器时代，以家庭农业小生产为基础、血缘

纽带为轴心的氏族部落体系和巫史传统的理性化,"人是关系"的观念形态变成了"传统无意识"。西方则从希腊自由民社会的平等个体和犹太—基督教人人平等地在上帝面前接受最后审判,使"人是个体"的观念形态变成"传统无意识"。这就是"关系主义"(中)与"个体主义"(西)不同,从而造成了"情理"与"理性"的分途。西方当然也认为人不可能脱离群体而生存,Aristotle便讲"人是政治(城邦)的动物",但那"政治"仍然建立在平等个体的自由民基础之上,与中国建立在"五伦"关系之上颇不相同。

问:"关系主义"?

答:此词非我生造,梁漱溟就说过,"人生实存于各种关系之上,此种种关系,即是种种伦理""伦理本位者,关系本位也"。我用"关系主义"(Guanxism)这词,则是与"情本体"相联系,并以之区别于"个体主义"和"集体主义"。人们常用"集体主义"或"整体主义"来讲中国,我以为很不准确。个体的平等组合也是"集体",中国重视的恰好是个体间以血缘为轴心纽带非平等地所开出的由亲及疏、由近及远从而各有差异的多种不同的"关系"。这"关系"是理性秩序,更是情感认同,"关系"产生于情境。许多社群主义者如MacIntyre和Sandel都赞赏和倡导Aristotle的美德伦理,中国传统当然也是美德伦理,但二者便很不相同。关键也仍在这个"关系"与"个体"的不同。这可联系前面提到的"情"和"欲"。"欲"与个体感官、身体的苦乐感受有直接联系,梁漱溟说"肯定了欲就肯定了个人",因之,在理论思辨上可以将之提升为绝对的、先验的、与他人分离的"自我""原子个人"等纯理性原则,这就是现代个人主义。"情"虽然常以"欲"为基础,却更是与他人和物的相互关系的心理反应,在理性思辨上便可将之提升为"情理结构"的关系主义。提出关系主义,也是为了针对着重人的分离性的西方现代个人主义和自由主义。尽管 Sandel 也反对个人主义、自由主义,但他提倡的"美德伦理"却仍然脱不开希腊城邦的平等个人的底色。这点暂按下不表,后面再说。

问:"理"不是主宰、管控"欲"的吗?理欲冲突不经常是伦理学的主题吗?怎么"欲"的理论提升的"个人主义"反成为纯理性原则了呢?

答:这是不同层面和不同语义的问题。有意思的是,这里还蕴涵着一个思辨的秘密。纯理性思辨造成的先验幻相可以是情感、信仰,对感性欲求的思辨却成了无情感的理性原则。但这问题不属于今天谈论的范围了。

功利主义

问:还是回到 Sandel《公正》这本书吧,他首先对功利主义作了严厉的批评。

答：整个个人主义、自由主义的思潮，都是随着近现代资本主义的发生和发展而涌现和扩张的。古希腊罗马的法律中以及中国传统都少有"个人权利"（individual rights）。功利主义是以个体苦乐为基础的现代自由主义的一种，它反对少数贵族阶层的特权利益而强调作为个体的最大多数的幸福。功利主义的著名人物Bentham以"最大多数的最大幸福"作为公正原则，非常有名而且实用。他站在英国传统经验论的立场，批评流行的天赋人权、自然权利、社会契约等是抽象的空泛的幻相。Bentham实际是给它们填入"以苦乐为善恶"的坚实经验基础，将个人主义更为世俗化、现实化和实用化，所以一直占据统治地位，直到上世纪70年代被Rawls力驳推翻。但我以为功利主义有其合理性，而且至今也仍可或仍应运作和实行，这主要是在政府的政策决定和规章实施上。

这里我所讲的"伦理"与"道德"的区分就很重要。因为它包含了社会体制、政府作为与个体行为、内心状态的区分。Sandel所举的许多事例恰恰没有作这种区分，因此就混淆不清。功利主义作为政府行为（即不是为财政税收而是为改善大众生活来制定政策、设立方案等等）在许多时候是完全适用的；但作为个人行为的准则则不必然。

问：为什么？

答：任何个体都生存在群体中，从而就维系社会生存的政府来说,为了保障最大多数人的最大幸福在必要时牺牲个体或少数,便不可避免甚至必要,并非不公正。Bentham本来就是从政府应重公共福利这一角度出发来谈论的。我们不能把它当作个体行为的道德准则来推广。那个著名的应否推胖子堵电车即杀一人救五人,作为功利主义之例,便是这种误用的荒唐议论,以及如Sandel所举人命、门牙、脚趾值多少钱等"功利"的例子也如此。

问:但你说过"幸福"不是伦理学问题。

答:Bentham所说"幸福",主要是指以苦乐的个体感受为基础的物质方面,我认为这个物质方面即人们的衣食住行性健寿娱,总之以身体苦乐感受为基础的所谓"幸福"属于伦理学,它们是可以比较和衡量的。如我以前所说,吃饱总比挨饿幸福,穿暖总比受冻幸福,它们与人的生存直接相关,可以有一定的客观标准。

问:但"幸福"作为感受或体验不只是肉体,还有精神方面。

答:这个方面就非常麻烦了,因为它们难以比较和衡量。以前我说过,在基本生存需要满足后,什么是幸福或快乐,人们很难一致,也难分出高低。有人以美食为乐,有人以锦衣为乐;有人以安居为乐,有人以冒险为乐;有人以宁静为乐,有人以思辨为乐;有人以追求各种物质欲求满足为乐,有人却以挨饿受冻摧残肉体以换取神秘体验或精神满足为乐;……如此种种,不胜列举。既然快乐、幸福人各有不同的感受和选择,所以我从不认同由不同主观感受所统计得出的所谓"幸福指数"。没有这种"指数"。从而也可推论,所谓"最大多数的最大幸福"只能适用在物质生活方面。实际是指"最大多数"的最大物质利益。精神方面的许多幸福、快乐(当然也并非全部)可以与物质方面的满足无关,它属于宗教—美学而不属于伦理范围。

问:Sandel《公正》提到 J. S. Mill 认为有高级和低级的幸福(快乐),说快乐不能够量化,Bentham 认为可以。

答:我对于 Sandel 认为 Bentham 比较彻底,J. S. Mill 有所偏离(stray),非常赞同。记得我以前说过,John Mill 已不全是英国经验主义,受了欧陆影响,他强调长远功利而非目前苦乐,以及突出人的自由和尊严等等,的确是重要的发展。尽管如此,为使问题明晰,我仍然主张把"最大多数的最大幸福"限定在物质生活方面,它才属于政治哲学,说明这不是一个偶然性的事例,而是与人的生存紧相关联、具有历史必然性的要求,这也就是从"人类生存延续"这个根源上把事实判断与价值判断紧紧联系在一起。人们追求物质生活的快乐、幸福,这既是普遍必然的事实,也是人们应当去追求的普遍必然的"公正"。

问：Bentham 的"最大多数的最大幸福"仍然有理？

答：战时牺牲少数，伤及无辜，如"二战"中对德国 Dresden 的大轰炸、对日本广岛投原子弹（奇怪的是 Sandel 一直未谈这个争议极大的例子）、平时水灾分洪牺牲少数等等，都是为了"最大多数的最大幸福"进行的，并非不公正。它们必须历史具体地分析对待，不能抽象化地一概否定。特别是如前所说，不能把它作为公正原则推及个体行为。因为情境各异，"关系"不同，从而义务、责任、行为便大不同，不可能也不应该用一个所谓"最大多数的最大幸福"的"公正"抽象原则来进行判断或决定。上述杀一或杀五的电车案例，Sandel 也认为与推胖子堵电车还是有所不同。因为，作为司机与作为路人所应遵守的义务、责任便大不相同。社会有对个人的公共行为规范，各行各业有其特定的职业伦理学律则。这些律则在实际执行时还得根据各种具体情况来掌握运用，在运用中还有以前讲过的"经"（原则性）与"权"（灵活性）的问题。战争中伤杀无辜有时无法避免，Sandel 所举阿富汗塔利班事例，这在中国便早被讥为"妇人之仁"。战争本就极其残酷，孙子说"兵者，诡道也"，用阴谋诡计战胜敌人，便远非一般道德原则所能框定。其中也要依据各种具体情境来确定。同样是无辜百姓，纳粹屠杀犹太人、日本南京大屠杀是严重罪行，对长崎、广岛投原子弹则不是。如此等等。战争中的伦理道德是另一个专门课题。各种规范伦理学，职业道德学便要探讨、研究如何具体处理对待各种生活、行为中的伦理道德问题。包括 Sandel 所举能否用酷刑逼供、是应募兵还是征兵（义务兵役）、能否拒绝轰炸被侵占的家园以及美国内战中李将军事迹等各种案例，以及高价买好的牢房，更为快捷地看大夫，买绿卡，雇人排队，等等等等，其中各种情境并不相同，需要上述伦理学逐一作具体分析，远非讨论或凭依一个抽象的公正原则所能解决。例如 Sandel 讨论很多的兵役问题，是市场买卖还是公民义务，就要由不同国家不同时期不同情境（战时或平时、何种战争、战况如何等等）而有不同处理，不是一个抽象原理所能推断决定的。Sandel 的评说之所以常常言辞闪烁、飘忽不定，其实正反映出这个问题。

自由主义

问：Sandel 详细讲述了"自由主义"以"个体的自由选择和决定"作为公正的根本原则来反对抹杀个体的功利主义。

答：Sandel《公正》一书讲了自由主义的左（平等自由主义）右（自由至上主义）两派，并着重讲了 Kant 和 John Rawls，甩开了许多细节和人物，我以为抓住问题，贴近现实，简明扼要，非常之好。

问：你对自由主义如何看？

答：Kant 需要以后详谈，他是大老总。

问：我想问的是，功利主义重视多数（最大多数的最大幸福）比自由主义强调个体更合理些？

答：不然。自由主义比功利主义更进一步，反映了也更适应现代市场经济基本主宰人们生活的情境状况。功利主义作为政治理论，本就是以个体为单位的现代社会生活特别是现代国家情境下的产物。自由主义以突出契约论的主题方式把个人权益这一现代特征更鲜明表达出来了，它反对功利主义的"统一的"欲望主题，突出了个体的差异性、多样性和平等性。虽然自由主义所突出的"无知之幕""原子个人"等等在历史上和现实中并不存在，这只是一种理论假设，却有如自然科学，自由主义是可以做这种现实中并不存在的前提假设来进行理论推演的。我是历史主义者，当然不赞成这种假设，因为它不能真实说明和回答问题的来龙去脉，但毕竟由这种假设所建立起来的逻辑推论，比功利主义更反映也更适应现代社会生活的需要。

功利主义漠视少数，也就是漠视了那作为少数的个体，可以造成巨大的灾难，如 Sandel 所说某教派可以打着"最大多数的最大幸福"的招牌来进行宗教严重迫害和种族灭绝。自由主义强调每个人都是目的而非工具，强调个人的选择和决定的自由，这极大地提升了个人的价值、地位和人格尊严，也在现实上把个体从过去政经体制、传统风习、观念意识的种种奴役中解放出来。例如在中国，今天农民有进城打工的自由，即出卖劳动力的自由，大学生毕业后不再必须服从组织分配，有选择工作甚至自主创业的自由，这些看来"理所当然"的个人权益，几十年前在计划经济下便很难想象。计划经济当年是否有其合理性或公正性，这是另一个可争论的问题。但无论如何，改革开放在共和国进程上确是一次历史性的社会变革，尽管这里有更赤裸的资本对劳动者的统治，但毕竟进一步走向了"人尽其才"的理想，社会整体得到了发展。

问：也带来老幼困苦留守的"自由"，大学生毕业即失业的"自由"……这不都是拜自由主义认为理所当然的"天赋人权""契约原则""人生而平等"的公正理论之赐吗？

答：历史在悲剧中前行。劳动力自由买卖、平等竞争和优胜劣败使社会生产得到了极大发展，各阶层人们生活得到极大改善。总体来说，自由主义的市场经济仍然是利远大于弊。

问：那就要感谢这些自由主义思想家了？

答：正如可以说Marx"预见"资本主义全球经济一体化一样，也可以说Locke、Kant等自由主义思想家"预见"了现代自由社会的诞生。我以为，自由主义那些"公正"观念是人们所应遵循的现代社会性道德的基本原则。人们之所以遵循，却并非因为它们乃思想家的产物，而主要是这些思想有经济力量的支持。这个经济力量把本来虚构的"原子个人""天赋人权"等等观念意识似乎变成现实,使个人单位、契约原则、公共理性日益成为现代社会生活的制度秩序、行为规范和道德准则。这个作为真实基础和来由的现代经济即自由贸易、等价交换、商品生产、市场经济,特别是 Marx 讲的劳动力的自由买卖,还在全球继续蔓延、扩展,所以自由主义也必然会在全球蔓延、扩展。而且观念可以比现实先走一步,这些理性原则尽管今天带来严重问题,但依然是这些启蒙思想家的伟大功勋。而其所以在时空两方面都能如此不断发展和扩大,则是现代现实生活的动向和走势所造成,这远非社群主义所能抗拒。自由主义的功过得失以前文章曾讲过,下面也还要谈到,我这篇对谈既回应 Sandel,同时也回应自由主义。

反自由主义

问:自由主义大讲的个体、自我、自由、平等、人权、民主不仅是相当虚假的,而且带来了大量的不公平,完全的自由、平等本就是幻相。

答:所以也就成了当代各派思潮所共同抨击的对象,Sandel 的社群主义如此,所谓新左派更如此。自由、平等即实质上是商品等价交换的自由、平等,Sandel 严厉批判市场经济带来了市场社会,一切均可买卖,造成对道德的严重损伤和丧失,便理所当然。

问:自由主义是走过头了?

答:自由主义右派把自由原则推到极致,Sandel举了许多实例。例如反对富人重税,因为钱是自己辛苦赚来的,为何我必须交比那些"懒人""笨人"(赚钱少)更重的税率,这不公平,也就非公正。所以也反对社会福利,反对强迫医保和养老,甚至反对骑车必戴头盔、开车必束安全带等规定,认为这些都侵犯了个人自由,都违背了个人自由选择和决定的公正。并主张卖血、卖肾、代孕、自杀以至出卖自己身体供人食用(都是Sandel所举实例)等等,均无不可。

问:这就是你所讲的将个体自由或"自我"以及"公正"变为先验或超验的最高理性原则了。

答:是将这些原则完全脱开具体历史情境。原则从何而来?似乎没人理会,Kant说它是先验理性,Rawls归之为"无知之幕",均如此。

问:你仍然强调它们主要来源于现代社会的经济生活,即在大工业商品生产的环境下,劳动力可以自由买卖、等价交换等等;这些理性原则并非历史上本来就有,更不是来自约定或先验。所以Sandel批判和反对那些观念,却不能真正触及问题的实质或基础，只是就观念论观念。

答：我大概还是接受 Marx 的影响。Sandel 两本书《公正》《什么是金钱不能买的》中列举大量事例，并指出双方所谓自愿并非真正的"自由"，契约原则也并非真正的"平等"，实际上经常是由于经济上的不平等所无奈作出的"自由""平等"的选择或约定。其实这些，Marx 等人早就讲过了，而且讲得深刻得多。马克思主义早就指出，在自由平等的面罩下，作为商品出卖的劳动力受资本支配下剩余价值的剥削，揭示了大量所谓自由平等的虚假和伪善。中国古代也早有《钱神论》，中国俗话说"有钱能使鬼推磨"，但到资本社会，这点分外突出了。这也就是新左派喜欢强调的"形式公正"（政治程序上的自由平等）与"实质公正"（经济地位上的不自由不平等）等老问题。

问：Sandel 提出的 CEO 年收入数千万，教师只有数万，大法官一年二十余万，一个电视节目秀三千万，等等，在这种经济不平等上来谈双方自愿契约和个人自由选择与决定的"公正"，确实有些荒谬。

答：根本的办法似乎是铲除经济上的不平等，彻底作到"分配公正"。在反自由主义的各种思潮、学说和各种活动中，迄今为止，我以为，仍然是 Marx 在理论上和毛泽东在实践上做得最深刻最彻底。他们作了可说是空前绝后的创造性的革命努力，结果却不成功。

问：如何讲？

答：Marx的理论缺失，我以前已讲过了。简单说来，就是《资本论》第一卷第一章里从"劳动二重性"引申出"抽象劳动"和"社会必要劳动时间"，理性地、逻辑地推演出先验幻相，从而反对商品拜物教和主张废除私有制（"私有制是万恶之源"，几乎是各派社会主义的基本观念，与自由主义把"保护私有财产"作为自由的基本观念如Locke针锋相对），用计划经济取代市场经济，全社会实行"按劳分配"到最后实行"按需分配"，经济不平等解决了，政治问题也就迎刃而解，"全世界无产者团结起来""工人无祖国"，也不需要国家、军队、政府、官吏、警察，这样就实现了人间的真正的自由平等，即共产主义。毛则在实践上奋力追求，并要求尽快实现这一理想，如我所引用过毛的原文："艰苦奋斗，扩大再生产，共产主义前景，这些是我们所必须强调的。而不应该去强调个人的物质利益。引导人们前进的目标不是老婆、别墅、汽车、钢琴、电视机，因为这是一条服从个人而不是服务于社会的道路。"（《毛泽东读社会主义政治经济学批注和谈话》）"一万年太久，只争朝夕"，1958年"大跃进"时期曾实行过农村公共食堂"吃饭不要钱"，有过"跑步进入共产主义"的标语口号，最后是发动"文化大革命"，要求进一步限制"资产阶级法权"，发布"五七指示"，要求"走五七道路"(干校)。结果如何,大家清楚。

物质刺激

问:结果如何?

答:这里我很愿提到早被唾弃遗忘的张春桥、姚文元1975年在《红旗》杂志和《人民日报》发表的《论对资产阶级的全面专政》《论林彪反党集团的社会基础》两篇文章。当时"文革"实已破产,毛泽东却非常重视并亲自修改发表了这两篇强力论证"文化大革命"必要性的重要文章,并令全国组织学习。两文都以"毛主席指出""毛主席最近指出"为根本依据,引用了毛的原话:"中国属于社会主义国家,解放前和资本主义差不多。现在还实行八级工资制,按劳分配,货币交换,这些跟旧社会没有多少差别,所不同的只是所有制变更了"。"我国现在实行的是商品制度,工资制度也不平等,有八级工资制等等。这只能在无产阶级专政下加以限制。所以林彪一类如上台,搞资本主义制度很容易"。"跟着刘少奇那种路线走,无非是搞什么物质刺激,利润挂帅,不提倡无产阶级政治,搞什么奖金,等等"。"就是说革命没有完"。必须不断革命。"文革"就是以反"三名(名作家名演员名教授)三高(高工资高稿酬高奖金)"开始,从文艺界学术界开刀下手,然后转到政界。毛说过"文革"七八年要再来一次。毛要打倒制造和维护这些"经济上不平等"、搞奖金、搞物质刺激的"走资本主义道路的当权派",毛认为"资产阶级就在党内",认为其社会根源就在商品生产、市场经济、货币交换、八级工资制、农业小生产等等。

问:毛的敏锐令人惊佩。

答:Marx和毛早就反对"市场社会"。张春桥在那篇文章中就指责"把一切都当作商品",比Sandel讲得早多了。有趣的是,Sandel在书中也将"物质刺激"这个当代经济学家的"法宝"列为专章来论述和批判,举出学校和家长用金钱来奖励(物质刺激)学生和儿女的学业成绩等等对道德造成的侵害。上面已说,毛一贯就厌恶和反对"奖金"和"物质刺激",经常以红军时期的供给制和"一不怕苦,二不怕死""为有牺牲多壮志"的道德精神来对照和批判。毛所再三强调的"政治挂帅",实际即是"道德挂帅","文革"前号召"学雷锋","文革"大讲"斗私批修","批修"(修正主义=资本主义)与"斗私"是紧相联系的。这"私"当然与维系个体生存的经济利益和物质情欲有关,也都正是以道德来反市场、除情欲,比Sandel批判得深入多了。

问:记得毛时代还有过"计时工资"与"计件工资"的大争论,"计件"不就是"物质刺激"吗?但"计时"却使人磨洋工。实际结果就是实行"计件",生产发展;改行"计时",生产倒退。计件、八级工资制,都属于按劳分配,都是市场经济、资本社会的不平等产物,即"资产阶级法权"。

答:所以我说 Marx《共产党宣言》没能回答懒汉亦即人们好逸恶劳的自然情欲这个问题,也是以简单的道德斥责避开了这个重要提问。但理性的道德教义和训令终究解决不了现实生存的情欲要求。"二战"后英国工党过高的福利政策造成生产停滞,生活下降,并失去国际竞争力。Lady Thatcher 改弦更张,反工会,向右转,取得了一定成效。

问:从道德角度看,毛时代官场的确清廉,张、姚以及当上了人大常委会副委员长的工农高官仍然拿原来的工资,以致没钱招待来访亲友。今日年轻人会觉得不可思议。

答:这似乎体现了 Marx、Lenin 赞叹的巴黎公社原则。毛也老怀念红军时期不拿工资的供给制,包括后来军队废军阶军衔,老师一律称教员,无教授、助教等级,等等。但这能长久维持吗?

问:柬埔寨更彻底,干脆废除金钱(货币),把城市人口全部赶到乡下进行劳动以求平等,结果是百万人的死亡。"文革"则是生产停滞,百业凋敝,生活艰难,平均化的贫困弥漫全国。想以道德治国,却带来了怨声载道。所以"四人帮"一垮举国欢腾,邓小平"让一部分人先富起来"一声令下,竟使整个中国飞快地富裕起来。

答：金钱可推动社会进步。Sandel 举出的快递送邮件、快车道入高速、快电梯上观赏层等等，都需要多收费，但这种明白显示经济不平等（穷人交不出）却并未使人感到道德上的特别不安。可见，这里的关键仍然在于具体情况和把握住"度"，而不在一个抽象的公正理性原则。

问：记得"文革"时自行车带人常出死伤事故，当时因提倡道德，强调"教育为主"，警察拦住后训诫几句就放行，结果毫无效果。后来只得实行罚款，金钱挂帅，不几天便解决问题。

答：正如对不戴头盔的摩托车必须罚款一样，这里没有什么自由选择的个人权益。功利主义在这里又胜过自由至上。当然这又仍然是在保护个体权益的生命安全。

历史与道德的张力

问：Sandel 举出某芬兰富翁超车被罚二十几万美元。新加坡的许多罚款也重，社会秩序便较好。但对亿万富翁来说，二十几万也不算什么。但被新闻报道可能会丢面子，却有道德的杀伤力。

答：看来，彻底的实质平等如经济平等，很难做到。个人的天赋、体质、才能、品格、气质、经历、教育、遭遇都不可能平等一致，从而经济上收入和开支的完全平等既不可能，也无必要。不能用某种抽象的公正观念、道德义务来对待这些问题，大千世界本就是一个千差万别而并不平等的多样性的组合体。这里关键仍在于"度"，我的历史本体论第一范畴便是"度"。

问：但当前在金钱侵蚀下，道德沦丧确实突出。

答：道德很复杂，这里有好几个问题。

第一，人类道德是否在整体倒退？我已多次说过，不然。"人心不古，道德沦丧"其实已经喊了几千年，就中国说，从先秦韩非以来许多人都予以驳斥过。就总体说，人类的社会伦理和个体道德都在进步。例如自由主义倡导突显的个体自由、人格尊严、独立自主，包括妇女的人权平等，便极大地推进了社会生活的改善和发展，使整体社会道德水平也远超以往年代。

第二，在社会前进的转型时期，"道德沦丧"之所以突出，是因为这种现代新秩序新道德尚未真正建立，而旧秩序旧道德却日益崩毁，人们行为活动失去了可遵循的规范准则而花样百出、美丑并行，特别是陈腐的旧观念旧秩序却通过新形式造成了各种日常行为、活动中的扭曲和丑陋，更使人难以接受、不可相信和无所适从，以致造成道德虚空。

问：什么是这些扭曲、丑陋？

答：第三，今天人们对权钱交易、贪污腐败和官本位特别愤恨，就不是Sandel讲的等价交换的市场对道德一般侵害的问题，而是体制中的"封建"特权霸占市场、垄断交易进行"超经济剥削"（Marx）即前市场行为的问题，但它们可以通过市场交易的形式畅行无阻地出现。而这主要就是因为现代社会性道德尚未能落实在法律上，特权行为可以任意作为。无法可循、有法不依和执法不严，才是今天面临的问题。Sandel所列举的，大多是在现代社会性道德已大体有法律保障的发达国家中的市场对道德的侵害问题。由于中国是第二、第三混在一起，情况便更为复杂、严重。前现代与现代交错，使道德标准混乱，败坏分外突显。所以对Sandel所举各例与中国的类似处，却应从中国情境来予以分析和论评。

问：你以"历史主义与伦理主义的二律背反"来表述。

答："二律背反"是为了语词突出，也许用"历史与道德的张力"更平实一点？

问：你80年代有段话讲春秋战国，却好像适合今天："物质文明在迅速发展，历史在大踏步前进，生产、消费在大规模地扩大，财富、享受、欲望在不断积累和增加，赤裸裸的剥削、掠夺、压迫日益剧烈。'无耻者富，多信者显'，贪婪无耻、狡黠自私、阴狠毒辣……文明进步所带来的罪恶和苦难怵目惊心，从未曾有；人在日益被'物'所统治，被自己所造成的财富、权势、野心、贪欲统治，它们已经成为巨大的异己力量，主宰、支配、控制着人们的身心。"（《漫述庄禅》）

答：因此，在看到市场经济带来的巨大好处的同时，也看到它带来和可能带来的各种问题、祸害甚至灾难，因此要站在这个"历史与道德的张力"或"二律背反"的维度上来作出各种具体的"度"的把握和判断，以指导、规范人的行为，"一方面发展经济，改善生活，另方面悲天悯人，仁民泽物，使历史感伤和人道感情范导'度'的把握与建立。这就是'政治艺术'"（《中国哲学如何登场？》第107页）。而不能把功利主义、自由主义那些"公正"原则生搬硬套，这才能"合情合理"。包括 Sandel 所举的各种实例都应如此对待。例如富人捐款办学建校，以取得"命名权"，五颜六色无孔不入的广告入侵学校、家居，以及是送礼品、礼券还是直接送红包（钱），是雇人写祝辞还是自己表达，等等等等，它们所带来的好处和带来的误导、损伤，如何评估对待便并无一定之规而需要"度"的艺术。Sandel 也说需要 case by case 来不同处理。幸亏中国现在还处在市场尚未主宰一切的时候，更要未雨绸缪了，这是我第二次提未雨绸缪了。

问：你刚提出"度"的把握也就是"合情合理"，也是对弱势群体的同情，这与你开头讲"情理结构"有关？

答:也可以这样理解。所谓"情理结构"并不只是个体内在心理,也包括外在社会秩序、规范。

问:John Rawls"差异原则"不就是强调帮助弱势群体的"公平的公正"吗?

答:Rawls似乎没说这"差异原则"从何而来。我觉得可能是罗斯福新政(New Deal)的哲学提升,从理论上看也许仍可说来自Kant的"帮助他人"。"帮助他人"不像右派自由主义所说是慈善事业,是施舍。从人类学角度看,它是生活在共同体中的义务。没有"弱",哪来"强",它们相互依存的客观存在便有此"帮助"的公正责任。其中可渗入深厚情感,有助社会和谐。

类似却不相同

问:Sandel讲了许多John Rawls。

答:我比较赞同Rawls。他讲的是政治哲学,实质问题是分配公正。"差异原则"是 *A Theory of Justice*(《公正论》)中讲的。中国改革开放三十年不是"让一部分人先富起来"而处境最差的弱势群体与不得温饱的偏远山区也脱贫得益了吗?如果说,在工业大生产市场经济环境下全社会劳动力自由买卖、平等交换和流动,可以作为 *A Theory of Justice*（《公正论》）第一原则也是整个自由主义的现实基础（当时 Hayek 在中国的流行有其道理），那么中国三十年改革开放便可作为 Rawls 第二原则中的"差异原则"的现实例证，这大概是解决虽经济不平等却大家都受益的较佳理论。下一步是如何走向更为公平合理的分配公正和共同富裕，这需要新的理论。我以前说给 Rawls 一个 Marx 的基础，也就是说，Rawls 的理论之所以合理和实用，其根基在于近现代经济生活，讲 Rawls 的文章何止千百，这一点似乎很少有人强调。以近现代经济生活为基础，结合中国传统和现实经验构建一个比 Rawls 更优越的自由平等公平公正的政治原则和体制，却是一个非常复杂、需要论证、极具创造性的大理论课题，我只能提出这个有论无证的观点，没力量具体做了。与此相关，今天讲伦理学，我也同意和重视 Rawls《政治自由主义》讲的"重叠共识"，它正是 Sandel 批评的重点，这个下面再说。

问：概括一下，是否可以说，Sandel 反对功利主义和左右自由主义，提出 Aristotle 的目的论的"共同善"（common good）、"好生活"（good life）的美德伦理；你则接受功利主义和自由主义左派，视之为现代社会性道德的原则，同时强调不能抽象搬用，仍应从具体情境出发，并以中国传统儒学作为宗教性道德来加以范导和适当构建，从而削减前者带来的损害。在追求"共同善""好生活"这一目的上，你说与 Sandel "类似而不相同"。因为在追求美德伦理上是中西共同的，但中国是家国相联，由家及国，重情理结构；西方是家国分离，公私区别，理性至上。从而，中国讲和谐，西方重公正。你主张"两德"分离而范导,Sandel 似乎又回到"两德"的合一。

答：Sandel 的"共同善""好生活"有人批评说，其具体内容并不清楚。我提出"和谐高于公正"是认为：人际和谐、身心和谐、天人和谐（人与自然生态的和谐），它们作为"情理结构""关系主义"对现代社会性道德的"范导和适当构建"，才是维系人类生存延续的最高层也最根本的"共同善"和"好生活"，这才是"目的"所在。它高于是非明确、公平合理的"公正"，但又不能替代公正，而是在"公正"基础上的和谐。所以它只能"范导和适当构建"而不能决定、管辖"公正"。"和谐"属于"以德（教）化民"，"公正"属于"以法治国"。

问：你把人的最终追求归结于"情"而非"理"？

答：也可以这么说。这就是下面要谈的问题。例如子女对父母的孝敬，Sandel 讨论到这应是某种回报的公正，也就是等价交换的理性公正。在中国却归结于"情"，"三年之丧"所回报父母怀抱里的三年，不是"理"而是"情"。你看，孔子的最终答案是"汝安乎"？"安"是心理情感而不只是理性义务。孔子又说："至于犬马，皆能有养，不敬,何以别乎?"情感的和谐敬重高于义务的公平合理,这就是对公正的"范导和适当构建"。拙作《孔子再评价》一文中讲"心理原则"是"仁"的结构,"心理"远大于"理性"。它之所以能"范导和适当构建",也正因此。《论语》中大量讲的是"关系"(首先是亲子关系),特别是关系中的情感而非公共理性,齐家才治国。孟子大讲"不忍人之政"来自"不忍人之心",老讲"心悦诚服",也是突出"情"的位置。

荀子

问:你不更推崇荀子吗?

答:孟子是先验论,荀子是经验论。我的积淀论以经验的积累沉淀来解说先验("经验变先验"),当然站在荀子这边。孟子讲的"情"是先验的"恻隐之心",当代也有学者如 Denold Munro 解说为自然生物的"情",但我和荀子讲的"情"却不是,而是有理性渗入其中的"情"。而且,荀子也是从人作为自然生物的生存延续,也即是从人的基本生存、欲求即自然情欲说起,这点非常重要。孔子以"仁"释"礼",但从历史说,"礼"并非直接来自个人情感,而是脱胎于巫术仪典。巫术仪典包含情感(巫术活动具有强烈情绪,参见拙文《说巫史传统》),但远不只是个人情感,它主要源于该群体的生存情境。我以为荀子把《郭店竹简》所说"礼生于情""礼因人之情而为之"的儒家学理,从人群的基本生存情欲和情境出发,讲得清楚和精彩。

问:请说。

答:《荀子》是一本重要的大书,这里只能简单说说。首先,荀子把"情""欲"联在一起作为开始:"人之情,食欲有刍豢,衣欲有文绣","饥而欲食,寒而欲暖,劳而欲息,好利而恶害,是人之所生而有也"(《荀子·荣辱》)。而"礼"便起于对这种物质"情欲"的安排。"礼起于何也?人生而有欲,欲而不得则不能无求,求而无度量分界,则不能不争,争则乱,乱则穷。先王恶其乱也,故制礼义以分之,以养人之欲,给人之求"(《荀子·礼论》)。把"情"与"欲"(首先是生存欲求)紧连在一起来谈"礼"的必要,明确指出"礼"来自与"情欲"紧连的群体生存的物质性需要,而非来自天理、良心或"纯粹理性"。"故礼者,养也。"养什么?养生存。即维持和延续人的生存。正是在这"养"中建立起长幼尊卑贵贱贫富等差异、序秩、级别,构成社会。要强调的是,荀子所讲并非中国所独有而是具有普遍性的各原始氏族部落共同经由的远古历史。"先王"也并非真正的个体人物,而是原始人群及其首领所共同创造的生存秩序的代表符号。人们所创造的具体秩序("礼")可以很不相同,但在维护群体生存这一根本基点上却是相同的。这也就是"周因于殷礼""殷因于夏礼""其损益可知也"。

问：讲来讲去，还是你的吃饭哲学。

答：太对了。不吃饭，人就不能生存。但学者们就是不重视这个最普通的常识，只喜欢讲高玄的道德哲理，扬高凿深，大讲超验、先验、良知、天理等等。其实，"人活着"不只是事实判断，而且也是价值判断。在这里，"是"（is）和"应该"（ought to）是同一的。人活着，而且是历史地活在一个群体中，这就是我的唯物论和唯物史观，也是我的伦理学的基础和出发点。

问：荀子讲"礼乐"便是追求在建立社会群体的理性秩序的同时，也建立起相应的个体内在的道德观念和情感？

答：这就是人文和人性的关系。荀子说"三年之丧，哭之不反也；清庙之歌，一唱而三叹也"（《礼论》）。儒家特别着重丧礼，各种不同关系的人必须着各种不同的丧服。至亲的丧服最为粗陋，以表示极大哀伤，都是将情感规范在特定的理性中，以构成特定的内在—外在的情理结构。所谓"饰哀也"，并不是装饰，而是以礼仪、服饰、音乐来塑造人的情感并用特定物质形式，从服装、活动到音乐表达出来，造成观念与情感的统一。两者的关系和统一，始终是中华传统的要点。这也就是"诚"。

问：可见荀子是从自然人出发，强调通过"礼乐"塑造出社会人，既非常重视人的自然情欲，又重视对它的规范塑建。这个社会人不仅是理性的，而且也是情感的。从而社会性贯串了人的内外两方面，即人性与人文。

答：中国传统的世界观不是从"水"（希腊哲学）或"太初有言"（《圣经》）开始，而是以天地万物连接男女夫妇开始，从"男女居室，人之大伦也"（《孟子》）开始。中国传统强调"孝"，却又允许在特殊情况下可以不告（父母）而娶嫁，充分显示了非常重视人作为生物体生存延续的"情欲"，真所谓"食、色性也"。而《中庸》所说并为后儒不断申说的"天命之谓性"，我以为指的就是这个自然生存的"气质之性"。"关系"也由此产生。《易传》说"有男女然后有夫妇，有夫妇然后有父子，有父子然后有君臣，有君臣然后有上下，有上下然后礼义有所措。夫妇之道，不可以不久也"。中国的"礼教"便是从这个男女夫妇自然情欲的"关系"而产生出一整套"五伦"秩序和规范。个体便生存在这种种以夫妇、亲子情为轴心展开来的并不平等却相互紧密接联的"关系"中，也在这"关系"中获取和体认人生意义、生命价值和生活态度，不但在理性上，而且也在情感上。这是中国的美德伦理。它与Aristotle以自由个体在平等友谊为基础和关系中的美德伦理相当不同。我在《历史本体论》中曾特别提到梁漱溟、冯友兰和现代中国学者都指出西方传统中人与人之间缺乏"内的关系"。西方从可称近代自由主义第一人Hobbes以生命安全而定契约、出让权利建立专制国家以来，各家各派从 Locke 到 Rousseau 到 Kant 等等以个人为单位、以契约为准则、以理性为基础，便成为自由主义的根本原理。虽经 Hegel、Marx 等人的颠覆，却仍经久不衰，以致今天社群主义反对自由主义，仍要到 Aristotle 那里去寻找平等个人之间缺乏"内"的关系和情感的美德伦理。

问：但好些西方哲学家如 Hume 也讲同情心（sympathy），并认为是道德的根源和动力。Rawls 的 *A Theory of Justice*（《公正论》）也讲到公正感和妒忌情感等。

答：仍很不同。Rawls 专章讲了公正感（the sense of Justice）。最近有著作还将它与孔、孟、荀相比拟（Erin M. Cline, *Confucius, Rawls, and the Sense of Justice*, 2013），但实际很不相同，Rawls 讲亲子爱扩为社团再扩为社会公正感，相当笼统而抽象，不但没交代其中自然性与社会性的关系，而且仍然建立在相互回报的理性基础之上。所谓"爱"（love）是相当含混的。中国"五伦"讲的是非常社会化并在各种具体社会关系中的不同的"人情"，既不是一般的甚至动物也有的同情心，不是生物本能性的情绪，也不是含混不清并以平等为特色的公正感。"五伦"是具有情感而又理性化了的人际关系、伦常秩序和相互职责。"君臣""父子""夫妇""兄弟"甚至朋友（也有长幼之分）之间的关系并不平等，这里几乎没有独立、平等、自由的个体，而只有相互之间的"关系"。但重要的是在这不平等的关系之间，却强调"和谐"，

"和谐"当然就有情感，只有"和谐"才能真正维系这种"关系"的延续和持久。我在《历史本体论》中引《礼记·礼运》说，"何谓人情？喜、怒、哀、惧、爱、恶、欲，七者弗学而能。何谓人义？父慈、子孝、兄良、弟恭、夫义、妇听、长惠、幼顺、君仁、臣忠，十者谓人义"。这讲得很清楚。"七者弗学而能"指的是动物性的生理情欲，将它们变为十"义"，就是将之理性化、秩序化、规范化，纳入一套"关系"的情理结构中，既有情，也有理，即确认在不同"关系"中的不同情理结构。它们有差别而不平等，虽不平等却和谐共处，其乐融融。这就完全不同于希腊以个体为单位的平等而同质的美德伦理学，也不同 Rawls 的公正感。情感在这里因"关系"不同而不同，并非一个含混的"爱"（love）所能概括。同样讲"爱"，对父母、对子女、对夫妻、对朋友，爱的含义、内容、形式便很不一样，幼对长的爱中有"敬"的成分，长对幼有"怜"的成分，如此等等，"怎一个爱字了得"。这也使"爱"本身变得更为细致、丰富和复杂。从而社会和谐便可以有理想化的如音乐般的多样而完满。原典儒学讲"乐与政通"的意义就在这里。

情感和谐高于理性公正

问：希腊哲学不也讲和谐吗？

答：pythagoras 曾以音乐比拟天体运行，那仍然是一种理性秩序的和谐,与情欲的联系并不突出。中国儒家礼乐论的和谐,非常重视落实在情欲上。它不仅是理性秩序,而且更是情感逻辑。例如,父子之间一方面是"子不教,父之过"。父亲应当教导子女,是理性的义务。但另方面却是"易子而教",要求"父慈",并认为"父子之间不责善,责善则离,离则不祥莫大焉"(《孟子》)。这里的"离"主要也不只是理性是非对错的分歧争吵,而是由此造成的情感的背离和冲突。所以一方面是"从义不从父"(《荀子》),另方面是"事父母几谏,见志不从,又敬不违,劳而无怨"(《论语》),以保持家庭和谐。其他几伦也如此。朋友是基本平等的个体"关系","朋友切切偲偲"(《论语》),"责善,朋友之道也"(《孟子》)。但是,"朋友数,斯疏矣"(《论语》),"切磋""责善"也有一定限度,否则朋友就吵翻了。因此,所谓"朋友信",不仅是平等的理性承诺,而更是情感上的信任交谊。"信,情之方也","苟有其情,虽未之为,斯人信之矣"(《郭店竹简·性自命出》)。"君臣以义合","从道不从君",但即使如此,拂袖而去,却又"迟迟吾行"(《孟子》),仍有情感眷恋。兄弟之间也不是 Aristotle 所说的平等的成员,而是要求"长幼有序""兄友弟恭";各有不同的"关系"位置,怀有并不等同的情感态度。夫妇也不会完全平等,常常不是东风压倒西风,夫唱妇随,便是相反。古代因经济优位而夫唱妇随,夫主外、妻主内,今天倒过来,也没关系。因为所唱随者大都是柴米油盐家常细事,难道也要去追求一个是非分明的"公正"而各请律师吗?重要的是维系家庭不离散的恩情爱谊即情感和谐。不吵架是不可能的，而不是一吵便不可挽回。所有这些，都是通过双方情感和谐以使这些"关系"稳定持续。这样，各种不同的人情非常具体地被规范被体现在各种不同"关系"中，各种不同的"关系"也呈现在各种不同的人情中，这使得人情如前所述变得更为细致、复杂和丰富。正是这样，促进人性——"自然的人化"的成长。陈寅恪"中体西用"强调的"三纲六纪"，如同梁漱溟一样，其实也正是这种关系伦理。在"三纲六纪"的伦理—政治笼罩下，个体的自由、平等、权利、利益等观念和制度便不可能发展和突出。传统是两德合一不可分割的，理性与情感也如此。但如今，时移世变，由于社会生活特别是经济生活的变迁，今天大家庭大家族（宗法家族）消失了，原有的"三纲六纪"的"关系"在政治上、伦理上以及观念上都失效或消失了，个体单位、契约准则、公共理性成为社会秩序的基本原理，"平等"被强调为"人的本性"（如Rawls）。但是，人们不还是生活在老少、长幼、上下、左右、远近、亲疏等各种并不等同或平等的"关系"中吗？人虽然成为自由、平等、独立的个体，不再接受过往时代外在规范、纲纪的严格支配，但在实际相处上，在情感态度上，不仍然用得上前面讲的"七情十义"而并不"平等"的情理结构吗？今天制度伦理可以消失，但关系情感却依然可存。不应该提出这种理论自觉吗？

问：你是否要以"关系主义"来替代和否定个人主义呢？

答:否。正如"情理"并不否定理性,只是否定"理性至上"一样。"关系主义"并不否定立足于现代生活之上的个人主义,只是防止和反对个人主义至上和右派自由主义而已。来自"情理结构"的"关系主义"可以作为中国传统的宗教性道德对现代社会性道德中的个人主义的范导和适当构建。比起许多宗教和主义以上帝、神意或社群、历史必然来范导和构建,似乎更适宜于中国,而且具有扩而充之及于四海的世界普遍性。

问:总之,你还是回到一开头讲的"理性"与"情理"之别。

答:从哲学根源看,周易咸卦(男女交合)与"感"(天人感应、人际感通)相通相同(从贾晋华教授说),这正是巫史传统的儒家"有情宇宙观":天地万物有如男女均处在相互交感"关系"的情境和情感中,它颇有不同于西方传统的 logos、理性、语言和逻辑。我以前有两段话,似可在此连在一起引用一下:

> 有一点曾让我惊讶:古希腊有名的"四大美德"——节制、正义、智慧、勇敢,其中没有仁爱一项,即没有情感性的东西。除了勇敢之外,另外三者都是理性的。当代 A. MacIntyre 名著《追求德性》也说,德性的核心是智慧,突出的仍然是理性、理知判断。这个

理性主义传统如此持久顽强,对中国人来说,有点奇怪吧?当然,希腊也大谈eros(爱欲),认为它是智慧的根基,基督教大讲agape(圣爱),但它们都不是中国这种以亲子为生物基础而加以理性化的仁、慈、孝、爱……中国人讲的德性或美德,都是情感性非常突出而又包含着认知、理智,反对"愚忠愚孝"。"智、仁、勇"三达德,其中仁是最根本的。在理论上也一直如此。我欣赏《礼记·檀弓》记载孔子讲对待死者的"礼":如果把他当死人,是"不仁";如果把他当活人,是"不智";所以陪葬品是"明器",而不是真物。这多么有意思!仁智兼备构成了许多层次和比例不同的情理结构的心理形式。(《中国哲学如何登场?》第81页)

"礼治"不同于"刑政","人治"不同于"法治",亦在于此,即非仅强调外在律令规范的客观性,而重视在血缘氏族基础上人际关系的"温情脉脉"的情感认同与和谐一致。如何在现代法治的政治社会体系中,尽可能保留一些这个方面的传统,如重协调少诉讼,多解释少判决等等,仍值得重视。这当然极难,且影响效率,然而却是值得努力为之的某种开创方向。也许,现在提这一方向还为时过早?(《论语今读·1.12记》)

为时过早

问:为什么说"为时过早"?

答：还是我以前说过的，我现在不愿多谈"情本体"，因为必须有了"法治"之后才好讲"人治"，有了"公正"才好讲"和谐"。如今"法治""公正"尚未实现，大谈"人治""和谐"有危险。还是我那个"两德论"的原理：社会性道德—现代法律—形式公正—"权利优先于善"的公共理性是现代社会生活基础，宗教性道德的情感—信仰只能起范导和适当构建的作用，而不能替代和决定它。现在首要仍是前者，即使"适当构建"也必须严格把握，基本原则是不能严重损害前者。

问：那么，为什么又要提出这个"情本体""关系主义"的"范导"呢？

答：我很佩服 Adam Smith 在商品生产、市场经济的初始阶段便敏锐地预见了"经济人"（理性的交换自由和平等）对传统道德的侵害，而提出建立在同情共感基础的"道德人"，但又仍然以"公正"（公共理性）为重要核心。Sandel 今天所举那许多事例，只不过是再一次确证 Adam Smith 的预见而已。今天，中国传统"关系"在瓦解，各种血缘地缘纽带所组成的传统"关系"在不断消退，代替熟人社会的是一个各顾自己的陌生人世界：同居一楼，上下左右可以长期不相识、不了解、不往来，"邻里相望，疾病相扶持"不再出现。

问：能够再回到传统"关系"中吗？

答：不易。社会经济生活不可倒退地变迁了。但迄今为止，中国仍然是人情关系、人际温暖比较起来更为丰富发达的地方。请客送礼串门子，寻亲访友凑热闹，各种聚会、聚餐寻高兴，春节数十亿人的往返流动（回家），有心理纠结和亲友细聊而不必找心理医生等等，便远为普遍。

问：所以你认为传统仍在且可发扬？

答：在个体作为上如此，在社会伦理上亦然。就罪犯说，中国古代视不同情境有"将功折罪""戴罪立功""理无可恕，情有可原"等说法，死罪犯人临刑前监狱供应丰厚酒肉以享受最后的物质生命，不同于西方临刑前对神父的心灵忏悔，难道前者就一定比后者"低级"吗？未必。今天中国法律上有"养亲""居民委员会（协商调解）""死缓"等。死缓便优于废除死刑，不是死或不死的逻辑两分，而是在这两者之间留有相当灵活的缓冲地带，在公正基础上充满人道情感，但该死的仍得死，"挥泪也得斩马谡""不杀不足以平民愤"，既遵循公正，又顺应民"情"。这些大概都难以个体之间公共理性的公正原则所可规定，它涉及"关系"和"人情"。孔子和儒家讲"经"与"权"，这也涉及"形式公正"与"实质公正"在各种具体情境中如何对待处理的问题，都值得进一步深入探讨。

问：中国传统以亲情为核心而展开。费孝通《乡土中国》中著名的"差序格局"不是讲如石投水中波纹由近及远而逐渐消失，因之不可能在一个如此广阔的国家内实现吗？

答：中国不仅本家族，而且各家族之间常有各种姻亲关系从而联系在一起，以至于将各种同学、同事、大小同乡、同行、同门、同班、同难等等关系……联结在一起，他们相互纠缠、盘根错节，使全社会构成了一个各种差异并存、虽不平等却可支援人际和谐的"关系"的情感之网，而不是原子个人的平行（"平等"）捆绑。这也就是前面讲的"关系主义"的美德伦理，不同于作为平等成员的 Aristotle 美德伦理，也不同于 Rawls 的公正感。公正感属于我说的现代社会性道德范围。我说过公德也有感情（公共理性不只是一套理性秩序而已，它也需要情感支持），只是不能等同或归结为"关系"情感，但关系情感可以重叠并加强加深公德情感。当然，其中也有矛盾和冲突，仍然需要具体分析对待。

问：加上《论语》所说"仁者爱人""泛爱众""四海之内皆兄弟也"，便构成一个极为广阔深厚的情感之网。

答：总之，儒家建立的是"有情宇宙观"，是肯定这个物质世界、人生、生存、生活的宇宙观，并把人的身心与自然万物作出情感的类比联系，从而肯定、重视和提升即理性化人的自然需要、欲望、情感，不去刻意追求离开肉体的灵魂超升、天国进入。因此如何在一个"陌生人世界"的现代社会中，能够重新建立起各种"关系"中的情感和谐,以"和谐高于公正"的理念来范导和适当构建公共理性所设立的社会性道德和法律规范,便将成为今后理论上和实践中的重要课题。

问:如何展开细节?

答:不可能。如前所说,哲学伦理学只提供"纲要"。其细节展开一方面归属政治哲学,另方面归属道德心理学以及宗教哲学,应由更多的专家研究。而且重要的是,前一方面还需要更多的现实经验提供充分的材料。

问:你只提出问题?

答:我认为重要的是准确提出"问题"。总而言之,我讲的"情理结构""关系主义"只是说,我既不赞同用来自先验的"理性"、也不赞同用源于动物且较空泛一般的同情心(从孟子"恻隐之心"到 Adam Smith、Hume 的 sympathy、empathy),以及公正感等来作为道德行为的起源和动力。

问:孟子也嘲笑齐宣王"以羊易牛",还说"闻其声不忍食其肉",所以"君子远庖厨也"。

答:可见"同情心"不能解释和解决伦理—道德问题。因为这个"同情心"没有与动物本能划清界限。动物也有同情心,有利他本能,甚至也有牺牲自己的本能,但动物有道德吗?社会生物学派说有,我认为没有。正如动物没有信仰没有宗教一样。因为动物没有那种情理结构。伦理道德恰恰是人类以理性主宰为特色的自我建立,也就是我一直讲的人文和人性。

问:这仍然要回到你所讲的人性能力、人性情感和善恶观念的人性,即你所谓的情理结构问题。

答:已再三重复过,人性不是自然性,而是人化的自然,是"情理结构"问题。"情理结构"在外在人文表现为情境、情感对"公正"的范导,在内在人性上表现为人性情感与人性能力、善恶观念的谐同。

三

从 Kant 谈人性与善恶

人是目的

问：你很重视 Kant，Sandel 也讲了许多 Kant，你如何看？

答：Kant 是伦理学义务论的最大代表，任何伦理学都要提到他。但问题复杂，我也有些很特殊的看法。

问：是些什么看法？

答：我将 Kant 的第二原则"人是目的"与第一原则（"不论做什么人，应该做到使你的意志所遵循的准则永远同时成为一条普遍的立法原理"）、第三原则（"每个有理性的存在者的意志当作普遍立法的意志"）彻底区分开来，认为"人是目的"是具有现实内容的时代产物：每个人都是目的而非工具，不能把任何人作为工具对待、使用、相处等等。这是社会历史发展到一定时期所产生的社会理想。

正如"天赋人权""人生而平等"一样，"人是目的"并不是自古就有的先验原理。从而它也并不是能够普遍立法的自由意志。在希腊奴隶制时代，人只是会说话的工具，并非目的。战争时期，士兵只是统帅的博弈棋卒，并非目的。革命年月，人们被要求作"驯服工具"和"螺丝钉"，也不是目的。迄至今日，人非目的的情况仍然大量存在。人是机器的附件、生产的工具、驯服的奴仆便随处可见。但第一，这不会永久，而只是历史行程不可或免的阶段。科技的发达将使许多单调的、肮脏的、繁重体力的、机械的而非创造性的"劳力"逐渐由机器人（robot）来替代，而且会使整个社会中人作为工具的各种现象逐渐减轻。第二，毕竟今天人格独立，人们可以"拂袖而去"，自主作出认为较好的工作选择，不必再是永远被动的"驯服工具"和"螺丝钉"。

但也因为历史尚在进行中，人类还远远未得到个人真正独立和自由，Kant 把本是近代资本社会时代的观念意识提升为绝对律令，为现代自由主义提供了最为崇高的理论基础，将"整体应为个体而存在"这一现代人权宣言最突出最鲜明地揭示出来，而颠覆了整个过往的历史。每个人可以追求真正成为"自我"的权利，不再是任何权威、集体、他人的工具，不再是任何神学、制度、风习、意识形态的奴仆。人是自由、平等、独立的个体，有自主选择和决定的权利。尽管这一观点和理论有其非历史的弱点，但它喊出了现代社会的心音。它作为今天和今后的现实和理想，将无可回避、无法否认和不可抗拒。从而对人类具有着划时代的永恒价值。Sandel 准确地瞄准 Kant 进行射击，也不能不保持着高度的尊敬。Kant 这种启蒙时代的伟大理想和伦理标准、道德理念便至今光焰长存。它承前启后，也正是我所说的"现代社会性道德"的核心部分。"现代社会性道德"并不能也没有完全实现"人是目的"，但它是实现这一理想的历史进程中的一大步。

普遍立法

问：那么另两条呢？

答：对这两条我作了前人包括中西似乎少有的解说。Kant 三大《批判》我以为都是为了解决"人之所以为人"的"人性能力"问题。伦理学的"普遍立法"和"意志自律"（或"自由意志"）这两条实际可归结为一条，即人有能普遍立法的自由意志："你的行动，应该把行为准则通过你的意志变为普遍的自然规律。"（苗力田译文）它实际揭示的是人的道德行为的形式结构，指的是人的内在心理的强制机制，而并无具体社会时代内容。它们与第二条"人是目的"尽管在 Kant 那里保有着内在的联系，即作为自由、平等、独立的人应具有"普遍立法"的"自由意志"，显示了个体人格的尊严和威力，但实际上并不相同。因为这个能"普遍立法"的"自由意志"只是人的某种心理形式，很难具有实质内容从而空泛之至。当年 Hegel 严厉批评 Kant 是形式主义，也以此故。Hegel 以具有特定历史内容的伦理学代替 Kant 的道德律令，也就在否定现实生活中这种抽象的能"普遍立法"的"自由意志"。实际上"人是目的"属于外在人文的政治哲学，这两条属于内在人性的道德心理学。我以为，Kant 从内外即人性和人文两个方面树立起"大写的人"。

问：Kant 不是举出"不自杀""不说谎""发展自己""帮助他人"作为完全义务和不完全义务，即你说的"强""弱"两类四项的具体内容吗？

答：Kant 认为这四例之所以能"普遍立法"，是因为否则便违反自然律而自相矛盾。我以为，实际上是因为这四项可说是任何群体赖以生存延续从而个体应该服从遵行的义务原则。历来伦理学对此研究阐释显得很不够（第二例"不说谎"除外）。人如自杀、说谎、不发展自己、不帮助他人，各群体（从而人类）也就不复存在。所以各宗教都将"不自杀""不说谎"等（佛家也有"不打诳语"）作为基本教义而要求个体忠诚遵行。但是，在复杂的现实生活中，它们却很难甚至不可能彻底兑现。在敌人面前，不说谎而使同伴遭难，道德吗？壮士自裁，烈女自经，屈原投江，陆秀夫蹈海，不道德吗？今日如 Sandel 所举：安乐死，医生辅助自杀等等，是否道德，争议也仍然很大。可见，Kant 所称能"普遍立法"的逻辑在现实中并不适用。Sandel 用 Kant 本人和 Bill Clinton 总统的巧妙言辞来为"不说谎"原则辩解，也非常牵强。"不说谎"作为伦理原则是社会所需要的，作为个体行为的道德律令，却并不普遍必然。而这四例实际表现的倒恰恰是群体利益，而非自由主义强调的个人权利。其具体执行或实现，仍然依存于具体的时空情境。

自由意志

问：那么，Kant大讲"普遍立法"又有什么意义？

答：我以为其意义在于突出了人们履行道德义务所展示的伟大心理形式，展示了"人之所以为人"所独有的"人性能力"，展示了"自由意志"作为"人性"的核心地位，和人所独有的情理结构。

问：如何讲？

答：它指出每个人作出道德行为时所认定的信念：我这样做是应当适用于所有人的规则律令，所有人均应效法于我，我的行为是可以"普遍立法"的行为。按中国说法，我这种行为就是"为天地立心，为生民立命"的行为，是一种不考虑、不顾及我个人的苦乐、祸福、安危、利害以及因果，而必须服从遵循的理性的绝对律令。它突显的是人作为理性存在者的无比力量和光辉，并由此激发出远远超出动物族类的人的巨大生命力量。人不再只是吃喝玩乐、感性享受和感性存在的动物，而是可以由理性主宰自己，置苦乐、幸福、生命、经验、感性存在于不顾的"自由意志"，这就构成了"人之所以为人"的本体存在。这其实也就是孔老夫子讲的"克己复礼为仁"。孟夫子讲的"浩然之气","富贵不能淫,贫贱不能移,威武不能屈"。这种行为活动的心理特征,我称之为"理性凝聚"。我以为这才是 Kant 第一("普遍立法")、第三("自由意志")原则的真正内涵所在。Kant 赞赏普通老百姓能遵循道德而行事,也指的是这种"立法"心理,是指它的心理结构形式,而并非指具体社会人文内容。Kant 对法国大革命的民众赞叹不已,也是对其不惜牺牲自己的道德心理形式,而非对其伦理具体内容(过激的革命行动)。伦理道德中的特定社会内容随时空而有变迁,但这个心理结构形式却是永远常青的。

问:这也就是你在《伦理学纲要》中强调作为道德的"人性能力"?

答:它是"人性能力"的一个部分。"人性能力"还有不同于动物的人的认知能力和审美能力。但"自由意志"是"人性能力"的核心,Kant 尊之为本体。我也说过伦理道德在逻辑上和现实上优先于认知。但与 Kant 不同的是,我强调所有人性能力都不是先验或天赐,而是要经过历史的洗礼和教育的培训才能为人所拥有。

问:《批判哲学的批判》(1979,下简称《批判》)一书就强调教育是未来各学科的核心,即培育人性。

答：那本书里就讲到从小教育儿童"不说谎"，不这样、不那样，就是为了培育这种理性克制和主宰感性的"自由意志"，培育作为个体的人不再只是趋利避害、怕痛苦、喜安乐的动物。孟子说"苦其心志，劳其筋骨，饿其体肤，空乏其身"，斯巴达严厉的军事训练，等等，都是为了培育这种百折不挠的"理性凝聚"的"自由意志"。

伦理与道德

问：既然是一种心理形式，你才说恐怖分子与反恐怖的救火队员的自我献身在个体道德即理性主宰感性、在作为理性存在者这一点上，是相同的。恐怖分子也认为他（她）们的行为是"自由意志"，可"普遍立法"，为"圣战"牺牲自己而值得他人尊敬和效法。

答：但恐怖分子所遵循的人文伦理原则和善恶观念大错特错了。何况其中还有大量受骗的妇女和儿童以为自我牺牲便可到天堂享受感性的快乐和幸福。这就不属于道德了。

问：所以你要区分伦理（外在善恶观念的遵守与灌输，由礼到理）与道德（内在心理的结构形式，由理到情）。

答：对。Hegel虽也区分伦理与道德，但他把道德看作只是抽象的普遍原则，而根本没注意和重视道德作为非常具体的个体心理结构形式的重要性,与我根本不同。以后的学者也作过一些区分,但与我这区分仍然根本不同。Sandel 所举的许多事例,就没有清楚区分何者是与制度相关的政府行为、方案、决策的伦理,何者为涉及个人行为、心理的道德。当然,两者的绝对区分很困难,却非常必要。如果将政府行为与个人行为混在一起,便很难讲清楚。

伦理是外在的制度、风习、秩序、规范、准则,道德是遵循、履行这些制度、习俗、秩序、规范、准则的心理特征和行为,如 Lawrence Kohlberg 儿童道德发展的三层次所揭示的不同心理。伦理和善恶观念随时代社会而有各种变易,这已由大量的文献材料和文化理论所证实,包括 Sandel 也认同。昔日视为当然,今日视为不然,此地认可、赞扬,他处反对、抨击。如妇女应否守贞或改嫁、应否接受教育、应否披着黑袍只露双眼等等,便是例证。道德作为个体心理和行为,虽然在现实中也颇有不同,如上述 Kohlberg 的三层次便不仅在儿童而且在成人中也存在,由于道德主要应表现为行为,遵守公共法规也就可以算作道德,一般也认可这些非 Kant 严格意义上的"道德"。但按 Kant 的"本体"标准,只有并非考虑个人幸福、利害也非只是遵循准则、制度等等,而是自己立意如此能"普遍立法"的行为,才能算是道德。其他不过都是遵行或符合一般准则的有条件的假言命令的行为而已。Kant 提出这种"普遍立法"的心理形式的绝对性才是古今中外概莫能外而为人类所独有的理性结构。这样才可能"匹夫而为百世师,一言而为天下法"，这才是"太上立德"。而"立德"之所以居于"立功""立言"之上，就在于它树立了"人之所以为人"这个使群体、人类能生存延续的"心理本体"。这其实就是在相对伦理人文中积淀出道德人性的绝对。我在伦理和道德的两方面都承认多样性、相对性，但反对相对主义。

总之，我以为 Kant 这两条讲的主要是人性问题，是道德心理学，而不是某种为人类"普遍立法"的政治哲学。也不可能有这种哲学。秉从 Kant 的 Rawls 最终也修改他那"公正论"，剔除形而上学而退守在"重叠共识"上。

四个箭头

问：这似乎又回到"情→礼⇄理→情"了。

答：这倒与唯物史观相符合而不同于许多政治哲学由"理"（思想、观念）到"礼"（制度、秩序）的逻辑。第一个"情"是《周易》讲的"以类万物之情"的"情"。它包括个体"情欲"但不止于它，而是与"情欲"相连的整个群体生存情境，这一要点前面已讲。后一个"情"是指个体"情欲"，但也不只是感情，而是整个心灵状态。

四者之间有四个箭头的"关系"。第一个箭头由"情"到"礼"，前面讲荀子时讲过了。第二个箭头由"礼"到"理"，也就是上面讲的将外在伦理规范、风习、秩序、制度、准则变为个体内在的是非善恶的观念，这里面有理知认识。在这过程中,"理"便经常由经验而被宗教主和哲学家提升为"先验""超验"即所谓"天理""良知""纯粹理性""天地之性"等等。由"理"到"情"的第三箭头主要即是上面说的理性凝聚培育意志,以"理"主"情",由理性通过所认同的善恶观念来控制和培育情欲,主宰行为。因之所谓"人性能力"的"自由意志",也就是依据自己的善恶观念来自觉行动的能力,这是一种强制性的能力。

问:这三个箭头想展示的是一幅复杂的情理图景,你不想把伦理道德的根源或动力简单归结为理性或情感,无论是外在的"天理"、内在的良心或自然的情欲。

答:我反复强调历史和教育。通由历史生存的"情"境中产生出"礼",经过教育,"礼"成为个体的"理"(善恶观念),并在行为中主宰"情",同时通过"情"作为冲力,帮助而实现之。这就是"实践理性"。还是荀子说得好:

> 人无师法,则隆性矣;有师法,则隆积矣;而师法者,所得乎情,非所受乎性,不足以独立而治。性也者,吾所不能为也,然而可化者;情也者,非吾所有也,然而可为也。注错习俗,所以化性也;并一而不二,所以成积也。习俗移志,安久移质。并一而不二,则通于神明,参于天地矣。(《荀子·儒效》)

"隆性"是放纵自然情欲,"隆积"就是以"礼、法"(理性)统帅自然情欲,使之积淀,最后可成为与"天地参"的"人性"。《中庸》说"天命之谓性,率性之谓道,修道之谓教",我以为"率"乃是"帅",即以"礼"化为内在的"理"来统帅自然生命("性"),这就是"道"。这就是"道始于情"的"道",此"道"之能普遍通行,还需教育,是之谓"修"。

这里要交代清楚的是:善恶观念并不是理性凝聚的"自由意志",它只是这个"自由意志"的具体内容。"礼"作为源于巫术的实践活动,既有意志力量的"情理结构"的形式方面,又有具体善恶观念的内容方面,这两个方面组成由"礼"到"理"。所以"理"在这里有两个含义,一是指理性凝聚(意志),一是指理性内化(认识,即善恶观念)。由"礼"到"理"培训了个体理性的这两个方面。

问:人的内心善恶观念既由外在的礼仪、秩序、制度等等而来,那怎么会有新旧善恶观念歧异、对立和冲突呢?为什么会有"提倡新道德,反对旧道德"呢?

答:这恰恰是观念的先行性、预见性。"礼"进入"理"的概念认知领域后,"理"自身就相对独立,因为人的生活一直在动迁变化中,人的认识和行为既有服从、认同、归属"礼"的方面,又有背离、挑战、反抗和叛变"礼"的方面,其中也包括对"礼"作重新解说和修正、改变的方面。观念的能动性可以相当突出。新观念既有现实生活的来源,也有观念自身的变化发展的逻辑，它完全可以突破现有的"礼"的规范和要求。所以由"礼"到"理"并不是存在决定意识的机械论，认知可以先于、早于新秩序新规范新制度（即新"礼"）的出现，可以促成旧规范旧制度的崩毁或改变。"礼"和"理"从这方面讲，又是双向展开的，这就是第四个箭头即由"理"向"礼"逆向而行的虚线箭头意义所在。其他也有"双向"或"逆向"，但远没这个"逆向"重要，就暂不谈了。

人性情感

问：但你又说，人性作为道德心理形式中还有人性情感，并要以 Hume 来补充 Kant。

答：人性能力、人性情感、善恶观念是我讲人的道德心理的三个组成部分。"人性能力"（意志力量）与"善恶观念"（理性认识）在实际行为中是合在一起的。它们是道德行为的动力。但道德行为除善恶观念、自由意志外，还需要人性情感的冲力作为帮助。这里的所谓"人性情感"也包含在"情→礼 ⇌ 理→情"中的最后那个"情"中。因为所谓"理主宰情"的"主宰"不仅是指理性控制、压抑甚至扼杀某些情欲（这是主要方面），而且也指理性培育、发展、宣泄某些情欲或情感，使它们作为巨大冲力，帮助理性行为的实现。

问：这方面好像 Sandel 没怎么讲。

答：Sandel 主要讨论政治哲学，不必涉及道德心理学和个体心理。我着重的是人性，必须注意这个方面。但如我屡次说明，我讲的并不是经验心理学，而只是提示一种哲学视角。我的伦理学是哲学，涵盖政治哲学和道德心理学两方面，却并不是它们本身。我不研究政治哲学，也不研究道德心理学，所以上面讲功利主义、自由主义，这里讲道德心理，都只最简略提及。Rawls 的 *A Theory of Justice*（《公正论》）还描述了一些道德心理，我只提出"理主宰情"这个观点。

问：不仅"人性能力"，而且"人性情感"也需要培育？

答：情感有自然生理基础，动物也有"情"，而且因为都产生在族类历史长久的残酷生存竞争中，作为生物族类自然的"情"，既包括如同情、利他、合作等"好"的情绪和行为，也包括自私、残狠、杀戮、嗜血等"坏"的情绪和行为。"文革"中，好些中学生包括女学生都非常凶狠残暴，好些恐怖分子、雇佣军以及所谓"杀红了眼"的普通士兵以杀人为乐等等，便都是特定情境中在错误善恶观念引导下的某种动物性本能的宣泄。这些错误善恶观念和邪恶文化因素可导致人比动物更凶残更暴虐，属于 Kant 所谓"本恶"（radical evil）。所以培育"好"的动物本能，排斥、控制、抑灭"坏"的动物本能，其中主要就是以理知正确认识善恶并凝聚力量来控制某些原始性能,将原始爱恶本能培育为情感冲力以执行理性命令,便是在道德上培养出"人之所以为人"的过程。这里所谓"好""坏"都是指对群体生活、人类生存而言。Kant 的实践理性因为反对经验主义,将一切感性排除在道德律令之外,便不可能重视这一点,所以应予补足。

孟荀统一于孔子

问:你是说,但由于理性的干预,人的情感也可能更坏。

答:幸灾乐祸、自欺欺人、凶狠残暴等都来自为了生存需要的动物本能,在理性驱使指引下,它们可以发展到远非动物所能比拟的高度和复杂度。例如以大规模的凶杀为乐,动物便没有。但同样,也可以将动物的"好"的本能如同情、怜悯、合作等本能发展到"仁民爱物"的伟大高度。社会生物学在揭示人的道德行为可以追溯其动物生理的根由和本能方面很有价值,但将人的道德行为直接归结于动物本能,则是谬以千里了。人各有其 DNA,自然禀赋有差异,但毕竟相近。神经元是天生的,但神经元之间的通道和结构形式却是在后天环境和教育中建立起来的,所以关键仍在于后天教育。在这里,孟子的先验"性善"需扩而充之和荀子的先天"性恶"、善乃人为,便可以统一。它们统一于孔子"性相近也,习相远也""兴于诗,立于礼,成于乐"的"学"即教育上。它也可以包容 Hume、Adam Smith 的"同情共感"理论。不是先天的"性善"或"原罪",也不是 Hume 或社会生物学的自然本能,而是"学"——教育才是道德的根由。按 Wittgenstein"游戏规则"的说法,人们语言规则来自生活,它们并非来自个体心灵,个体心理乃由社会规范培育而成。儿童学习语言其实也就是学习社会生活中的行为规范及"游戏规则"。所以 Wittgenstein 反对心理主义、个体主义。在伦理学,这就是"情→礼⇌理→情"。两个"情"都是社会性的。

问:你讲的情欲,包括前面引用的《荀子》,似乎大都是指人们生存基本需要的物质方面。但人还有许多高级的情欲,如对荣誉、地位、财富、事业、追求真理等等欲求,以及各种审美情欲,如何解释?

答:"高级"情欲与"低级"情欲有各种直接间接的复杂联系。一般说来,在"低级"情欲满足的基础上才有"高级"。而"高级"常有"低级"的铺垫、基础和渗透,如爱与性,财富、名誉、地位、事业与"食"等等。各种情况需要专门分析,上面讲功利主义的高级低级幸福已经谈过了。

问:是否有道德欲望呢?孟子说"可欲之谓善"?

答:这个"欲"便与生理需求没关系了,它是指自觉的道德意愿和认识,是所谓"心所固同然"的"礼义"即善恶观念，与 Kant 所谓"我可欲望什么"相近，已不复是与生存需要的欲望了。为避免混淆错乱，我仍然严格地把"欲"一般限定在自然生存的基本需要上。包括也不把公正感等等作为"欲望"。把"高级""低级"的所谓欲望混在一起，问题便讲不清楚。因为这里有非常复杂的不同的情理结构。

问：你的主旨始终是"情理结构"。

答：道德感情也如此。如敬重、崇仰、自豪、自尊、自责、自卑、羞愧、内疚、悔悟、同情、怜悯、羡慕、怨恨、妒忌等等，其中都有理知认识、善恶观念的渗入，结构各有差异，形式极为复杂，应由许多专门学科如心灵哲学、道德心理学、儿童心理学、脑科学来研究。但从儿童心理学也可清晰看出"礼"（外在引导、规范、惩罚）→"理"（理知认识、善恶观念和理性凝聚的主宰力量）→"情"（使"快乐的犯错者"变为"难过的犯错者"）等大体过程。

中国上古，"礼乐"并称。"礼"来自巫术仪典，其中便有"乐"（音乐）。"礼"分别等级差异，成为认知的"理"（善恶是非观念），但又通过"乐"和"仪"，直接作用于塑建有自然生理基础却仍专属人类的感情。《郭店竹简·性自命出》有"宾客之礼必有夫齐齐之容，祭祀之礼必有夫齐齐之敬，居丧必有夫恋恋之哀"。《礼记》有"春禘秋尝，霜露既降，君子履之，必有凄怆之心，非其寒之谓也"（《祭义》），"馈奠之礼，所以仁死丧也"（《仲尼燕居》），"此孝子之志也，人情之实也，人情而已矣"(《问丧》)，等等。更是培育与自然生理的"欲"无直接关联的"情"（如"非寒"之凄怆）来协助"理"以完成道德行为；并使情感细化而丰富，不再只是具有生物基础的各种情欲，而成为"人情"。"情""欲"有各种等级和分类，西方哲学家罗列了不少，有完全与"欲"无关的情感，如智慧的满足，道德的愉快，审美的享受，等等。它们与生理苦乐、需求欲望已无关系，却仍然是某种理性渗入的情理结构。这也就是你上面讲的高级欲望。

问：刚才你讲过"好""坏"动物本能，但儿童读物里却仍然有为儿童喜欢的恶作剧的主人翁，不听话的小顽童，如何解释？

答：这要请教儿童心理学的专家们。我以为这是为了丰富儿童的想象力和主动性，全面满足和培育儿童心理，不只是进行道德教育而已。但"恶作剧"和"不听话"也常常限于局部，并非全称肯定命题，而经常以喜剧效用收场。在大量的儿童读物中，从道德角度说，更多是忠奸分明、善恶清晰：老狐狸、大灰狼、小白兔、大公鸡，正反面相当清楚。包括小孩看戏也总喜问这是好人还是坏蛋，为自己的情感和理知取得一种道德心理立场，亦即塑造道德心理的情理结构。

问：照你所说，这都是为了培育人的善恶认知和人的好恶情感。

答：但儿童长大进入社会生活，情况便远为复杂。莫言说"每个人心中都有一片难于是非善恶定型的朦胧地带"。在现实生活中，人们都常常处在许许多多善恶是非错综交缠很难分辨和"定型"的广阔地带中。并非好人都无严重缺失，也非坏人一无是处。Dostoevsky 就充满了这种好坏善恶纠结不清而可震撼人心的描述。从而"大义灭亲"还是"亲亲相隐"，"道不行，乘桴浮于海"还是"知其不可而为之"，在好些时候便是非常困惑、艰难和痛苦的选择。但这些现实生活中的复杂性并非儿童所能理解，儿童有反社会性约束的生物本能，所以仍然需要首先培养明确的道德观念和道德感情。仍以"不说谎"为例，明知成人有时会说谎，却仍然得教育小孩绝不说谎，因为他们还不可能去把握处理各种"必须说谎"的特殊情况。"不说谎"在这里仍然是"普遍立法"的绝对律令。

问：实际生活中道德的两难处境的确不容易处理。

答：当年 Sartre 讲存在主义的自由选择和决定时，有人问他：到底某人应反纳粹而可能牺牲，还是应养老母以自保，二者不可得兼。Sartre 不能回答。中国也有许多"忠孝不能两全"的著名事例。在历史与道德张力巨大的今天，"公德"与"私德"的背离与矛盾，例如是讲契约原则还是讲朋友情谊，等等，使两难情境更加增多而突出。其中，市场与道德的冲突如何解决，便不容易，Sandel 书中举了好些道德在市场冲击下丧失的事例。例如罚款变成了收费，使人丧失了道德感情。Sandel举出以色列家长迟接小孩实行罚款后，迟接的反而更多，家长们认为已付费，迟来反无所谓，没有对耽误老师的歉疚感了。但罚款又的确就是收费，以后取消收费，仍然迟接。如何办？后事如何？Sandel没有说。

问：看来道德情感比人性能力还复杂？

答：我以前说对至死不投降的敌人会感到钦佩是一种道德感情，但又并不尽然。对好些愚忠愚孝者，一般不会产生敬佩感情。相反，会感到怜悯。对作恶多端却宁死不屈者会感到厌恶。对年幼无知盲目听从的希特勒青年团至死不悟，你会感到怜悯；但对那些纳粹骨干，尽管他们辩称自己乃忠实履行职责，执行命令（也是"绝对律令"），仍会感到厌恶。因为他们把人类积累到今天的基本善恶观念和人性感情完全践踏了。

不能倒过来

问：你这里讲了好些情感紧相联系的善恶观念，如果倒过来，以Hume为主，辅以Kant，即情感为道德动力，理性不过是奴仆和工具，如何？

答：不行。这样就与社会生物学差不多了。已经讲过:动物也有情感,如同情、怜悯、爱恋等等,它们都由生物生存的自然因果律所决定,完全没有人类"自由意志"(自觉地不计因果利害、个体苦乐存亡)的道德特征,这从而也就抹杀了"人之所以为人"的"心理本体"。我仍然拥护 Kant。当前西方流行的情感论、直觉论都大抬 Hume,其实,即使是极迅速的道德直觉,也仍然是广义教育所培育包含不自觉的理性因素在内的成果,仍然是某种情理结构,这一点在上世纪 50 年代我论述美感直觉性时便着重讲过了。

问:社会生物学和自由主义者 Hayek 都认为动物有"利他"而牺牲自己的行为。

答:动物牺牲自己以"利他"也是本能,而非"自由意志"。Hayek 反对社会生物学,认为应排除这种原始性的利他本能,才是自由的个体(人)。Hayek 强调社会自发秩序、个体自由竞争,反对理性构建,反对福利政策,认同优胜劣败,以至于有人说他是社会达尔文主义。Hayek 在中国极有影响,Sandel 却很少讨论他。我以为,如果简单地说 Rawls 承续了 Kant "帮助他人"的原则,是否也可说 Hayek 承续了 Kant "发展自己"的原则呢?两人都是大师,可说是自由主义左右两大派的最大代表(尽管 Hayek 本人和一些人并不认为他是 Libertarianism)。我把他们都归在 Kant 门下,特别是把反理性构建的 Hayek 也纳入,也许有点勉强。我大概太偏爱 Kant 了。

问：你虽然十分赞赏 Kant，却仍要以中国传统的"情本体"来补足。Rawls 和 Hayek 以及自由主义左右两派却都不着重情感，只大讲理性的公正。一直演变到今日，突出"原子个人""个人权利""自由选择和决定"，甚至完全以"商业化效应"即理性计算的市场效果来判定公正，如 Sandel 在书中点名的好些当代经济学家。

答：我认为走偏了，由于反经验主义，Kant 之后的确在政治哲学中不再有情感的位置了。但我以为在 Kant 那里却并没有"原子个人"等观念。Kant 晚期的历史政治论文可直通 Hegel 和 Marx。Allen Wood 甚至说 Kant 是"开端的马克思主义"（Proto-Marxism），在《Kant 的伦理思想》一书中，他专门写了一节"Kant 的唯物史观"（"Kant's Historical Materialism"）。他说，虽然 Kant 没有阶级斗争、废除私有制和国家等思想，但是：

> 与 Marx 一样，Kant 理解历史的基础是社会生产力的发展，人民集体力量产生出他们独特的、随历史而变迁的生存方式，从而人类历史经历了与特定生产活动的统治形态相适应的不同阶段。与 Marx 一样，Kant 看到历史不但是争斗和冲突的场景，而且是加深不平等和压迫的场景。如同 Marx 的理论，Kant 认为，这冲突的根源是具有敌对经济利益的不同人群之间的斗争。在这里，不同人群代表着在人类经济发展中的不同阶

段。(*Kant's Ethical Thought*, Cambridge, 1999, p.245)

我以为,Kant 的最后走向是这种整体主义而非个人主义,是人类学而非个体学。Kant 那个超人类的"绝对理性"其实就是人类的总体性。"原子个人"是后代自由主义包括左右派所极力张扬出来的,并不符合 Kant 本意。Kant 虽然可说承续 Locke、Rousseau,但与他们并不相同。所以我讲承续 Kant,与自由主义各派迥然不同。我是经由 Hegel、Marx 理论过程之后回到 Kant。Kant 以纯粹理性取代了上帝,Hegel 作为上帝的"绝对精神"是人类意识思辨史,Marx 将这思辨史改换为物质生产史。(详见《批判》)

问:Sandel 把 Kant 划入 J. S. Mill 等欧美自由主义系列中,许多人包括你自己也把 Kant 推为现代自由主义顶峰。

答:是如此。但《批判》一书各章都是把 Kant 与 Hegel 和 Marx 联结在一条线索上论述的,并明确认为,Kant 是 Locke、Rousseau 等个体主义向 Hegel、Marx 等整体主义过渡的至关重要的转折点。Kant 高扬并用以替代神学上帝的"先验""纯粹理性"并不是"原子个人",也不是契约原则。Kant"人是什么"的"人"应理解为由整体到个体的历史过程,并不是虚拟的、隔绝的、不变的、绝对的"原子个人"。所以我以为 J. Rawls 的"无知之幕"是片面地承继了 Kant,世上没有能甩开一切"目的""关系"完全独立的纯粹自我。

《批判》一书以为，Kant"经由"Hegel 和 Marx 再回到 Kant，才是一条转换性创造的哲学新路。"经由"不是简单的否定，而是有批判有吸收的扬弃。《批判》第六版"附录"说：

> 本来，处在二百年前现代化入口，为建立现代社会性道德，需要摆脱中世纪宗教和神学的统治，Kant 祭起同样神圣的纯粹理性来替代上帝，以独立自主的自由意志来对抗前现代对权威的屈从，它给现代化所要求的个人自由开辟了道路。但自 Nietzsche 喊出上帝已死，现代化的丑陋面目日益展露，自由主义、个体主义开启了后现代虚无主义之门，尽管许多学人的 Kant 研究仍然纠缠不休在先验、个体、理性的各种琐细讨论中，转向却难以避免。J. Rawls 在其《道德哲学史讲义》中讲 Kant 的目的论王国就是共和联盟的永久和平，Paul Guyer 说 Kant 作为最高的善包含的是人类幸福而非自我中心的个人幸福，Roger Sullivan 说"道德律令形式的权威性和普遍性使我们不可能不认为好像是神意而敬畏，对 Kant 这就是宗教的本质"。《批判哲学的批判》初版指出在第三批判中上帝只是人的主观信念，上帝（也包括各种"超验""先验"等等）实际是围绕人旋转，人的生存延续是更根本的。这些都是走向"人是什么"即以人为本（人类的生存延续为根本）的人类学视角。这个人类学视角是历史的。Kant 历史观一文曾指出，从个别主体上看来是杂乱无章，从整体上却能发现这些自由意志的行为中

有一种规律性的、缓慢和漫长的发展进程，这是"大自然的隐蔽的计划"。"大自然迫使人类加以解决的最大问题，就是建立一个普遍法治的公民社会"，并以此达到各共和国家的联盟的"永久和平"。Kant指出，迟早将支配每一民族的商业精神、金钱利益而并非个人道德，才是促使战争消失、实现和平的根本动力。凡此种种，都可以直接与当今现实联系起来。可见，由先验走向经验，由个体走向人类，由与经验无关、与幸福无关的纯粹理性（如三条道德律令）走向人类本体、历史进程、世界和平、集体幸福（而且首先是人类物质生存方面的幸福），便自然成为不同于传统Kant研究的新的"路向"。而《批判哲学的批判》在三十年前所提出的，也正是这种人类学的新路向，如初版强调Marx的"自然的人化"，提出使用—制造工具以说明"认识如何可能应从人类如何可能来解答"，等等。

也许扯得太远了。但在大讲"个体自由""契约原则"时，不断提及这个人类学和经济生活基础是重要的，才能展示这个"由整体为个体存在"的历史事实和漫长过程，这也才好与前面讲荀子、讲"情欲"、讲"情理"交会接头。

问：请谈谈著名的海上四人杀一活三案，Sandel也大谈此案。

答：Sandel在他编的《公正读本》(2007)中把此案作为第一章。简单说来，"人是目的"，如果四人宁愿同死而不食、不杀，在伦理和道德上就最崇高。因为它实现了牺牲自我的"普遍立法"和"自由意志"的心理形式。从现实情境看，杀一而活三，虽然"差劲"很多，但仍可以谅解。"死生亦大矣，岂不痛哉。"谁也不愿白白等死，总想多活几天，以图得救，而且被杀者本已快死，也许最好是等人死后再行分食，也就不会发生这个犯罪问题了。法庭以"谋杀"判两人死刑，其中含有如不作此判决便可推论允许杀至最后一人的理性逻辑，毕竟是杀人，必须执行"杀人者死"的法令以维持社会公正，体现法律的尊严不可侵犯。此案最后由国王赦免，将两人减刑至囚禁六个月。减刑并非依据功利主义的理性原则（死四不如死一），而是依据具体情境即"人情"所作出，其中大有情感因素（我未专门研究该案件，此系猜测）。拙作《论儒法并用》曾举董仲舒驳倒"伤父者死"的法律，以"人情"（具体情境，内含情感）来修正既定法律的"儒法互补"案例，有可比较处。这里，情感因素如何以理性方式进入判断、考虑和决定，用离"经"却不叛"道"的"权"来实现"范导和适当构建"，便是要点所在。

问："合情"能以理性来表述或表达吗？

答："没有无缘无故的爱，也没有无缘无故的恨。"情感可以经由理性分析作出表述和论证,而言之有理、持之有故。情感通过事实陈述和解说,不仅打动而且可以说服人心。也就是说,这个"情"也是有原因或理由的,"合情"也得讲道理。只是这个道理有时越出了原来的法理范围,却合乎民情和公意。前面提到的"将功折罪""戴罪立功"就是。中国人常说"酌情"处理,也是指根据具体情境(其中包括情感)而不必固守某些既定理则来办事。孔子一生讲"礼",多次指责管仲"不知礼",却又从总体上肯定管仲,"如其仁,如其仁",便是一个"行权"(不死守礼"经")、"合情"(理不全在"礼"中)的典范例证。

善恶观念

问:你的人性之分中,除人性能力、人性情感外,便是善恶观念了。善恶观念本属于变迁的伦理人文,为何进入了"绝对"的内在道德人性?

答:善恶观念前面已讲了不少,正因为有此属于外在的变迁的伦理人文,内在的人性结构特别是人性能力才不是一个空盒子。理性凝聚的自由意志必须有其具体内容,才能形成具体行为。能力本身虽可独立于此变动不居的善恶观念,但无此善恶观念,能力也只是手上未射"好箭、好箭",即是可能性而非现实性,任何意志行为都有其具体内容。伦理学讲的就是人的行为。

问：善恶观念既是变化的，又如何能变为"共同人性"的一部分呢？

答：所以这里要着重说明（其实上面已经谈过了），善恶观念虽然随时代社会而变化，但随着社会的发展、生活的进步，善恶观念也在不断积累中进步。养老毕竟替代杀老，明器毕竟替代人殉，缠足毕竟废除，恋爱毕竟允许……而且由于人类物质生活、市场经济的逐渐同质化，衣食住行、性健寿娱的不断改善、丰富和在这基础上精神享受、幸福的增长，在各种相对中积淀着绝对，使善恶观念也逐渐接近和一致。塔利班、恐怖集团对待妇女的善恶观念已为人类大多数所不齿。人们有了更多的伦理学共同语言。这样，由人类历史积累出来的善恶观念也就由人文而人性，成为共同人性一个部分，它渗入人性能力和人性情感之中。

问：提出这种既变易又积累的善恶观念，是既反对伦理绝对主义又反对伦理相对主义？

答：我仍然坚持社会生活的进步使伦理道德也进步的观点。相对主义的确看到了善恶观念的社会变易性，但未足够重视历史的积累性。原始部落猎取人头时，猎者和被猎者均视作"理所当然"，可以无情感上的不适。今日可能吗？至今尚存遗址的古罗马斗兽场上纵兽食人，开头是吃基督徒众人狂欢，基督教成为国教后，以爱为教义的基督徒也观赏得欢呼雀跃,今日可能吗?"康乾盛世"时一人获罪满门抄斩,今天能容忍吗?小女孩自动积极地要求缠足,今天还有吗?无论在社会伦理制度上还是在个体道德心理上都改变了。许多传统观念和情感被扔弃了,"天理""良心"都改变了。社会的进步导致观念的改变,观念的改变也使情感发生改变。整个人类的伦理和道德都在进步中。中国上世纪70年代末80年代初改革开放之初,为什么牛仔裤披肩发要引起那么大的争论?不仅在观念上("资产阶级自由化""伤风败俗")而且在情感上(爱好还是厌恶,"看不惯"还是"很喜欢")。共同的善恶观念和好恶感情一样,经常是在冲突中来积累,合理的观念和正面的情感只能在继承和冲突中获得肯定、巩固、扩大和加深。这样,人在相对中积累出绝对,便使人性获得成长。前面已提过,同样是集会,为什么应该禁止复活纳粹的活动而不应该禁止反对种族隔离活动(Sandel所举例),这的确不是"无知之幕"和"中立性"等原则或假定所能解释,这来自人类历史性积累所展现和形成而日益普遍化和共同接受的善恶观念。它来自人类生存延续所积累的经验教训。F. Engels 曾说,妇女解放是人类解放的某种尺度。中外各文化、宗教对待妇女是最鲜明的例证,对妇女的诸多虐待、压迫、抑制、不公,今天仍然大量存在,但迟早会要改变。这里没有什么伦理相对主义,这也正是人性道德中去恶趋善的延续。它与人类总体物质生活中的生存延续相配合。它也是最后那个"情"的培育、生长,又会造成第一个"情"的发展改善。这样的来回往返,形成良性循环,这就是人性与人文的辩证互动,这就是历史的前进步伐。可见,自由主义的许多原则并非来自 Kant 或 Rawls 的理论假设,而是来自社会生活和人类经验。Kant 等人将之抽象为"普遍必然"的"先验理性""天赋人权""原子个人"等等,虽然它们并不成立,但毕竟把人的地位作了极大提升,促进了人们为之奋斗,在历史上和现实中起了良好作用。

蔡元培的话

问:看来,善恶观念、人性情感、人性能力,构成了你讲的"道德心理学"即个体内在的心理结构形式的三个要点或要素。

答:蔡元培《中国伦理学史》一段话可以在此引用:

> 人之成德也,必先有识别善恶之力,是智之作用也。既识别之矣,而无所好恶于其间,则必无实行之期,是情之作用,又不可少也。既识别其为善而笃好之矣,而或犹豫畏葸,不敢决行,则德又无自而成,则意之作用,又大有造于德者也。故智、情、意三者,无一而可偏废也。

"智"就是分辨善恶的人性观念,"情"就是人性情感,"意"就是人性能力,即"自由意志"。这也就是原典儒学的

"知、仁、勇"三达德。这"勇"不是体力的强壮勇猛,不是"暴虎冯河"的匹夫之"勇",而是"自由意志"的坚毅勇敢,是"虽千万人,吾往矣"(孟子)的"勇",是"而今而后,庶几无愧"(文天祥)的"勇",是在理性原则统帅下的行动力量,这也就是 Kant 讲的"德性",即实践理性。

问:一开头你将人性能力分为认识(理性内构)、意志(理性凝聚)和审美(理性融化),这里讲自由意志的道德行为,其中又包括智仁勇,智相当于认识,勇是自由意志和人性能力,那仁是否理性融化的审美呢?

答:否。仁在这里是同情心及人性情感。要说明的是,前面曾引孔子"克己复礼为仁",这个"克己复礼"的"仁"却不是此处与"智""勇"并列的"仁",而是包含这三者的最高综合。其中有"克己"的"自由意志",是《论语》一书"仁"的十多种不同回答中的最高层次,是 Kant 所说的"本体"所在。"仁者爱人"的"仁"才相当于此处与"知""勇"并列的"仁"。孔子回答颜渊当然大不同于回答樊迟。

至善

问:既然认为善恶观念随时代、社会有变迁,你为何又提出"至善"?并把人类的生存延续亦即人类总体的实践活动作为至善,其意义何在?

答：它可以使"善"和伦理道德有一个客观而现实的最后依据。我以为善恶观念不能最终离开人类生存和生活，从而反对许多伦理学把"至善"归诸上帝神明，归诸先验理性，归诸"自然目的"，反对把"善"看作是个人直观或"不可定义"。这是人类学历史本体论哲学题中应有之义。同时也可说是中国传统"道始于情""礼生于情"的承续和发扬。《易传》说"一阴一阳之谓道，继之者善也"，在情感上极大地肯定天地和人类生存延续这个物质性的存在活动，这就是上面已讲过中国传统的"有情宇宙观"（参看拙作《中国古代思想史论》1985，《哲学探寻录》1994）。重要的是，这里确有一个"善"的观念与"神"关系问题。人们常常把作为道德的"善"（moral good）总看作是超越和优先于现实社会生活的某种精神、心灵、理念，实即与"神"相关，即道德必须有"神"的支持，才对人有绝对的力量，而不大认同"善"即在、也来自生活本身。Sandel讲的"共同善"便总是隐隐约约、或明或暗地闪现着基督教的宗教道德的影子。他所推崇的"共和主义的美德"便有基督教背景，他之所以要以公民美德的自由来替代自由主义的双方自愿的自由，也如此。不如此似乎就缺少了绝对性。西方许多学理的根底总有神的影子，总认为只有超人类的神才有真正的确定性和绝对性。包括Kant的"纯粹理性"也是超人类的，因为人类世界的一切规范、约定、律则都是变迁的、相对的从而是不可靠的。这些学理没有重视人类经过百万年经验、历史和教育所积淀出的确定性和绝对性。从人类学历史本体论来看，既然"至

"善"是人类的生存延续,道德作为本体价值便无须与神意、天命或上帝相关,也有其绝对性。这大概就是我的"形而上学"。我以"人类的生存延续"来填补"上帝死了"留下的空虚。

问:以人类生存延续为"至善"是否会扼杀个体?

答:这问题很重要,但我前面已说过了。90年代我说,以前常常是"个体为整体而存在",现在例如在战争中,也仍然是"个体为整体而存在"。但在一般日常生活中,却该改变了。特别在理论上不能抛开个体来谈社会。自由主义的主要历史贡献也就在这里。所以我在提出"至善"观念时便着重指出要特别警惕各种以国家、民族、宗教、阶级、主义也包括以"人类"的名义来打压、扼杀、迫害个体的理论。上面也说了,自由主义比功利主义(最大多数的最大幸福)大进了一步,亦此意也。

问:Sandel多次讨论了同性婚恋。照你刚才所说,同性婚恋也不能以"人类生存延续"的"至善"而加以反对?

答:美国反同性恋、反同性婚就是以男女才能结婚的宗教教义(神的命令)为依据。同性婚恋有其个体基因的生理原因,对人类来说毕竟是极少数,无伤生存延续的人类大局。所以不应反对。

问:你这还是功利主义,不是自由主义维护个人权益而无须顾及"大局"。

答:不对,二者都是。"大局"有时也仍需"顾及"。所以我说功利主义和所谓"统一"的欲望主题在某种特定情境比自由主义的主张更正确,但也只在特定情境下。

问:Sandel说按照自由主义,自己身体自己做主,同性婚、群婚、不婚、多夫多妻均无不可。

答:我以为这仍是一种抽象思维。婚姻形态随社会、时代、文化、传统而不同,群婚(远古社会)、一夫一妻(基督教)、一夫四妻(伊斯兰)、妻妾制(中国传统)、一妻多夫(某些少数民族,如"走婚")都有其经济的、宗教的、文化传统的原因,其是非曲直不是一个抽象的自我做主原则所能判定。

问:那么未来呢?现在流行同居而不结婚。

答:不知道。很可能多种形态并存。我说过从Plato、Engels到康有为、毛泽东都有"废家"的学说和思想,主张儿童"公养""公教",但我怀疑。尽管未来性爱形态可能更开放、更复杂和更多样,但亲子情特别是母爱有动物本能的强大基础,虽然当今也有不要小孩的女人(childfree),但毕竟很少。所以抚育儿童的最佳方式的家庭单位未必能够和需要废除。亲子不只是理性而更是一种情感关系，先救溺水的自己的小孩不是由于理性的义务，如Sandel所说，而是情感。情感起了巨大的作用，它甚至不是道德行为而是生物本能。

问：如何看基因工程？Sandel对此有专书讨论。

答：许多人反对基因工程，认为胚胎细胞也是人的生命，从而不应违反"自然本性"人工复制。如反堕胎一样，这是一种宗教性道德。但实际却在阻碍当代生命科技的重要发展。在中国就少有这种问题，例如没有反堕胎运动。今日世界其实便是自然人化的成果。包括粮食、果木、猪羊、犬马也都是人工培植、驯化的产物，并未违反什么"自然本性"。庄子早就反对骑马驭牛，因为违反了自然本性，但没有这些，哪来的人类文明？没有今天的高科技，哪来现代人的生活和寿命？这正是历史本体论强调的制造—使用工具并以为第一本体的原因。现代科技会带来某些祸害甚至灾难，但人最终总能将其克服，历史已有证明。"雾伦敦"和泰晤士河（均由浊变清）便是例子。今日中国的大气污染也将如此。对基因工程也应作如此观。工具本体、科学技术始终是"人类生存延续"的基础和动力，今天它们的确可以毁灭整个人类，因之不断拉警报敲警钟有好处。但也仅如此而已。Sandel的观点也如此，他毕竟还承认基因研究有益于医疗。

《三字经》与公民课

问：当然这又涉及今天应以何种伦理规范（是传统的宗教性道德还是现代社会性道德）来进行教育的问题了。

答：仍然以"现代社会性道德"（公德）为主。这里再抄一段老话：

> 问：公民课比《三字经》重要？
>
> 答：对。正如比念《古兰经》《圣经》重要一样。公民课是灌输现代社会所必须遵循的行为规范、伦理秩序及其理由，培育孩子从小便讲理性、守秩序、护公物、明权界、别公私，以及具有自由、平等、独立、人权等等观念。然后再加上《三字经》等传统典籍宣讲的孝亲敬师、长幼有序、勤奋好学、尊老扶幼、阅读历史、重视经验等等，使二者交融汇合，情理和谐。二者不免有差异或冲突，其中一部分可以作出新解释，例如传统大讲君臣，在现代可以转换地改变为上级发号施令，下级服从执行，但双方的人格和人身却是独立、平等和自由的，上级可以"炒鱿鱼"，下级也可以"拂袖而去"。这是以现代社会性道德为基础，却也符合原典儒学"君臣以义合""君使臣以礼，臣事君以忠"的"教义"，而不是后世专制政体下"君不君，臣不可以不臣"的绝对服从和无条件侍奉和依附。其中有些是不可调和的，

那就应明辨是非,以符合现代生活为准。(《中国哲学如何登场?》2012,第151页)

遵循"公德"、宣扬"公德"、为"公德"而献身,是今天中国人最需要的。在这基础上,个人仍可自由地选择自己作为安身立命、终极关怀、心灵安息的各种宗教性信仰作为私德,将佛教、基督教、伊斯兰教以及儒学的普度众生、拯救灵魂、仁民爱物以及共产主义作为人生意义、生活价值,而毕生追求,均无不可。

问:公民课似乎只讲理性原则,没有情感、信仰的味道呀?

答:不然。你排队时有人插队,你不也情不自禁起反感吗?你有急事不得已而插队,不也会有歉疚感吗?"公德"(现代社会性道德)也需要情感助力来维持。今天中国最惹人痛恨的正是特权对这种程序公正的干扰、破坏和超越,以特有身份、地位、关系而不排队、闯红灯、占官位、赚大钱等等。Sandel所列被别人概括出来"具有保守主义特征"的"共和主义公民美德"共23项("对婚姻的忠贞、经济独立、诚实、节俭、勤奋、礼仪的简洁、自我控制、纪律、节制、稳健、自制、羞耻心、服从和尊重权威、秩序、对宗教的虔诚、尊重传统、果断、勇气、抱负、热爱荣誉、爱国主义以及对公共善的热情",《民主的不满》中译本,第42页),其中好些均属于"公德",即现代社会性道德。与古希腊一样,其中也未如中国传统突出"仁爱"。

价值中立

问:这里要重复提出一个问题,自由主义所主张的"价值中立"(即"中立性",下同)、"个人权利"、"社会契约"、"自由平等"等等"公正",是否也是一种道德原则?Sandel认为Rawls要求它们与任何宗教、传统、形而上学脱钩,乃是一种"非道德的政治"。Sandel强调,Rawls的"重叠共识"、价值中立不能作为人的生活目标,强调应有更高的价值指向和道德精神来指引政治,并将市场对道德的侵害归结于"价值中立"。这几乎是Sandel全书的主旨之一。但你是非常赞成Rawls的"脱钩论"的。你说这就是你讲的"现代社会性道德",这道德无须与任何宗教、主义、传统、意识形态、形而上学相连接,它以现代经济生活为根基,如你上面所说。

答:所以我反对Sandel的批评。我以为Sandel没有重视发达国家的过往历史和发展中国家首先需要从中世纪脱身出来的现实。Sandel谈到美国开国先贤反对工业制造业,主张农业共和国,以拯救道德。结果却是两百年后美国成了世界上最大的工业制造国,经济发展并不以先贤们的道德意识为转移。Sandel谈论当年美国拥奴论者主张奴隶制比雇佣制要优越的论辩失败，也只从道德着眼，实际上经济力量才成为后者最终胜利的根本原因。凡此等等。Sandel 和社群主义反对自由主义表面上有类于 Hegel 反 Kant，以现实的社群反对独立而隔绝的抽象"自我"（个体）。但遗憾的是，他们缺乏 Hegel 那种具体共相的历史感，特别是他们完全漠视了 Hegel 到 Marx 这个重要的洗礼，没正视自由主义是历史地立足于现代经济生活这一根基之上，从而他所反对的自由主义的个人自由、价值中立等等，恰恰是这些国家为从传统社会的经济政治形态（如原始部族制、奴隶制、农奴制和各种宗教的、文化的专制特权）脱身出来而迫切需要的。这些"价值中立""权利优先""个人自由"就是这些国家或地区为脱身中世纪所特需的"共同善"和"美德伦理"。现在就是要确认和确保这种伦理，因为现在连形式上的法治、连形式上的自由平等人权民主都没有，为之奋斗本身就是一种美德和善。没有法治，特权横行，践踏人民，蹂躏个体，"我们开会就是法律"，"法律会捆绑我们的手脚"，"要人治不要法治"，等等，便不止一位最高领导人明确说过，言犹在耳，遗风未绝。"文革"中的"群众法庭"、公检法合一，毫无法律程序，便处死"罪犯"，更是如此。所以二十多年来我一直强调法治而几乎没谈民主，1995 年我提出"四顺序"论，也把政治民主排在最后（曾引起各种猛烈抨击）。因为中国既不可能有像 Sandel 主张的全民积极参与的古希腊式的民主，也完全不适宜于一人一票、多党竞争、直选总统的现代自由主义的民主，它们都可以走向不同形式的专制暴政。每个公民有权参与政治，但以何种方式在何种程度和等级上参与，并无既定模式可以搬用，只能在现有情况下逐步改良，以积累经验，走出一条自己的路。

总而言之，我认为上述那些"个人权利""价值中立"等等"公正"原则正是现代法治的道德内涵。这些"公正"原则实际上或者说它们之所以能在现实生活发生作用，并非来自观念或理论，不是来自 John Mill、Kant、Rawls 或者 Marx，而是来自现代人们的经济生活，它们也就是保证现代生活而具有良好性能的道德的"善"。在这里，"对"（the right）也就是"善"（the good），"自由"（freedom）并不与"德性"（virtue）相对立，自由本身就是德性（"公德"），也即是当今的"共同善"（common good）和"好生活"（good life）的组成部分，成为人们不仅在政经体制上，而且在个人行为中所应遵循的道德原则。虽然发达国家的人们也许视它们为理所当然的政治常规和行为准则，似无何道德可言。但就某些地区某些国家的人们来说，却是他（她）们为之奋力以求甚至乃"终极关怀""安身立命"之所在。包括为 Sandel 所严厉批评的"价值中立"本身就如此。它是从传统价值观念绝对主宰人们生活造成巨大灾难中所得来不易的道德原则。它是从各种政教合一体制中脱身出来的重要手段。人们可以有不信任何宗教包括儒学教义的自由，要求"价值中立"，追求"中立性"今日看来平常，当年却极为困难。像今天伊斯兰女权主义者的奋斗就不亚于殉身赴难的宗教信徒。Sandel 说"价值中立"会导致宗教激进泛滥，那两德合一的价值不中立不更如此吗？塔利班的价值绝对不中立，连古佛巨像也必须炸毁。所以今天这个"对即善"（现代社会性道德）确乎与原传统的宗教信仰、文化、风习、道德可以无关，是非常有道理的。还正因为原有的那些信仰、风习、道德扼杀、压制、束缚，也才使得争取自由、平等、人权、民主不断成为依次传递的时代强音。它通过经济生活的全球一体化而日益彰显。以 Sandel 所提问题和所举事例，可以看出，美国造成弊病的"价值中立""程序公正"，在好些地方都还是可望而不可即的追求目标。这恰恰是由于一个是已经具有现代化社会生活的国家，一个尚未。后者严重而普遍地缺乏程序观念、中立立场，各种传统和革命的风习、观念、体制、理论在不断侵犯、束缚、干扰着个体的自由和权利，从法院到学院，从社会到个体，从实践到思想。因此，注意到在发达国家中的自由主义带来的各种祸害和弊病，我同意和肯定 Sandel 突出市场对道德的损伤，但不能赞同"善优先于权利"以及某些人所主张的《圣经》《古兰经》《三字经》优先于公民课的论断。中国传统讲究"以德（教）化民"，汉代有儒吏，追求"敦风俗，厚民心"，当时两德合一，今天我们却必须在理论上首先区分两德，然后讲"范导与适当构建"，强调"以法治国"和在这基础上的"以德（教）化民"，而不能"以德治国"。这一点其实我以前已经多次讲过了，这里愿再啰嗦一遍。

问：你对社群主义如 Sandel 到底如何看？

答：第一，与十多年前一样，我不赞同社群主义和 Sandel，总体说来即便在美国，社群主义也不可能取代自由主义，只能作它的某种解毒剂而已。我所讲的"现代社会性道德"大体相当于自由主义，除自由、平等、独立、人权、民主外，诸如宽容、妥协、合作、相互尊重、机会均等、价值中立等等也在内，都是以现代社会的公共理性为基础。我认为应该承认它们也是道德，并把它们与任何以充满特定情感信仰为特色、追求某种"善"的宗教性道德区分开来。Sandel 等社群主义却批判自由主义，不把它们看作是道德。

第二，我同时重视宗教性道德对现代社会性道德的范导和适当构建，主张从中国传统的"情理结构"等等来修正公共理性的自由主义，而不像自由主义那样固守和夸大形式公正、程序公正，突出"原子个人"，强调绝对的自由选择和决定。"两德论"容许一定情况下"实质公正"的渗入，这渗入也就是"范导和适当构建"，它由"历史""情境""关系""情理结构""度""权"等范畴来掌握。

所以概括起来，以"美德"而不是以"功利""自由选择与决定"和"市场"来引领社会，我与 Sandel 在这一点上并无分歧。但有如一开头所说，中美有社会发展时段的不同，又有文化传统的不同，从而也就有上述如何看待市场、道德，什么是美德伦理，是 Aristotle、基督教还是中国传统的美德伦理，特别是承认还是否认"两种道德"（其中便包括是政府强加还是个人选择宗教性道德）等等的不同。

问：Sandel多次讲到堕胎问题，你如何看？

答：许多宗教都反对堕胎。包括儒学也有"不孝有三，无后为大"，从而可妻妾成群，以续"香火"。但现代社会性道德既以个人为主体，生育或堕胎便属于妇女的基本权益，便应明确否认宗教所主张胎儿即婴儿的教义，而非不置可否的"价值中立"。这便不是形式公正，而渗入"实质"了。

问：不反对堕胎不与你讲的"人类生存延续"相矛盾吗？如你刚才所讲"续香火"。各宗教教义倒与之相符合。

答："人类生存延续"也是具有历史性的，不是先于经验的不变教条。古代人寿命短，婴儿死亡率奇高，反堕胎有其当时的现实原因和正当理由。今天情况完全不同，堕胎与"人类生存延续"已无关系。

问：人到底有否自杀的个人权利？

答："原子个人"和许多自由主义认为人有权处置属于自己的身体，因此有自杀的权利。Sandel指出，根据Kant"人是目的"，人不能把自己的身体作为物件对待，所以不能自杀。但Kant和Sandel都没充分解释人何以是目的，把它当作先验自明的普遍真理。Kant不认为人完全属于自己。但Sandel强调Kant把自杀完全等同于谋杀,我以为是不妥的。从"关系主义"的儒学看,人是"关系"的存在,人被抚养成人便有对"关系"以及对"类"(人类)的义务或责任。人并不完全属于自己。"身体发肤,受之父母,不敢损伤"(《孝经》),连损伤都不允许,何况自杀?我经常说,那些年轻的自杀者应在绝命前想想自己是如何长大的?对得起自己的父母否?但这又不排除在特定情况下允许自杀,如前面举出的历史事例,也如安乐死、医生辅助病人自愿早日摆脱身心痛苦的自杀等等。我认为是可以的。这仍然只能是"关系主义""情本体"对个人主义的"我的身体我做主"的范导和适当构建,而不能管控和决定,也不是宗教教义(不许自杀)和自由主义(允许自杀)的绝对律令所能抽象规定。Sandel也承认这是同情压倒了人必须生存的义务。义务也有各种不同的类别和层次,作为公民的义务与作为信徒的义务、对亲友和对人类的义务等等,便大不相同而不能等同对待或处理。

问:那么人(个体)何以是目的呢?

答:因为人类总体是由个体的人所组成的,从而个体的充分发展应该是这个整体在历史进程中所期望和奋力争取的最终目的,即"每个人自由发展是一切人自由发展的条件"(《共产党宣言》)。

权利优先于善

问:看来,与 Sandel 不同,你并不认为"权利优先于善"的"权利"与"善"毫无关联或独立于"善"。Sandel 对"权利优先于善"多有批评,请再总括一下你的回应。

答:第一,"权利优先于善",历史本体论哲学的解释是,它是一种历史产物,既非来自超验主体自我(Kant),也非"无知之幕"的设定推论(Rawls),而是人类生存延续到近现代以大工业商品生产、劳动力自由买卖、等价交换、市场经济的社会生活所要求、所确认、所践行的普遍规则,其中突出了自由选择和决定的个人权利。

第二,尽管今天的"对"也就是"善"(公德),我却突出地把"对"与"善"(私德)区分开来(见《历史本体论》),是因为"对"在许多国家或地区与现有的宗教、传统、文化以及意识形态中的"善"并不相同,而且时常有严重分歧和冲突。"对"是现代社会生活所应遵循的公共理性,从而对许多宗教、主义的理性或非理性的情感信仰的"善"只能保持不作评论的距离态度才是最佳选择,这也就是"价值中立"的缘由和理由。Sandel 也承认他并不认为"权利"必须依附于任何社群传统或现存的"善"。

第三,但是,在现实生活中,这种突出个人权利的"善"("对"),又仍然很难与传统的或现存的这种或那种宗教、主义、意识形态的"善"完全脱钩,实际上,"价值中立"

很难完全实现。正如 Sandel 所说，那些主张堕胎乃女性人权、与宗教信仰无关的人，实际上仍然是采取了反天主教的宗教立场，那些突出个人权利和自由选择的右派自由主义者也不同意自由买卖儿童或选票。各种理性或非理性的宗教、主义、意识形态等信仰情感仍然会直接间接地渗入、干预和作用于这个"权利优先于善"的公共理性、形式公正、程序公正和价值中立而引起各种不同的斗争、议论甚至严重冲突，如上述在美国的堕胎、同性恋、安乐死等等。Rawls"重叠共识"脱钩论之所以是非常重要的"理想性"理论，也正是它想避免"权利"陷入各种"善"的严重纷争和剧烈冲突中。如伊斯兰与基督教，也可包括当年天主教与新教，今日伊斯兰的逊尼与什叶……随着全球经济一体化，个人自由、人权平等的公共理性将不断扩展，追求一个各宗教各民族各文化各传统均能接受的"重叠共识"的现代政治生活原则而倡导"价值中立"（中立性），是非常中肯和重要的。至于 Sandel 列举"价值中立"造成的种种弊病，可以依据各个具体情境作出"合情合理"的判断和解决。

第四，与《政治自由主义》一书同年，我在《哲学探寻录》（1994）中提出宗教性道德（"善"、情感、信仰）和现代社会性道德（"对"、公共理性），其后强调首先区分而后"范导和适当构建"，亦即渗入、干预和作用但不能"决定"，也是针对同一问题，认为许多事情常常有利就有弊、有得就有失，这无可避免。而关键在"度"，即随各种不同具体"情境"而有不同的对待处理。Rawls 的"脱钩论"

是消极的"避开"(the method of avoidance),我的"范导论"是积极的"限定"。其不同点是,"重叠共识"如何可能,Rawls 没说,我以为是由于人们共同生活在现代经济秩序中。其共同点是"权利优先于善"。Rawls 要求与"善"脱钩,我的"首先区分"相同于他的"脱钩","首先区分"与 Rawls 一样,也就是要避开十几年前争论得很激烈的所谓传统与现代化的矛盾冲突,先不判断传统道德是非对错。但我又认为并不可能完全脱钩,从而着重区分之后再仔细研究分析传统道德的基础上去伪存真,取其精华、去其糟粕,来力求"范导和适应构建",但不能"决定",即不能"构建"到"决定"或取代"权利"的地步或程度。这是为了避免现代个人权利重新屈从、臣服于传统的"善",个人重新从属、奴役于某种"集体"之下。如何具体把握?难矣哉。所以我称之为"政治艺术"。上面提到同一集会游行,何者应允,何者应拒?同样,宗教信仰自由是否信仰害人的邪教也自由?如何区分正邪?搞"福利",何种程度的"福利"还是应反"福利"?自愿兵役还是义务兵役?新闻自由,色情新闻也自由?如此等等。如何衡量利弊得失?如何能使"形式公正"与"实质公正"在冲突中取得妥协或调和?常常差之毫厘,失以千里。如何掌握分寸,过犹不及,真是"增之一分则太长,减之一分则太短",这种"政治艺术"只有在各种具体情境中去把握、去经验、去创造,远非一个书斋的先验原则或理论设定所能直接解决。而且,这里要重复强调,任何"范导和适当构建"、任何"实质公正"对"形式公正"的渗入、干预、作用,都一定建立在"首先区分"两德(对与善)的基础之上。在中国,当前首先的是建立"公德",建立自由、平等、人权、民主的政治生活,脱开过去各种传统和意识形态,正如"去政治化的政治"是为了从"泛政治化的政治"("政治挂帅")、"泛道德化的政治"("斗私批修""狠斗私字一闪念")中解脱(free from)一样,"权利优先于善"也如此。法治比人治、有程序比无程序、公民课比《三字经》更是今天"好生活"的保障。问题只在于,如何能有"人情"来缓冲机械性的公共理性、形式公正和市场经济、等价交换、原子个人所带来的情感缺失和人际冷漠。陈寅恪想以"三纲六纪"、梁漱溟想以"关系伦理"在社会秩序、生活规范和政治体制上来抗阻以现代经济生活为基础的个人主义、自由主义、公共理性等等,尽管仍有年轻学人在理论上极力维护,在现实生活中却是不可能的了。但是,"三纲六纪""关系伦理"在情感上,在"范导和适当构建"上,却仍有可为。它们在防阻贫富分化日形扩大、阶层固定社会隔离等方面仍大有裨益。这也正是一开头要讲"情理"和"道始于情"的缘由。前面讲到当公德与私德、遵守契约原则和维护朋友情谊冲突时,如何能在契约原则下妥协修补、抹稀泥、找中间人作和事佬、相互让一步而双赢,当然不得已时又仍得上法庭,正如个人婚恋是独立自主的,不能以传统"关系主义"的"父母之命、媒妁之言"来决定,但也可以或应该征询父母的意见,仍然是以公德为基础。

问：你这"范导与适当构建"又不"决定"的"限定论"总还有些原则性观点可讲吧？

答：这原则其实也就是我的哲学伦理学的原则，它就是"历史性""理想性"和"情感性"。"历史性"是指：第一，历史有情境性，即时代、社会的时空具体性，从而一切伦理道德均由具体历史情境决定。明确现代社会性道德并非先验原理而是历史产物。第二，历史有演进性，就人类总体说，随着物质生活的进步，伦理道德也在进步。第三，历史有积累性。即前面所讲，经由历史和教育，人类积淀出某些共同的善恶观念和好恶情感，从而可以逐渐拥有某些（也只是某些）共同的伦理准则和道德标准。这历史性三要点说明，一方面承认相对伦理，另一方面又不赞成将此"相对"神圣化和固定化，明确反对伦理相对主义，更反对情境主义（Situationism）。"理想性"主要指应估量作为范例对未来的得失利弊。我不赞成自由主义以资本主义为最终目标的历史终结说，而认为可以有一个并无道路设计却有远景想象的社会理想。如中国传统著名的《礼运·大同》，以及虽有严重缺失却不乏想象而并不求兑现的近代康有为的《大同书》。不设计理想社会却有社会理想。"情感性"前面已讲了很多，不必再说，"关系主义"在现代也主要是一种情感性。可以从这三个方面来考虑宗教性道德如何范导和适当构建现代社会性道德，以实现"新一轮儒法互用"。当然具体问题极为复杂，"适当构建"与"决定"之间也仍有相当宽阔的模糊地带，有如莫言说的"善恶观念在个人心灵中模糊地带"一样。这就更要靠积累现实经验以提出各种不同的划线原因和理由，使之逐渐形成规则。这里得依靠经验论，而非先验论。因为"度"只有在实践中才能把握，它是特殊性，而不是抽象原则的一般。这里是从特殊到一般而不是相反。Sandel说，何种政治话语能导向他那"好生活"，他不能充分回答。我这"两德论"和"和谐高于公正"可能比他那《公正》一书最后归结的几点，似更抽象实更具体，更有普适的一般性。

内圣外王之道

问：重复一下"范导"而不"决定"是什么意思？

答：即不能在根本上损害个体"权利"。在现时代，个体生存是整体生存的基础。个人权利不容侵犯这一点，反对自由主义的Sandel也承认。但这很不容易，它仍将是一个相当长的历史过程。"Marx说：'每个人的自由发展是一切人的自由发展的条件'（《共产党宣言》）；另方面说：'个性的比较高级的发展，只有牺牲个人的历史进程来取得，……种族的利益总是要靠牺牲个体的利益来为自己开辟道路的'（《剩余价值论》）。Kant说，历史'使人类物种的全部原始禀赋都将得到充分发展的普遍公民状态'，另方面指出这一目的是经过'非社会的社会性''对抗''冲突''战争''虚荣心''贪婪心''权力欲',当然也包括牺牲(小我)才能实现,这是一个漫长的历史过程。在这一点上,Kant、Hegel、Marx是一致的,只是Hegel、Marx把它作为一种铁定的客观规律(所谓'逻辑与历史的一致'),Kant则视之为鼓舞人心却并非科学认识的目的论理念。比较起来,我认为Kant更准确。"(《批判》第六版附录)

问:前面讲"和谐高于公正",现在又说"权利优先于善",岂不矛盾?

答:这问题在《伦理学纲要》中已回答。"优先"与"高于"并无矛盾。"权利优先于善"是现代生活的基础,"和谐高于公正"是对这一生活的范导和适当构建,两者有时会有严重差异甚至发生冲突。如何协调和磨合,既需要优美的政治艺术,更需要艰难的历史过程。我所赞成的自由主义(整体为个体存在、个人权利优先)只是我的历史主义(历史发展到一定时期或阶段的要求或产物)的呈现。自由主义从属于历史主义,历史并未终结于资本社会和自由主义。既要强调公正,又以"有情宇宙观"的"和谐高于公正"作范导,以走向一个更为理想的未来,这就超越了自由主义。

问:看来你还是十多年前《历史本体论》的观点。

答:对,我很少变化。在《历史本体论》强调了"两德"的区分,提出"范导和适当构建"的观点。在社会性道德方面肯定从 Kant 到 Rawls 的"公正论",认同现代商品生产、平等交换、劳动力自由买卖基础上而必然生发出的个体主义、契约原则。这也就是现代的"外王"。但在中国"情本体"即"天地国亲师"的宗教性道德传统范导下,可以走出一条不同于西方理性至上的中国之路。《论语今读》说:

> "天地国亲师"便可以成为中国人对宇宙自然、家园乡土、父母夫妻、兄弟朋友、师长同学以及文化传统的某种道德和超道德的情感认同和精神皈依。
>
> 宗教性道德("内圣")可以经由转化性的创造,而成为个体对生活意义和人生境界的追求,它可以是宗教、哲学、诗、艺术。社会性道德("外王")可以经由转化性创造,而成为现代政治体系的中国形式:将重视人际和谐、群体关系、社会理想以及情理统一、教育感化、协商解决等特色,融入现代政治的民主体制构建中,而开辟某种独创性的未来途路。

这也就是"和谐高于公正"之路。不是"和谐"代替"公正",而是和谐"范导"公正,它即也是"西体中用"的"新内圣外王之道"。

问:你说的"新内圣外王之道"是否也就是上面说的两个"情"(个体的"情"与群体的"情")之间的"循环无

端,道通为一"? 个体情欲的理性培育与构建群体的和谐关系之间的相互作用。

答: 也可以这么说。"新内圣外王之道"与我强调教育、强调培育人性,提出培育人性来开展未来人文相关,与我强调脑科学相关。中国伦理学传统本来就非常重视个体的修养,从原典到宋明,从孔孟到宋明儒无不强调"修身",荀子也强调"修身": "请问为国? 曰: 闻修身,未尝闻为国也。"(《荀子·君道》)它本是对统治者君王的要求,出自远古巫史传统("巫君"="圣王"),后来成为宗教、伦理、政治三合一的"礼教"对士大夫的要求。但君王个人的"内圣"始终开不出"外王",这个"情本体"只能渗透和托附在阴阳五行框架下,以"仁,天心也"(董仲舒),将宇宙情感化来"引儒入法,礼法交融"而维系了中国政教体制两千年。今天所需要的"新内圣外王"亦即新"儒法互用",也即是将"情本体"渗透到法治宪政、自由民主的现代体制中,不仅外在方面重视在个体权益基础上的群体和谐、人际温暖,而且内在方面强调培育人性情感。我在上世纪90年代初写过一篇短文《世纪新梦》,说20世纪人们在做社会乌托邦之梦,下个世纪(即21世纪)是否可以做人性之梦呢? 我也说过,"历史终结日,教育开展时",所以90年代初《论语今读》提出,今日又再次强调"情理结构",都是为了追求如何建立健康完满的人性,来使社会体制更为和谐,使个体的情欲得到较好的培育,不纵欲(如奢侈），不禁欲，重情意，贵修身，忠以律己，恕以待人，就会使人际关系得到更好的和睦协同、苦乐与共，从而使整个社会情境改善提升，使产生于这个情境中的礼法和观念也不断前行，这才有社会的"好生活"和人间的"共同善"。这个"新内圣外王之道"，也就是中国美德伦理之路。美德伦理涉及我讲过的"处事"（What to do）与"做人"（How to be）的问题。功利主义"最大多数最大幸福"、自由主义"自己选择与决定"、Kant的"绝对律令"、Rawls的"原初约定"主要都是关于如Sandel《公正》一书副标题"What is the right thing to do"所揭示的"处事"，而并未着重讲"做人"即"What sort of person to be"。西方当今涌现对Aristotle和其他"美德伦理"的呼唤，也可说正是对上述理论学说和今天市场主宰一切使物欲横流的不满。从而，中国传统如及时作出某种转换性创造，便有可能使这个"内圣外王之道"取得普适性的一般意义。当然仍得由现实生活作出榜样，这就与当前距离太大了。真是任重道远，前景茫茫。

孔夫子加 Kant

问：有一篇《华夏美学》（英译本）海外书评说，"李泽厚展望给人启发，让人鼓舞。如果'世界哲学'终有可能实现，很大程度上将归功于孔夫子和 Kant"。《中华读书报》的编者发表此译文时，着重加上了"孔夫子与 Kant 对话"的标题。你如何看？

答：这是国外书评者的概括,《华夏美学》一书并未直接说出,但包含有这层意思。我的"两种道德论"以及今天的谈话,不就是孔夫子加 Kant 吗?强调个体权利的现代社会性道德与 Kant 相关,强调"情理结构"的宗教性道德来自孔夫子。毛是 Marx 加秦始皇,我是 Kant 加孔夫子。都是不同时期的马克思主义中国化。

问:如何讲?

答:毛另文已说,此处不赘(参见《再谈马克思主义在中国》第一部分)。关于后者,前面讲荀子和"吃饭哲学"时曾说,"这就是我的唯物论和唯物史观"。这里可以强调指出,这个唯物史观是去除了"阶级斗争"和"先验幻相"的"Kant 的唯物史观"("Kant's Historical Materialism"),即所谓"开端的马克思主义"(参见前面"不能倒过来"一节)。这实质上是以孔子—荀子—《礼记》的中国传统将两百年来贴在 Kant 哲学上的二元论的标签转换为唯物论,同时这也正是马克思主义在今天的中国化,即以人文(如高科技生产力)为基础、以人性(如结合脑科学探求的情理结构)为范导所引领的"内圣外王之道"。中国传统通过融合 Kant 这个最大的理性主义者,包容、吸收、消化从而走出 Marx 的唯物史观和承续启蒙理性的马克思主义。不止于启蒙理性、Kant 和现代社会性道德,而是加上情理结构、儒学宗教性道德即孔夫子的"范导和适当构建",才能有更理想的"共同善"和"好生活"。所以,"孔夫子加Kant"是个重要而深刻的概括,外国书评者和中国编辑如此独具慧眼,颇为佩服。

问:牟宗三也讲孔夫子加Kant,与你有何不同?

答:牟纯从心性论讲Kant,大讲"内在超越""智的直觉"以及神秘经验,完全不符合Kant。对此我已多次评论,可参阅《说儒学四期》等文,这里不想重复。上面已讲,我讲的Kant是经过Hegel和Marx的历史过程和物质生活(工具本体)洗礼之后的Kant。因之与许多讲Kant的人,既包括Rawls,也包括牟宗三,都大不相同。

问:快到结尾了,如何再简单概括一下,你对自由主义和社群主义如何看。

答:这些"主义"都非常复杂,远远不是我、更不是这篇答问所能充分讨论和作出概括。社群主义前面已经讲过了。Sandel在这两本书里提出了"市场社会"的严重问题,我认为很好。虽然中国市场作用还不够发达,但由于没有西方强大的宗教信仰作依托,道德更容易被市场迅速损伤,更要及早指出中国不能走"市场万能""市场就是共同善"之路。Sandel所提问题是值得参考和深思的。但Sandel和社群主义的基本理论,我不能同意和接受,因为这容易导致倒退,重新回到各种传统、风习、主义、意识形态的主宰控制下，心安理得、心甘情愿地作驯服工具和螺丝钉，并以之为"道德"和"贡献"。相反，自由主义如 Rawls 的"差异原则""重叠共识""权利优先于善"倒是中国当前需要而可以接受的，但又要避免被庞大理性的经济机器政治机器所压倒。这只有通过中国"道始于情""关系主义"而予以修正，亦即"范导和适当构建"。至于 Sandel 提出政治是目的还是手段，是每个人应该积极参与还是不必，也即是"积极自由"还是"消极自由"以及政府是必要的恶还是应该引领的善等等重要问题，Sandel 举了许多事例，却没有也不能作出回答。它们需要专门研究。大体说来恐并无一定之规，仍得从具体情境来考虑。总起来说，我同意那位书评者的看法，我追求的世界哲学是孔夫子加 Kant，在根本理论上既不赞同社群主义，也不赞同自由主义。

问：现在流行的新左派、社群主义、新保守主义包括 Leo Strauss 和 Carl Schmitt 等人，可说都在反 Kant，都似乎在追寻某种"神"的律令、传统来重新主宰人间，以拯救世界。所以反启蒙、反理性、反人间契约。但如你所说，中国传统恰恰是"以人为本"，而不是以"神"为本，是"太初有为"而非"太初有言"，是"乐感文化"而非"罪感文化"，是"实用理性"而非"先验理性"，是"道始于情"而非"道始于神"。从而它通过"经验变先验，历史建理性，心理成本体"不但可与 Kant 沟通接头，而且也可包容以个人主体、契约原则、公共理性等社会性道德，而加以"情本体"和"关系主义"的范导，以"情理结构"替代理性至上，走出一条具有普适性的"新内圣外王之道"的现代新路。

答：是。我说过 Kant 是追求"由神到人"，现在的潮流是追求"由人到神"。不管这股潮流如何波澜壮阔、眩人耳目，中国学者们也趋之若鹜，我却愿引毛泽东的话，要敢于反潮流。中国某些年轻学人似有三"原病"，民族、民粹、神秘，穿上洋衣裳更难改易，局面不佳。

问：你讲中国传统，也讲西方传统，后者在你过去的论著中，比较看重 Locke、Tocqueville，当然主要是 Kant，而怀疑和反对激进的思想家们。你敢一再批评 Nietzsche，这在当下中国少有。

答：我抄一段不久前说的话：

> 我认为有必要梳理一下以下几位理论家：
> 一是 Rousseau。他讲公意，这就造成了后来的人民民主专政。
> 二是 Marx。讲阶级斗争是历史发展的动力，但一个社会主要是靠阶级和谐、妥协才能生存下去，靠天天斗是不行的。Marx、Engels 本人都承认，奴隶社会比原始社会要残酷得多，但这是历史的进步。所以我一

直强调伦理主义与历史主义二律背反的问题。什么时候伦理主义占上风，什么时候历史主义占上风，值得深入探讨，但把阶级斗争作为历史发展的动力是错误的。我承认，现在也有阶级矛盾，富士康那么多人跳楼不是阶级矛盾是什么？但从大的理论来看，应强调阶级的和谐、妥协。庄子反对一切文明的异化，连用机械都不行，"有机事者必有机心"，那人干脆回到动物世界去最好了。人是从动物进化来的，动物为什么会进化成人？我认为，人类是自己把自己创造出来的。

Marx在《资本论》里讲"劳动的两重性"。在他的理论里，抽象劳动引导出社会必要劳动时间，由社会必要劳动时间引导出按劳分配，然后到按需分配。这是有逻辑可能性的，但没有经验基础。按Kant的说法，先验幻相是不能成立的。先验幻相好像宗教一样，能够鼓舞人心，能够起一种积极作用，十字军东征不就是打着上帝的旗帜吗？圣战不也是打着真主的旗帜吗？

三是Nietzsche。虽然现在各种左派都把Nietzsche奉为圣人了，讲半句坏话都不行，但我对Nietzsche不感冒。他导致的就是纳粹，蔑视群氓，那是赤裸裸的，所以Hitler也是赤裸裸的，就我这个种族行，其他种族都不行，犹太人是最坏的。如今有人张口闭口就是Heidegger、Carl Schmitt，这些人都是Nietzsche右派，都是走向法西斯主义的，Schmitt不是讲上帝跟魔鬼的永恒斗争吗？Nietzsche左派是Foucault、Deleuze，走向无政府主义。这都是 Nietzsche 种下的恶果。

(《中国企业家》2012/20)

这记录很不准确、很不全面,我并不满意,但大致意思还不差,就不作改动了。

四

余 论

儒教

问：下面想问一些跟 Sandel 基本无关的问题。

答：可以，但没法多讲。

问：虽然与回应 Sandel 无关，但你既讲儒学可作宗教性道德范导社会性道德，那对好些学者大肆提倡"儒教"（或"孔教"）如何看？

答：大家知道，我素来不赞成建儒教。理由何在？简单一句话，建儒教（孔教）恰恰贬低了儒学的普适价值。

问：如何理解？

答：儒学来自巫术礼仪，对人有"终极关怀"和"孔颜乐处"的人生境界的追求，具有神圣的宗教性。但又并不是宗教。儒学没有人格神，没有"天国""西方极乐世界"

的愿景,也没有特定的宗教组织和仪式,与基督教、伊斯兰教、佛教或印度教等等迥然不同。建儒教者是想建立一种与基督教、伊斯兰教并驾齐驱的宗教和宗教组织,以宣扬儒学经典。但我以为儒学早已植根在中国人民生活的价值观念、风习、心理、情感方式、人生态度中(参阅《初拟儒学的深层结构说》1996)。这是一种活生生还存在着的中国人的"情理结构"。前面便说过华人社会中的"人情关系"至今仍然突出。家人重亲情,朋友重义气,个体重谦虚。这谦虚不只是客套,而是确认一己的有限和缺失,"吾日三省吾身",但又不是那种完全匍匐在上帝神明面前的无条件的悔忏卑屈。各宗教讲心灵拯救,儒学讲"修身",儒学的"修身"是在塑造"人之所以为人"的自然的人化,而不离开肉体。儒学对人类有一种相当准确的历史学的描记,具体地以有巢→燧人→伏羲→神农→黄帝的文化演进秩序来呈述解说,并不认为上帝造人。并指出"既济"之后有"未济",乐观地奋力追求和探索人往何处去的命运。儒学对人从何处来和人往何处去的这种探索,远比其他宗教的"选民论""末世说"更具有全人类的普适性。儒学讲求的是,"道在伦常日用中",它过去以亿万中国人勤劳、勇敢、自强、韧毅的长久生存延续抚平了各种内忧外患,现在和未来更将以自己十余亿人口的健康繁荣的生存态度、生活价值来影响世界。这种生存延续、这些态度、价值,恰恰是儒学的基本精神。它远远高于组建一个教派与其他宗教相比拟相抗衡。

问:这你已讲过,不必多说。

答:这次添加几段西方传教士学者卫礼贤(Richard Wilhelm)在反对袁世凯等人立孔教的议论,未加删节,以窥全豹:

> 从中国的整个历史来看,它从来没有过国教。孔子也未想到要建立一种新的教派。他无非是要传承与神的永恒意志相一致的保障人类社会秩序的伟大法则。他没有要求成为宗教的创始人。他仅仅希望传授真理,并指明在世间达致秩序与和平之道。整个世界只有一个真理。不存在任何界限可能将真理限制在某些人组成的特别的集团之中,这些人仅属于某一特定的教派,而排斥其他教派。涉及到这一真理的学说,并不存在等级差别和种族差别。只要遵循这一学说,不论是谁,都会获得真理。拥有这一生命的智慧是孔子唯一的目标。除此之外,对他来讲并不存在一个能建立起教派组织的空间,这一组织会将其自身与人类的其他部分分离开来。孔子没有要求个人崇拜,这点毋庸置疑。他确实不止一次地想到过,想要获得真理跟他个人建立关系是至关重要的。他要求自己的弟子除了勤奋地遵循永恒的真理之外,别无他求。孔子真正伟大的地方在于,他为所有的人开启了真理的大门,而没有任何教派的界限。儒家学派一直到今天都忠诚于这一榜

样。尽管孔子为各代统治者所敬仰,但从来没有谁想到将儒家学说宣布为国教。就像很少有某处的某人想到将空气或水看作国家的空气或国家的水一样。空气和水之存在,每个人都可以使用,究竟它属于哪个国家或哪家教派,根本是无所谓的。真理的情形也不例外。世上本没有什么国家真理,就这点而言,如果说儒家所讲述的无非是真理的话,那它根本不能成为国教。每一类似的组织都会损害孔子的名誉,都会限制儒家真理必然的影响范围。没有一个真正的儒者会认为,对他的老师(孔子)而言,生活在一个儒教已经降格为一个宗派的社会中,是一种荣耀……东西方的伟大学说必然都不能作为单个国家的特别财产所拥有,这一时代已经到来。儒家学说有很多方面对于西方社会同样具有极大价值。因此,对孔子的尊崇最好的路径是使他的学说能在全世界广为人知。

不断侵入中国的欧洲西方文化也许是它(指孔子的学说——引者注)不得不面对的最强大对手。初看起来,古老的儒家学说似乎在被迫节节败退之后,到今天已最后终结了。但还不能作出最终结论,因为儒家学说本身具有适应现代环境的内在灵活性。可以肯定的是,自中华民国建立以来数年间所进行的、通过将儒学确立为国教而使基督教面对有效竞争的尝试必将失败,因为这种尝试只是从表面上移植了在本国已受到怀疑且不符合儒家精神的教会形式。

孔子的秘密正在于此：正如他毫无偏见地继承了中国古代文化并为之注入新的发展潮流一样，其影响也始终在于带来新的活力。它所代表的这种精神启示迄今还在继续发挥作用，问题仅在于是否有合适的人选发展之。

我们现在自问道：什么是奠定中国和东方最深入、最根本的力量？东方给我们提供的决定性的认识是什么？东方的哪些光亮照亮了西方及其发展？我们进一步可以问道，在中国的古代文化遗产中正在发生哪些变化，从目前的状况下可以预见哪些结果和变化？西方能够为这些变化提供准则和解释吗？

（转引自《读书》，2012年第8期，第56—57页）

这是一百年前的话，似乎可与当今倡导孔教的学者们的宏论比较一下，如何？

问：这是否为基督教传播以灭亡中国而故意如此说？

答：有点以小人之心度君子之腹吧？一百年没建儒教，中国并没亡，而且还开始强大起来了。建立教派只会引起冲突。君不见，以慈悲为怀、讲求出世的佛教徒在东南亚对伊斯兰和基督徒竟也是大打出手使用暴力吗？儒家最大特征之一是不攻异端，包容接纳，而后同化或消化之。这我已多次讲过了。

孔颜乐处

问：但儒学也有某些类似宗教的最高境界，并且由"修身"的道德提升而致，如所谓"孔颜乐处"。

答：中国哲学主要便是伦理学。孔、孟、《大学》、《中庸》也包括荀子都讲"修身"。在西方，希腊哲学的"爱智"原意也不作认识思辨解，而是指先于知、重于知的实践行为。《论语今读》前言说：

> Kant 在《纯粹理性批判》中说："因为道德哲学具有高于理性所有一切其他职位的优越性，古人所谓哲学家一词一向是指道德家而言。即在今日，我们也以某种类比称呼在理性指导下表现出自我克制的人是哲学家，并不管他的知识如何有限。"（参看蓝公武译本第570页，商务印书馆，北京）这不有些近似孔子和《论语》中的话语吗？哲学不是思辨的认识论或本体论，也不是语言治疗的技艺，而是在这个人生—世界中的"以实事程实功"的自我建立。

这种"自我建立"的最高境界或完成形态，在传统中国特别是宋明理学，也许就是所谓"孔颜乐处"。它既有关伦理学，也可以在这里简单谈谈。

问：为什么说只是"有关"。

答：因为我以为它虽然是道德，却又已经超越道德而进入宗教—美学层次，特别是其中包含有某种神秘经验。伦理学只讨论人的行为及有关心理，并不讨论神秘经验。

问：如何讲？

答："孔颜乐处"或"颜子所好何学"是宋明理学不断讨论探索的艰难课题，虽然讲得不少，但始终很不清楚很不明晰。原因就在于它已越出道德层次，涉及神秘经验，无法理性处理，所以说不清道不明。90年代在台湾一次讨论会上，我说大家只注意宋明理学家的"半日读书"，从不谈或极少谈及他们的"半日静坐"。

问：什么意思？

答：汉唐儒者似乎少有"半日静坐"说。宋明儒者显然受佛教影响，"静坐""养心"成了"修身""明道""变化气质"的必修功课。我以为"孔颜乐处"的问题是在这个基础上产生出来的。迄至现代，梁漱溟还学密宗大手印，牟宗三虽然没学，但屡屡着重肯定神秘经验。他在哲学理论上提出"智的直觉"我以为与此有关。他大讲熊十力拍案而起，斥责冯友兰说"良知不是假设，而是呈现"，也如此。但有意思的是，宋明儒者讲"孔颜乐处",却大都是一笔带过,很少详细论证或描述。牟宗三尽量发掘儒学的宗教内涵,也始终未把"良知呈现""智的直觉"以及他直接肯定的神秘经验讲清楚,远远不及基督教、印度教、佛教和其他一些宗教。你去翻翻我多次提到的 William James 的《宗教经验种种》一书可作个对比。

问:你如何看"神秘经验"?

答:我在《关于"美育代宗教"答问》中比较仔细地回答过了,即各种神秘经验将来都可由脑科学作出实验回答。在哲学上,Kant 是反对神秘经验的。孔夫子也只讲"成于乐""知之者不如好之者,好之者不如乐之者",并未讲神秘经验。包括颜渊也只是"不改其乐",尽管后儒不断把这"乐"往宗教神秘经验方向拉,但并未能确切证明它乃孔、颜原意。我以为从伦理学角度说,中国传统所追求的道德最高境界或道德人格的完成形态,乃是"自由意志"的道德力量不再有对感性情欲的束缚性、控扼性、强制性、主宰性的突出显现,而是让它(道德力量、自由意志)沉浸在非欲非理、无我无他、身心俱忘的某种"天人合一",即理性与情欲合一的心理状态中,似乎"与天地万物合为一体",从而自自然然地或安贫乐道或见义勇为,或视死如归或从容就义,"存,吾顺事;殁,吾宁也",无适无莫,"以美储善",合规律性与合目的性统而为一,真是"万物皆自得,心灭境无侵",由道德而超道德。实际上进入我所讲的以"美育代宗教"的"悦神"层次,也是冯友兰讲的"天地境界"。

问:你说的这种"境界"与宗教所追求的有差别否?

答:基督教以及其他宗教的主流大都有如 W. James 所说的是"健康心态的宗教"(the Religion of Healthy Mind),即认同这个物质世界和自己肉体生存的实在幸福,如 Hegel 所说,"根本上,上帝的生命与人的生命是完全相同的"。所以也并不要求以"苦修"去追求那"得救"的神秘经验,从而与上述中国传统有相通或相似之处。但中国的这种"出神入化"的心灵体悟的最高境界,似乎仍更注意与"身"—肉体的联系而不强调它是"纯灵"。我以为这可能与中医(也由巫史传统而来、注重"养身、长生")有关。从而与当今某些中国学者所极力推崇的所谓"病态心灵"(sick soul)以严格禁欲、鞭打自虐、摧残肉体来追求拯救或"得道",特别是以此来获取那种"极端快乐""幸福"的神秘体验,超苦难,超时空,投进了上帝的永恒怀抱,便差别很大。这种自虐以取得"最高"快乐与 Foucault 同性恋澡堂性欲的极度体验,正是 80 年代初我讲的理性与感性两种恶性异化在个体行为中的展现,在中国传统看来,既不道德也不超道德。

新的解说

问:这种神秘经验即你所谓的感性经验的神秘,可以由未来的脑科学在实验室内重复做出，因而并不神秘，也无须乎"半日静坐"去获取。倒是宇宙存在如你所说是一个不可解决的理性难题。它与中国传统有关否？

答：我想以"理性的神秘"和"人的自然化"来重新解读传统，因之所谓"孔颜乐处"便可以是面对苍天厚地而深感宇宙之无垠、天命之宏伟、事物之虚无、个体之渺小，从而畏天虚己，在"四大皆空又还得活"的人生旅途中应天顺变，及时进取，积极乐观，不为物役，超越功利，以上面讲到的种种身心合一、物我双忘的"悦神"心境来作为人生态度、生活境界。这在今日熙熙攘攘的事功利益特别是 Sandel 所讲的"市场社会"中，无疑是很好的解毒良药。真乃是"山中何所有，岭上多白云。只可自怡悦，不堪持赠君"。

问：Sandel 说 Kant 认为自由意志（即你所说的"理性凝聚"）不可能用神经认知科学（即你所说的脑科学）来说明和证实，那就更不会承认神秘经验可以由未来的脑科学来解答了。

答：这是一个大问题，也是一个哲学老问题，即身心是一元还是两元的问题。我是一元论者、唯物论者，我在讲认识论、讲"美育代宗教"时已讲过了。在 Kant 时代，认为理性世界（自由意志）可以与感性世界独立、绝缘，不可能用解释现象界的科学来解释。这并不奇怪。但今天看来，自由意志既是一种心理状态，那便与呈现这种心理状态的脑神经有关，既与脑神经有关，脑科学未来便可以作出某种解说，甚至可以作出实验室的某种验证，揭示出人类不同于其他动物族类的脑神经活动，即我猜拟的经由历史积淀和个体教育的某种复杂的神经元通道和结构。这种脑科学研究成果丝毫无损自由意志的"自由"。自由意志也有其自身脑神经生理基础的因果律，从而科学可以研究。自由意志并非不同于现象界的本性（noumenon），并非神秘的天意、先验和不可知。我以"理性的神秘"即"物自体不可知"来重新解说缺乏人格神的中国传统，却并不把自由意志当作不可知的物自体。我讲的"物自体"是指整个宇宙为何存在。

问：这与"孔颜乐处"何干？

答：它可以是对"孔颜乐处"的现代解说。中国古代巫史传统在孟子那里曾有"尽性""知性"以"知天""事天"，以及"养浩然之气""平旦之气"而可"塞乎天地之间"之类的表述。东晋葛洪有《抱朴子·内篇》，宋代朱熹深研《参同契》，重视"先天图"，宋明理学则抓住《中庸》"喜怒哀乐之未发"亦即"情"的未发，来讲"圣人气象"，几乎相当于佛家的"父母未生我时面貌"的神秘，并在实践上以炼气、内丹、调气息、讲"呼吸吐纳"等等，构成他们"半日静坐"的具体内容，并表述在他们的哲学伦理学上。

问：如何表述?

答：我在《论实用理性与乐感文化》特地写了一节"宋明理学追求超验的失败"，认为宋明理学尽管在佛教影响下去追求超脱物质（"气"）的"理"，脱离身体、物体的精神、生命，但由于中国巫史传统没有两个世界的思想根源，这使得宋明儒者始终不能去明确认定另有一个完全脱离物质世界的天堂、佛国、"纯粹理性"，从而总陷入"理先于气"又"理在气中"的严重矛盾中，而不能坚定树立绝对地超经验、超世界、超自然的"超验"（或"超绝"）（transcendent）的观念或理论。因此也就使得他们那种神秘又神圣的"孔颜乐处"不能完全等同于其他宗教徒所追求和获得的神秘感受或体验。这倒更便于我将"孔颜乐处"拉向"以美启真，以美储善"的"人的自然化"。"以美启真"可以通过静坐停思、呼吸吐纳实即在人与自然各种节奏、韵律沟通同构中，亦即在"人的自然化"中对人体和人脑起一种开发、启迪，它以"人的自然化"补足"自然的人化"。这才是超伦理道德之所在。也就是我所说的"人与宇宙协同共在"的某种高级形态。

问：你是讲传统的"孔颜乐处"与其他宗教的神秘经验仍有所不同?

答：我不是研究宗教经验的专家，这问题回答不了。我只能从人的"情理结构"角度作点表面描述。中国重情理交融，没有分化。其他文化常情理别开，分途发展：理性发展为科学，情感则归属宗教和艺术。想想世界上那些巨大的宗教石建筑！理论上则是"正因为荒谬，所以我信仰"（Tertullian）。从而中国传统的"孔颜乐处"如果以 W. James 所描述的"病态心灵"的神秘经验相比，便与之有下述不同：

第一，面向或默想对象不同：中国人多面向或涉想山水云天、花鸟草木等自然景物，其他宗教多面向或默想上帝存在或神魔斗争。

第二，状态过程不同：中国是养心、断念、调息、控气的灵修静坐，追求身心和谐、物我双忘，与自然合一而得"神秘"。其他宗教常祈祷、悔忏、自虐，以身心分裂、弃身求心来超自然、得神秘。

第三，心境成果不同：中国多以平宁、安静、淡泊、和谐而愉悦，不计生死却无天国。其他则多激荡、昂扬、强力、十字架上的悲惨呼号和振奋，以超越死亡而入天国。

第四，与理性关系不同：中国并不全排理性，理性认知甚至参与其中，而后达到意志消失、无须理性。其他则多绝对排斥理性认知，以强力意志达超理性。

第五，身心关系不同：前面已讲，中国重"德润身"（孟子），重身体本身的健康、舒适、长寿。其他或相反。

问：你如何看这些不同？

答：以前我曾以山水画的平远与高远深远、"理性神秘"与"感性神秘"来作过比拟，今天我仍然以"人与宇宙协同共在"的"理性神秘"对"孔颜乐处"作重新解说。张载说，"知死之不亡者，可以言性矣"（《正蒙·太和》）。中国有"立德、立功、立言三不朽"，这"三不朽"都不在个体的灵魂升天，而仍是在这人世间的承续。这承续也就是参与这个"人与宇宙协同"的"理性神秘"的物自体世界，即"与天地参"。这就是今天可以作出的新的解说。所以我说"世俗可神圣，亲爱在人间"（《哲学探寻录》）。"天国"并不一定要在特殊神秘经验中而可以就在这个人际和世间：肯定世间有比个体自我远为巨大、远为重要的根本性的东西。2008年汶川地震救灾所展示出来的，便正是这种饱含情感、宽泛而确有的道德又超道德的中国式的"神"的律令。

问：与神的律令有何不同？

答：宗教的神律经常有非常具体的语言表述和明白规范，中国式的信仰却宽泛得多。中国传统所崇拜的"天地国亲师"便是这种饱含情感、远高出个人而又相当宽泛的对象。

问：那么，"孔颜乐处"是生活境界还是人生态度？

答：两者都是。所以它不一定要以感性神秘经验作为前提或必要条件。通过与自然韵律、节奏的同构合拍所感受、体悟的欢娱，对开阔心襟、宽广胸怀从而影响甚至决定生活境界、人生态度，可以大有作用，这里并不需要什么特别的神秘，却正是对"理性的神秘"的某种感性的把握。中国知识人没有宗教信仰，从而哲学便不只是抽象思辨，而且也承担情感—信仰的作用。前引 Kant 的话便如此。"参天地赞化育"这种原典儒学准宗教性的语言，正是对"理性的神秘"所作的积极的参照，而并非宗教。这个"与天地参"不是认为"这个世界不值得活"但又不能自杀从而只得去苦求灵魂超越；相反，而是认为"这个世界值得活"却不是现成享用而是积极参与它的工作，使之更为美好。这才是儒家精神。因之，包括修身入圣也不应只是静坐灵修。在孔子那里，"曾点气象"便不是静修状态而是风乎舞雩的动态过程，是在运动中回归自然与自然合一。这个方面今天可以大加扩展。"孔颜乐处"不止于静坐冥修，而且可以是在激剧动态、运行状况和往返过程中去追求与自然节奏韵律的共鸣、合拍、同构、一致而与自然合一，在动态的人的自然化中得到快慰、完满和极大的欢娱。

今天，在登山、攀岩、潜水、冲浪和各种冒险中，在高科技所不断带来的可更深入地挑战自然和接受自然挑战的各种体验中，以不同程度和不同形态去领略、体悟、享受自然和生命的种种节奏韵律而与自然合为一体，实现人的自然化，它使智力增强，反应加快，感觉锐敏，感受愉快，不仅启迪人的心智，"以美启真"，而且傲视人生、体验生命，"以美储善"，培育自己的生命力量、生活境界和人生态度，使之更高更新。它以动态的天人合一来补足静态的天人合一。动静并举，开拓更为广阔的"孔颜乐处"以参宇宙奥秘的新路,以"理性的神秘"替代和超越"感性的神秘"。

全文结语

问:总括一下。你在《世纪新梦·与中山大学教师们的对谈》(1995)中说,中国"不必一定完全重复西方现代化的过程,而可以争取走出一条自己的路,这就是我的总观点"。在《不诽不扬,非左非右》(1998)一文中说:

> 十余年来,在我的思考和文章中,尽管不一定都直接说出,但实际占据核心地位的,大概是所谓"转换性创造"的问题。这也就是有关中国如何能走出一条自己的现代化道路的问题,在经济上、政治上,也在文化上。以中国如此庞大的国家和如此庞大的人口,如果真能走出一条既非过去的社会主义也非今日资本主义的发展新路,其价值和意义将无可估量,将是对人类的最大贡献。而且,在当今世界,大概只有中国还有这种现实的可能性,这种可能性也大概只在这三十年左右。因此,我觉得,中国人文领域内的某些知识分子应该有责任想想这个问题。

你现在如何看?

答:毫无变化,因为它们与我的哲学直接有关(参见《哲学纲要》)。在伦理学广阔领域，因涉及政治哲学（外在人文）和道德心理学（内在人性）等许多专门问题，我没有能力多说。但总而言之，我认为，在当代反理性的大潮中，中国应提出重建理性，但这"理性"不是"先验理性"而是"实用理性"；同样要重建文化，不是追求物欲的商业文化，也不是禁欲的罪感文化，而是和谐人际、情理中庸的乐感文化。这次从外到内作了某种"内圣外王之道""中国之路"的伦理学探讨，期望有助于实践中的某种转换性创造。1998年说三十年，已经过去十五年了。中国确已开始在"走出自己的路"，空前快速、举世瞩目的经济发展便是如此，社会变化和进步也很大。但政治、文化上尚未起步。因此总体看来，至少还得三十年。我不能作预言家，我要重申的只是：三五十年在历史上不过一瞬，但对个人却是一生。中国人特别是当政者应有此敬畏的历史责任感。这也属于伦理学要义所在。

问：最后看来，你这次回应 Sandel，仍是在讲自己的哲学。

答：然也。一开头就说过"以我为主"。

（完）

2013年9月于柯州波城

（此书英译已在夏威夷大学 *Philosophy East and West* 季刊 Volume 66·Number 4·2016 Special Feature 发表）

什么是道德？[*]
——李泽厚伦理学讨论班实录（2015）
What is morality?

---

[*] 《什么是道德？》2015年由华东师范大学出版社出版，收入本书时，删除了"哲学对谈"部分。为保留课堂实录原貌，篇中外国人名不再改为英文。——编者

第一课

从与桑德尔的异同谈起

开场

郁振华（主持）：各位老师，各位同仁，各位同学，我们盼望已久、准备已久的李泽厚先生伦理学讨论班现在就开始了。刚才到这个会场，看到这样的情境，我们学习"情本体"学说的人，难免会有些感慨。我想起1985年的时候，李先生到华东师大来，那时候我是华东师大哲学专业的本科生，关于那个秋天的下午，我的记忆是：一路狂奔。一开始的时候，会场安排在办公楼小礼堂，大家都知道，那是很小的一个地方。一会儿会场就挤满了人，很多人在外面进不来。所以，当时组织者马上就安排转移会场，转到科学会堂，到了科学会堂，我们刚坐下来，又挤满了，那么多人在外面，走道里都站满了人，根本没法进行。最后，组织者又决定转到大礼堂。当时我们年轻，是大一的学生，就狂奔，奔过去要占一个位置。1985年的秋天，是那样一个场景。我记得很清楚，那次李先生是和庞朴先生一道来的。因为当时正好是文化热，讨论了很多的文化问题。差不多三十年过去了，今天又是这样一个场面。我感到，三十年间我们的生活发生了很大的变化，但有些东西似乎没变，比如李先生无与伦比的影响力。还有就是，在华东师大这样的优雅学府中，师生们对学问的敬意，对真理的事业的热情，三十年来也没有变。这个讨论班不是李先生给我们作讲演，而是他给我们提供文本，我们在这里平等地跟他探讨。李先生的思想体大思精，涉及很多方面，大家在读他的书的过程中有很多想法，希望跟他交流。梁启超先生说自己的文章笔端总带感情，我觉得李先生的文字总带着一种青春的色泽，所以对年轻人来说有一种特别的吸引力。在正式开始之前，我要说一个事情：为了组织安排这个讨论班，我们的童世骏教授、杨国荣教授、茅海建教授、朱志荣教授、方媛书记和陈赟教授都做了大量工作，让我们感谢他们。当然，我们最要感谢的是李先生本人，感谢他不远万里从美国飞回来，回到祖国，跟我们一道来展开这一系列的讨论。各位同学，各位同仁，让我们热烈欢迎李泽厚先生。（掌声）我今天的角色是做李先生的助教，这对我来说是无上的荣誉。好，下面我们就开始上课！

李泽厚：我先来讲几句吧。一般来说，抱希望越大，失望越大，这是普遍规律。你们听了之后，可能会觉得也不过尔尔嘛。我有些特殊情况，我的身体状况和精神状态并不是太好，因为我前天坐飞机过来，现在还有时差，当然，我想我不会睡觉，但反应可能比较慢。还有一个情况就是昨天两次去急诊，我前列腺肥大，晚上尿闭，弄得很狼狈。我昨晚很紧张：万一出现毛病怎么办呢？结果昨晚也没有睡好，尽管吃了大量安眠药。还有一个事情要说明白，我已经很多年没有上过课堂，甚至连大学的门都没有进过。为什么我特别来这里，而且要讲四次课？有人奇怪。这说来话长，因为我是2009年8月答应杨国荣教授、朱志荣教授来一次。2010年、2011年、2012年，杨教授和朱教授都邀请过我，我都说好好好！今年是2014年了。我看到一个材料，是在美国看到的，不一定可靠，说大概三分之一的人，过了八十五岁就会得AD（Alzheimer Disease），就是老年痴呆症的一种。我想也许明年我就会得了，因为我这几年记忆力迅速衰退，看东西过目即忘。别人是过目不忘，我是过目即忘，我想，今年再不来的话呢，可能就来不成了。答应四年，所以是四次。但是我要讲明白，第一，不是讲演会，要听我讲演的人，现在就可以退场；你以后退席也欢迎，没关系的。第二，不是记者招待会：你提问我回答。原来我的设想是小型的，十几个人，大家交流一些看法，看能不能集中地讨论一两个问题。但不求一致的意见，这既没有可能，也没有必要。伦理学范围太大，问题太多。老实讲，就是我上四十次课也不一定能讲清楚，何况我们就只有四次讨论呢。我希望明确几个问题，供大家继续思考，也包括我自己在内。我希望大家提出意见，批评的也好，反对的也好，质疑的也好，同意的也好，都好，这也是对我写的东西的一个考验。但是都得讲点儿道理，而且不要把问题扩得太广。现在西方伦理学中有三大派别：一个是自由主义的，以康德为代

什么是道德？

表的义务论；一个是功利主义或者叫效用主义；一个是所谓的美德伦理学，现在很流行。假设我们中国现在要走一条新路的话，是一条什么路？我已经讲了五分钟废话了，爱惜时间，我就转入正题，我这本书《回应桑德尔及其他》[1]，原来是准备这次讨论会以后再写的。没想到，一写起来，"下笔不能自休"，也是坏毛病吧，有朋友拿去，就发表了。这本书我带的是香港版。香港版有一个很大的不同就是我把"正义"都改成"公正"了，justice，原来都是用的"正义"。因为罗尔斯那本书翻译成"正义论"，大家都知道，这好像成为习惯的译法了。但是后来我觉得还是要改成"公正"。现在第一个问题，我为什么要改？随便说，说错了也没关系。还有，对不起，有时候我要剥夺主持人的主持权。

郁振华：我是李先生的助教，我同意。

justice：译为"公正"还是"正义"？

同学1：为什么翻译成"公正"而不是"正义"，我觉得因为"义"带有天理和义理的意思。如果译成公正，就把它理解成是通过大家的协商达成一种共识，如果译成正义，就带有一种天理，理义。要预设一个理。

---

[1] 李泽厚：《回应桑德尔及其他》，生活·读书·新知三联书店，香港牛津大学出版社（繁体字），均2014年出版。

李泽厚：我很欣赏也很欢迎这样简明扼要的解答。那你赞成不赞成？

同学1：我是比较赞成的，因为我不相信有一个天理。

李泽厚：还有没有反对意见？都赞成吗？想一想，还有什么不同。

同学2：我认为正义带有情的一面，所以它属于宗教性道德，属于善；而公正关涉权利，是公共性的东西。李先生一直强调的是公共理性大于私人理性，社会性道德大于宗教性道德。桑德尔举例说电车撞五个人和撞一个人有区别[1]，如果撞了五个人，那么他应当承担法律责任，应该受到惩罚。但是，从个人的、从情的角度来说，比如，要撞死的那个人是我的爱人，我不想这样的事情发生，那是情的考虑。

李泽厚：好，很好！我希望你们的发言都是简短的，希望有更多人发言。那你是同意他的意见？换成公正？好，

---

1 参见《公正》，中信出版社，2012年版，第22—25页，"失控的电车"节。主要内容是：一辆电车在高速运行，前方轨道上有五个工人在施工，电车刹车失灵，不远处有一个岔道，岔道上有一个工人。你是选择撞死五个人还是选择撞死一个人。如果你不是司机，而是站在桥上目睹这一情况发生的人，现在有一个胖子在你身边，如果推他下去足以使电车停住，但胖子会死，你是否会推？

因为有很多问题,所以我们不能就这个问题纠缠太久。当然,我翻译成"公正",基本理由跟他们一样,就是"公正"这个词好像更加理性一点。正义的情感性的因素多一点,所以翻译成"公正",更符合西方传统。

同学3:李先生,我补充一点,在中国哲学的语境当中,翻译成公正更合适,因为公正在中国哲学语境中可以包括三层意思,就是公平、正义和公道,可以包含这三个意思。

异与同:(一)市场与道德

李泽厚:我们讲的第一个问题是 justice,大部分人同意这个翻译,也有反对的。赞成翻译成公正的占多数,但大家不要因为我赞成就赞成,那就没意义了。刚才两位说的理由,我觉得都相当好。不赞成的举手,可以不发言,我了解一下,有不赞成的没有?这个问题可以画上句号,就过去了。第二个问题是既然你们承认,你们已经看了我的书,也看了桑德尔的书,那么,我和桑德尔到底有什么相同和不同的地方。首先,我们有什么相同的地方?我觉得至少有两点。也可以是三点、四点,大家比较一下。首先讲相同的。

同学4:第一,桑德尔是社群主义者,而老师您也很强调关系。这种关系就涉及个体与个体,个体与群体,以及群体内部的关系,所以,两位都很强调整体性。第二,老师您很强调情本体，桑德尔讲了很多例子，实际上也是以情来动人，所以说，这也算一个相同点。

李泽厚：有反对的没有？

同学5：我有点不赞同这个同学的观点。李先生对桑德尔有一个批评，认为他恰恰在情这方面倾向不足。

同学6：李先生所讲的那个所谓关系，是建立、依托在中国传统经典上的，和桑德尔的社群主义的关系有很大差别。而且李先生特别强调度和境，强调人存在的语境，而这个语境，是深深植根于中国的传统之中的。

李泽厚：有反对意见没有？

同学4：老师刚才问的是相同的东西，（李泽厚：对，相同的东西。）我说的是相同的东西，你从关系来谈不同，那是下面一个问题。

李泽厚：我首先问的是相同点。现在我把问题再扩大一点，相同点，但同中也有异。最好探讨什么是相同点，然后再探讨什么是相同里面的不同。最后我们再讲异，完全不同的。

同学6：你和桑德尔都不反对市场经济。

李泽厚：这点对了，我和桑德尔都不反对市场经济。但是，不反对中间有什么不同？

同学2：您对伦理和道德有一个区分，伦理是社会性的规则，就是康德所说的法则，您讲的道德，相当于康德所讲的准则的问题；而桑德尔没有进行很好的区分。他所说的很多行为在社会公德的层面完全是适用的，这完全是功利主义的态度，比如说政府做这样的行为是合适的；但对个体就不适用了，它很多时候符合了社会性道德，但没有考虑到宗教性道德，没有涉及情的一面。

李泽厚：我们都肯定市场的价值，问题是又有什么不同？我不扯宗教性道德、社会性道德。就讲对市场这个问题上，还有什么不同？我们都反对市场价值就是最好的，票房价值不等于艺术价值。大家都承认，最流行的书不一定是最好的书，时髦不一定就是最好的。我经常引用爱因斯坦的话，赶时髦是虚荣加愚蠢。因为量子力学出来以后，爱因斯坦那时候被认为过时了。桑德尔也同意，市场价值不是共同的善，有些经济学家认为市场好的就是最好的。关于市场，我跟桑德尔讲的市场又有些什么不同？

同学6：桑德尔虽然不反对市场，但是他反对市场道德。他区分市场和道德，这一分界线并不是从正面来定立的，您从情和欲两个方面进行了界定。同时，我觉得最重要的是从情义和理性，从更细的对比的角度作了区分。

李泽厚：太抽象了，再具体点。桑德尔书里讲，贪婪，想挣钱，就是不好的东西。贪婪本身就是一种恶。记得在80年代初，我一再提到杰克·伦敦的一篇小说[1]。描写一个白人雇了一个黑人运鸡蛋的故事：经过千辛万苦，白人非常勤劳、刻苦、节俭，（认为）运一批鸡蛋到一个缺少鸡蛋的地方，到那里可以赚很多钱。那个黑人觉得太不值得了，抛弃了应该有的自然给你的享受。小说的结尾是到了那里以后，鸡蛋全臭了，白人自杀了。整个小说的基调是站在黑人这边说话的。我当时就提出，白人运鸡蛋到那里错了吗？在道德上就低一层吗？

同学1：如果从功利的角度讲，两个人都是为了生存，他们的出发点都是利益。在这里没有谁更纯洁，谁更高尚。你不能因为白人这么辛苦去做，就认为他是道德的。我觉得从这个角度讲，两个人都算不上道德。（李泽厚：都算不上道德？）嗯。

李泽厚：还有没有不同或相同的意见？

1　杰克·伦敦（1876—1916），美国著名的现实主义作家。这里讨论的是他的短篇小说《一千打》：白人戴维·拉森雇佣一个黑人和他一起运鸡蛋去遥远的加拿大的道森，因为他觉得那地方少鸡蛋，运到后一定发大财。最后，鸡蛋运到了，却全臭了，白人只好自杀。

什么是道德？

同学7：他们在市场中追逐利益的行为，有一些并非是不道德的。比如，市场活动有两种可能，一种是为了生存，还有一种是为了实现自身的价值，实现自身对事业、对理想的追求。

李泽厚：后一种是道德的，前一种是不道德的？

同学7：前面一种谈不上道德，是生存问题。后面一种有一点超出道德，或者说它比道德更根本一些，为了实现理想是比道德更根本的东西。

李泽厚：那人为了生存而努力算不算道德？

同学7：它首先不是一个道德的问题，道德是之后的问题。

李泽厚：问题是什么是道德？我在美国上课的时候，经常首先提的问题是为什么要道德，Why should I be moral？我为什么要道德？什么是道德？我贪婪，想赚钱，是不道德？

同学1：想赚钱或者不想赚钱不是一个道德问题。在我看来道德是调节人和人之间关系的一种方式。赚钱不赚钱谈不上道德。只有以什么方式或者以什么心态去赚钱才涉及道德问题。

李泽厚：道德就是心态？

同学1：肯定涉及心理。

李泽厚："肯定涉及"跟"是"还是两回事。

同学1：它包含。

李泽厚："包含"和"是"还是两回事。刚才提的问题就是贪婪是不是道德？黑格尔和恩格斯都讲过，恶是推动历史前进的动力，那恶到底是不是道德？恶到底是怎么回事，这个问题牵扯到市场，赚钱本身是不是恶，是不是就应该尽量避免。桑德尔讲命名权，你们学校就有逸夫楼，这是不是道德？他捐钱，所以就有了这个名称。有那么多科学家，并没有命名权，华罗庚啊，杨振宁啊，都没有，因为他没钱捐这个楼。桑德尔讲了很多，两本书[1]都讲了这个问题，他认为这有问题。到底在什么意义上，这是道德的或不道德的？比如我们到纽约去，他举这个例子嘛——快车道，你多出钱就可以很快上车；慢车道，钱少，你就要排长队。帝国大厅有钱就能够（先上），他举了很多排队买票的例子，好像也没有一个肯定的答案。为了看音乐会，你有钱，你请人去排队买票，这似乎无可厚非。医院里，你有钱请人去排队，好像就有点道德问题了。春运时候的黄牛票，好像也没有明确的

---

1 指桑德尔所著的 *Justice*（《公正》）和 *What Money Can't Buy: The Moral Limits of Markets*（《金钱不能买什么：金钱与公正的正面交锋》）。

回答。我和桑德尔相同的地方是都承认有市场，认为市场价值是好的；不同的地方是我们对市场在历史上起的作用，提出了不同的看法。桑德尔书里面讲了，美国那些开国元勋，都希望美国避开工业国，成为一个农业国家。但是美国恰恰成了世界上最大的工业制造国，我以为，市场价值和应否赚钱应放在特定的情境中研究，而不是简单地肯定或否定。

李泽厚：我们还有没有相同的地方？

异与同：（二）对自由主义、功利主义的批判

同学2：都反对自由主义。（李泽厚：对！）因为自由主义强调个人自由观念，会造成对别人的损害，这会造成道德问题。

同学8：刚才那位同学说的应该是自由至上主义，即Libertarianism。

李泽厚：我和桑德尔都不满意功利主义或者自由主义，但我不完全否定他们。我和桑德尔都追求一种更高的美德。他追求的是亚里士多德的美德，我追求的是中国传统美德，这都是同中之异。我们先基本上明确几个相同点：都不赞成功利主义和自由主义，都追求一种超出两者的美德伦理学。现在讲我和桑德尔的一些根本性的不同。

同学8：我觉得您和桑德尔的一个不同是他把一些不同范畴的东西混为一谈。比如说他批判功利主义，是从一种微观层面上讲的，但功利主义本身是从政府和国家操作的角度来讲的。桑德尔是从（个人角度出发），（所以）对开电车的例子，就会带来一些比较荒唐的想法。您更多的是从情境化的角度去看问题，每一个理论都有它本身的视角，您认为我们应该站在这个理论视角上去看问题。

疯狂的电车：旁观者与司机 I

李泽厚：失控的电车，这个例子不是桑德尔提出来的，很早就有人说过。功利主义认为可以，因为推杀一个人救了五个人。自由主义认为不可以，因为推人就是杀人，侵犯了个人。桑德尔认为都不好，但他没有充分论证。桑德尔也讲到，作为一个旁观者和作为一个司机有所区别，但未讲区别何在。从这个例子中，我们可不可能得出一些普遍性的结论？

同学9：作为司机和作为旁观者对事件的参与程度是不同的。作为司机在这种情况下必须作出选择，而作为旁观者我们可以作出选择，也可以不作出选择，有两种考虑，不是必须作出选择。

李泽厚：假设你是那个人的话，你作什么选择？

同学9：我是作为司机，还是作为旁观者？

李泽厚：旁观者，首先讨论旁观者，你就在胖子旁边，他有能力堵上。（同学9：我会自己跳下去。）如果你是胖子，你跳下去，当然是不得了，你是道德模范。问题是你堵不了，他堵得了，你干不干这事？（同学9：不干。）为什么？

同学9：考虑到老师您所讲的情。

李泽厚：救你的亲人是情，你又不认识他，有什么情啊！

同学9：人性。

李泽厚：你不同情那五个人吗？那不是人性？

同学9：一个人根据他的道德原则作判断。

李泽厚：那是抽象的，你拿什么判断？救五个人，还是救一个人，不推他？

同学9：我会救一个人。

李泽厚：为什么？

郁振华：下不了手！（全场大笑）

李泽厚：也许你是女生，你下不了手。

同学9：女生不是男生，确实下不了手！

李泽厚：为什么？

同学9：这涉及人内心的判断准则。

李泽厚：问题是你内心是怎么判断的，你是同情他，还是觉得这样做不对？

同学9：因为每一个人都是平等的，我不可以用一些人的生命去换取另外一些人的生命。

李泽厚：一个人的生命不是救了五个人吗？

同学9：这就涉及一个老师讲到的功利主义。

李泽厚：我不讲主义，就讲为什么不推？

同学10：假如我站在旁观者的角度，我不会推胖子而救那五个人。因为作为一个旁观者，这件事与我没有任何关系，而如果我推了胖子，让他去救那五个人，我就从一个旁观者角度转化成一个杀人的人。

李泽厚：很清楚，很好。

同学11：老师刚才说，因为是女生所以下不了手，作为男生我也下不了手。我认同老师的一个想法，道德的来源不是康德或罗尔斯这些哲学家的预见，而可能来自于经济基础，功利主义从发生的角度讲，优先于自由主义的一些前提。但是我们现在已经进入公民社会了，自由主义已经变成了普遍的道德前提了。自由主义已经内化到我的内心结构当中了，我的感情也好，我的世界观，我的看法也好，都来自于我从小到大受到的自由主义的包容和教育，这个时候，你让我去杀一个人，我会本能地不去做。但是如果是另一种处境，比如三百年前，当功利主义还是社会的普遍的道德标准时，我可能就会去做。

李泽厚：我不想扯那么多主义，在目前情况下你不会去做？

同学11：不会。

李泽厚：理由是受社会上自由主义的影响？

同学11：是。

李泽厚：如他们认为对的，我就杀人？

同学11：对，我从小到大受到的教育就是杀人是不对的。

疯狂的电车：法律与道德、伦理

同学12：我先给大家读个法条。《中华人民共和国刑法》第二十一条：为了使国家、公共利益、本人或者他人的人身、财产和其他权利免受正在发生的危险，不得已采取的紧急避险行为，造成损害的，不负刑事责任。（笑声）紧急避险这是法律，严肃！紧急避险造成的任何损伤，必须小于避免的损害。桑德尔和李先生的大量的例子，包括这个男生说我下不了手！我可以告诉你，必须下手！这是一个生命换五个生命，那如果一个生命换五千个生命呢？五万个生命呢？五亿个生命呢？这是法律规定的，（有反对声，笑声）（同学13：以后遇上这种情况，我一定把你先推下去。）没问题！（笑声）这来源于边沁讲的，法律来源于潜在的道德规则。这指功利主义、效率主义。英美法系是普通法，建立在习惯法之上，遵循的是公序（风习）良俗。实质就是德治社会的规范被赋予的强制的约束力。我想表明我们在研究伦理道德的时候不能够抛开法学、法律、法哲学。这是我指出的一个德与法统一的研究路向。第二，在这种情况下，我们是否适用道德评判？我们觉得牺牲一小部分人保护大部分人这是道德的选择。这种情况下你该

什么是道德？

怎么办？这边是五千个人要撞死，这边是一个人。你到底撞向哪个？如果在这个时候你在思考道德问题，车是要开的，怎么办？你在考虑道德问题？这个时候唯一的办法是什么？旁边有个扳手，你拿起扳手自裁吧。你崩溃了呀，道德困境啊！

李泽厚：假设那五个人有你的亲人，你（推不推）？

同学12：我手里有这样的案子，小孩是自己儿子，压不压？这样的案例在2008年司考的一道单选题中就有，你该怎么选？道德是什么？道德的底线是什么？遵守法律！如果法律都不遵守，我们还谈什么道德？刚才我读的是《中华人民共和国刑法》第二十一条，在座的居然有不少人笑，你们在轻视中华人民共和国的《刑法》吗？法律的严肃性在什么地方？（同学1：难道法律就不能轻视吗？如果一条法律是错误的。）如果你在中国，既然你是这个法律里的公民，你就作了选择，你应该尊重这个法律，即使它是错误的。（同学14：美国宪法是可以改的。）对，美国宪法是可以改的，我们可以通过民主程序去改，但现在公布的法律，我们就应该遵守。

同学15：抱歉，我想解释一下刚才那位律师说的法律问题，我是学法律的，通过了司考，也有关于刑法的经验。第一，您刚才解释的那条紧急避险原则在法律上并不是义务，紧急避险与正当防卫是免责条款，即我们没有义务这样去做，但如果我们这样去做，我适用了紧急避险和正当防卫这样的条款，我可以免责。你说的不是义务，没有人规定这个时候我一定要作出紧急避险或正当防卫。其次，按照法律规定，紧急避险产生的损害不能超过一定的限度，这没有问题。这是一个紧急避险的原则问题。但是你一定说一个人的死和五个人的死比，在程度上是轻的，我觉得不符合立法的原则，因为生命的平等权和每个生命存在的价值，没有一个高低贵贱之分，我觉得您对适用法条和对法律精神的理解是错误的。

同学10：我们国家的法律根据在哪里？它的合理性的依据在哪里？尤其是刚才读的法条，根据在哪里？我觉得主要是功利主义的考量。在对生命作出选择的时候，我们国家这条法律是根据功利主义的，保全最大多数人的利益，而牺牲一小部分人的利益。但是从另外一个角度来考虑，我们为什么要把那部分人的利益给牺牲掉，他们和大部分人的利益之间应该是公平的，一个人也好，五千个人也好，五亿个人也好，我不能说一个人的生命就比五亿个人的生命要卑贱。你为了五亿个人去牺牲一个人，你问过那一个人的意愿吗？

李泽厚：那么我请问你，假设水灾要分洪怎么办？

同学 10：要分洪，首先考虑往没有人的地方分。（笑声）

李泽厚：中国的人太多了，好像没有人的地方太少了。

同学 10：功利主义主要用于政治学当中，在我们处理国家这些事情的时候，主要用功利主义来判断，因为国家的责任就是保障大部分人的利益，有时候难免要牺牲小部分人的利益。但是我个人在作选择的时候，我可以不这样做。在电车试验中，我作为司机，我肯定会在可能的情况下尽量避免牺牲。（笑声）

李泽厚：不可避免呢？

疯狂的电车：历史的具体的情境

同学 16：我觉得在有一种情况之下，我们有可能把胖子推下去，李先生对桑德尔的批判是对的，不能以一个抽象的、先验的原则来说这样的情境都要怎么办，一定要有更具体一点的理由。比如说，五个人里面有我们的亲人，有我们觉得非常重要的人；或我们在一个公共的立场上，比如说政府官员，要进行选择的时候，情境都会不太一样。我的看法是我们讨论这样的问题，确实需要一个特别的情境，比如，那个人是我的亲人，我就有可能把胖子推下去，特别是胖子如果跟我有仇或者他是一个坏人，他在伦理上有可以指摘的地方，这会减轻我的道德的负担。所以并不能抽象地比较一个人和另一个人的生命，或作一与多的比较，它有各种可能性。

李泽厚：你有可能把那个胖子推下去？

同学16：对。如果某种具体的情境下我可能这样做，但我是用我的意志作选择的。在这种情况下，在道德上我绝对有问题，但我选择去做一个恶人，这种情况是有可能出现的。

李泽厚：你为什么要去做恶人？

同学16：一个更根本的看法是我们人在世界上生活，完完全全没有污点的道德纯洁性是不能实现的，有的时候，人向自然求生存本身就有（不纯洁的地方）。

李泽厚：你别提太抽象的，你站在那里，是什么动力使你那样去做？道德首先是讲"应该"，我应该怎么做？为什么应该这么做？

同学16：比如说，有一种情境，我妻子有身孕，是五个人中的一个，我就把胖子推下去，我做这个恶人，为了我跟我的家庭。这种情况是有可能发生的。

郁振华：他有私情考虑在其中。

同学 17：如果我是那个人，在理想的道德环境下，我会把那个人推下去，前提是我没有个人的社会关系，或说我是一个无依无靠、无亲无故的人，在我的所有社会关系缺失的情况下，我会根据我心中当时的（规则）。

李泽厚：为了妻子而杀人，也承担杀人的（被）惩处，你这推理有没有普遍性？你这么做你是出自"应该"，是不是别人也"应该"这么做？

同学 17：不是的，我觉得其实只存在于个人与其社会关系的互动中。

李泽厚：那纯粹是你个人的？

同学 17：对，这是个人行为，我不知道它是否具有普遍性，但是在情理结构中，我是有根据的，我认为我应该这样做。

李泽厚：那是你个人问题，推和不推就随个人的意愿了。这还能不能成为一个所谓的道德伦理问题？

同学 13：李先生，我不讲理论，我讲我将会怎么处理这件事。如果我是一个司机，撞五个人或者一个都可以。像刚才那位同学说的，紧急避险法不是义务，我当时没有想紧急避险法，没有衡量好哪个更有价值。撞死那一个人，对司机来说没有责任，撞到五个人司机也没有责任，因为有紧急避险法来承担。如果我是旁观者，我不会推那个人下去。假如我是那个胖子，我冲出去了，任何一个胖子冲出去了，这是道德的，因为道德是自律的。假如你是一个旁观者，你没有权利去干涉别人的自律，那样你就把道德变成他律了。如果我是道德的人，我会自己冲上去。当然，我先说我做不到。但我也绝不会推任何一个人。

李泽厚：在这种情况下，司机有否规定的职业道德？

同学12：我讲一个小案例。浙江一个空军基地，一架飞机快要失事了，飞行员在杭州上空，他想尽办法飞离市中心，结果摔在离杭州郊区四十多公里我家乡绍兴的一个农村里，压死一家农户的一头猪。请注意，是头猪不是一个人。我们表彰这个空军，他殉国了，说他是道德的选择，是个道德模范。刚才那个女生说，我不会推，问题是在当时，同学们，同志们，只有两条路好选。如果你选择损失尽量少的，我们认为你是道德的选择。

疯狂的电车：旁观者与司机 II

同学18：李先生您好，刚才讲情的具体性，人面对很多选择，很难找到一个普遍性的规则，但是我觉得有一条规则是普遍的：必须选择！你可以选择推，可以选择不推；可以把五个人撞死，也可以把一个人撞死。但是他不选择的话，一定是不道德的。

李泽厚：司机不动是不可能的。这两个选择你选择哪一种？要么撞死五个，要么撞死一个。

同学 18：对司机来讲是两种可能，但对旁观者是三种可能。

李泽厚：对，首先搞清楚对旁观者和对司机的是不是一个问题。

同学 18：我觉得不是一个问题。

李泽厚：有赞成是一个问题的没有？

同学 19：这是经和权的问题。你要行权，但行权的时候它有一套规则、规矩。如果你按照那一套规律来行权，我认为都是道德的。比方说这个人，他如果心理上对一个道德是认同的，他就要考虑到一个行权的过程！在这个行权的过程中，他排除掉个人的私人感情，按照道德原则来作一个行权。

李泽厚：你认为是没有区别的？还有同意有区别的吗？

同学20：我觉得没有太大的区别，因为作这个决策权责（是一样的）。

李泽厚：当然，这个抉择肯定是一样的，假设你是一个旁观者，你推不推这个胖子下去？或者你是这个司机，你怎么办？你作出一个决策，这主要是一种意志力量，你做这个事，为了什么目的？

同学20：司机跟旁观者，他们两个的立场是一样的。他们都是为自己的决策提供理由，都不是道德的考量。

同学21：我觉得是个度（的问题）。比如说是五个人，我是旁观者，我跟他是区分的，但是五百个人，五百万个人，或者说是全世界呢，作为一个人，你就有责任去参与这个选择，这是您经常讲的一个度的问题。而且你也强调过，无论是伦理、道德还是法律，都是为了人类生存而存在的，是在人类生活中不断积累出来的。如果在我们的生存面临一个最基本的威胁的时候，任何人都责无旁贷。

李泽厚：这个问题到此为止。各人可以保留自己的意见，不用求得一致的意见。但是这里要讲清楚，假设司机，他应不应该遵守他的职业道德？职业道德里面有没有那么一条,遇到这种情况应该牺牲少数?好像打仗的时候,是牺牲多数还是牺牲少数?所以,我觉得一个人作为旁观者和作为司机是不同的,一个旁观者遵守的就是一般的社会的规则、道德、法理,假设他把人推下去,那就是杀人,所以一般在座的大部分人都不会推。因为没有义务或责任去推,伦理学就是讲的义务,讲的责任,讲我应该怎样。司机的情况就比较复杂。假设司机应该遵守尽量避免、减少死伤的规定,他就应该牺牲那一个人。问题是假设那一个人是亲人,怎么办?这是很大的问题。古代舜的父亲杀人,他臣子告上去,他放弃帝位,背他父亲跑了。这得到表扬,是孝顺。书上没有说他父亲杀了多少人,估计杀得不多。但假设他父亲杀了很多人,或者他的父亲就是一个集中营的纳粹军官,那怎么办?中国一方面讲亲亲相隐,另一方面又讲大义灭亲,这就比较复杂。简单地用一个标准来套具体问题是有问题的,它要根据各种具体的不同情境来处理。这就是我的看法。你不能屠杀无辜老百姓,所以南京大屠杀那是严重的罪行,这没有问题,纳粹集中营也是严重的罪行。炸广岛虽然受害的也是老百姓,但不能算严重的罪行。这在美国争议很大,认为美国在道德上对日本人有罪。但具体分析,如果不投,日本人血战到底,代价会更大。为什么有些算,有些不能算?在某种情境下应该怎么做?这是不是能够用一个功利主义标准或者自由主义标准就能够决定?我认为不能。刚才很多同学讲到,用抽象的原则处理具体的事情,这是不行的。假如这点大家同意，我们就可以得出一个结论：我们不能用一个非常抽象的一般原则，不管是哪个原则，运用到具体问题上去，其中都会有很多中间环节。重要的就是这些环节。所以我主张要历史地具体地来分析任何一个道德问题。你如果从一个抽象原理马上套到一个具体事例上，我是不赞成的。而所谓不套就是要对一定时空作历史的分析。这一点我不怕人家骂，你说我是马克思主义也好，是什么主义也好，反正我就是主张这个：要历史地具体地分析，而且掌握好度。好像分洪，就要淹掉一部分人，当然事先可以警告，那些人说这是我的财产啊，不能凭空损失啊，但这是不得已的选择。我讲，至善既不是上帝也不是理性，不是天赋人权，也不是人人平等，不是这些东西，人类的生存延续是最重要的。在这方面，我觉得功利主义还有意义，特别是在社会措施、治理上，为大局、为绝大多数人着想。这方面我是跟桑德尔相当不同的，因为他首先就批判功利主义。然而在美国，伦理学三大派中，功利主义至今还占着一派。

船上杀人案：法律与道德

李泽厚：刚才谈了桑德尔谈的例子，他谈的问题很多，还有代孕的问题，排队的问题，我算了一下，他在 *Justice*《公正》这本书里谈了四十个例子，他那本《钱不能买什么》，全部是例子，我们不能讨论。但是有个例子很出名，即船上杀人的案子[1]。这案例是很早的,他编的教科书 *Justice: A Reader*(《公正读本》)第一章就是这个案子。这本书中译本我没找到。(朱志荣:好像还没有中译本。)还剩下半个多小时了,我们讨论一下船上杀人这个案子。这个案子判的是死刑,但是,最后女王赦免了他们,他们只服刑六个月。这个决定是为了什么,是功利主义的吗?是自由主义的吗?还是(其他)什么?你们可以发表看法。桑德尔把它摆在第一章,这么重要,休谟、康德也好,约翰·密尔也好,都排在后面。

同学 12:人吃人的案件是非常著名的一个案子。我们认为在极端的情况下,这些人已经脱离了人类社会的文明状态,回归到自然法的状态。洛克认为,根据自然法,每个人都有义务保全自己。当时是大法官制度,有几个大法官还有点崩溃,感到这个案子我没办法办下去。我的理解是,我们认为现在泛道德化了。在极端的情况下怎么办?其实跟刚才撞五个人是一个道理。如果我们在思考道德问题的时候,不去解决问题,最后结局是船上的人全部饿死。

---

[1] 船上杀人案,参见《公正》,第34—37页。主要案情:1884 年,一艘英国游船米尼奈特号(Mignonette)出海,船上一共有四人,船长托马斯·达德利(Thomas Dudley),水手埃德温·斯蒂芬(Edwin Stephens)和埃德蒙·布鲁克斯(Edmund Brooks),侍者理查德·帕克(Richard Parker)。帕克十七岁,是个孤儿,没有成家。他们在海上遇到风暴,其他三人为了生存,杀了帕克,并且吃了他,后来得救了。回到英国后,被以杀人罪起诉,这一案子引起了巨大争议。

刚才那边那位同学也讲了，我们谈伦理道德的时候，实质上是为了让我们人类更好地生存下去，而不是要让我们全体都饿死。

同学22：我有不同意见。虽然就船来说，他们进入了某种自然状态。但是你考虑这些人，除了他们自己之外，还有整个人类社会的存在。在某种意义上，他们需要为存活考虑，但他们也需要考虑他们的行为是否会形成普遍的原则。所以如果我待在船上，我知道没有发生核战争，其他人还活着，那么我宁愿饿死也不会吃那个人，因为我知道即便我完蛋了，整个人类还是会延续下去，但是同时我还会尽我所能留下一些记录，我发生了这样的事情，我作了这样的选择，以便后人或者其他人知道这件事情，这个原则可以成为人类普遍发展的原则。当你的前提是只剩下这些人——我不知道还有没有女人在。如果为了人类生存延续，我必须吃掉那个人。

同学23：我觉得我们应该顺其自然，不是抽象地从某个观点，比如说自由主义啊，或者从道德、伦理这些角度来谈论这些问题，因为你在现实的具体的情境当中。当然我会从法或者内心的角度考虑吃不吃他。但根本没有必要对这件事进行评判，他可以吃，可以不吃。我觉得我们不应该把一个孤岛上发生的事情，再拿到社会中来，用法律裁判它，我觉得这就是语境的挪位了，这样会产生痛苦。

李泽厚：四个人，一个快死了，余下三个，有一个不赞成杀吃，但杀后他也吃了，后来要他作证人告发，那他根本不应该去作证，是不是这个意思？

同学23：他可以告发，也可以不告发。我觉得在法律裁判的时候，法律可以不判罪。

李泽厚：你就是认为法官判错了？不应该判？

同学12：我认为，就应该像女王一样赦免，这样才符合（自然状态的情况）。

李泽厚：假设女王不赦免，就从法律上讲。

同学12：我不认为应该判死刑。

李泽厚：那判什么？根据法律杀人者死。

同学12：法律只有在文明社会才能使用！这里已经是脱离人类文明的自然状态，有一个大法官，他的判词里写道，这个案子已经不适合用人类的法律了。

李泽厚：但是刚才一位说的，还是应该判的，他的理由也很充分，你认为脱离人类社会，但最后还是判了，为什么要判？

同学1：这个案子要判，判了之后再赦免，这是两个过程。判罚遵循一个原则，赦免又遵循另一个原则，不能当作一回事。判的时候是遵循比如说法律的尊严，不能杀人或者其他的；它赦免的话，又是从另一个角度，比如说，仁慈。所以我觉得这里应该分开来考虑。

同学13：我觉得这里判和不判都没意义。到了生死关头，我就是要保存自己，难道因为知道我回去要被判死刑，我当时会住手吗？不做，我当时就死掉了，而做了，回去死掉我还有一段时间。（笑声）判刑我就觉得没有什么意义，丝毫起不到警示大家不犯罪的作用。当然了，从个人道德来说，我有恻隐之心，这是道德问题，跟法律无关。

李泽厚：关键是已经提到法院去了，法官必须判。

同学13：那是我倒霉！碰上判我死刑，仅此而已。这个法律的行为不能阻止下一个人犯这个罪。

同学24：我觉得有个方法是可以阻止的，判完之后必须要告诉他们为什么要判，因为当时他们决定吃某一个人的时候没有征得他的同意。在他们四个人当中，体能确实有不一样，身体羸弱者也确实不能活到最后，但是他们应该事先告诉他,(笑声)如果我们活下来了,我们在内心会宣扬你的道德,你也可以在一种更好的状态下死去。这样他们四个人都得到了某种升华。但是现在只有三个人得到了好处,另外一个死去的人是很痛苦的。如果我在场,我是四个人当中最弱的,牺牲我可以成全大家,我愿意死,但是你必须征得我的同意。

同学13:我的意思是说这是一个道德行为,当然我可以自律,可是法律在这个事情上你觉得有效吗?判完之后,下次遇到同样的情况,难道我不会去吃他吗?

同学24:可以吃他,但我们要大家商谈。

同学13:我觉得法律无非是摆设,除非你这法律不但要杀我,还要夷灭我九族,这个时候我可能考虑我不能吃了,威胁大了,否则你就是把我枪毙甚至或者换个死法,我一定还会吃他的。这时候法律的威慑性失效了,不是说我当时吃他是合理的。

同学24:吃他可以合理。

同学13:我再说一遍,吃他是不合理的,我这么一个自私的人,也有可能放弃吃他,把我自己给人吃,这是有可能的。但是我觉得法律在这个时候已经失去了它的任何威慑力。

同学2：我比较赞同李先生历史地具体地看待这个问题。在船上吃人，是有它一定的合理性的，但是回到文明社会它又突破了我们的道德底线。我想这件事拿到我们今天来说，也许会判，但不会判死刑。实际上在上世纪60年代，在古代，中国都有易子而食的现象，但是即便是在60年代，也没有判吃人的死刑，我想从人的道德底线来说应该是要判的，但是又不能判得很重，剥夺吃人的人的生命。

同学25：从道德上面来说，他们三个人违背了另外一个人的意愿，因为另外一个人并不认为自己应该被吃掉，他们在道德上肯定是要受到谴责的；同样的，这个案子中，我认为在法律上是没有意义的。因为它这样一种环境是非常特殊的，他们脱离了正常的社会。

同学26：即便是在真实历史中，通过吃人的手段存活下来的人，回到文明社会之后，他回忆起这段经历，他会有心灵的创伤，这本身就是代价了，如果再判他死刑，是不是也要考虑他有心灵创伤在里面？

李泽厚：你是说，最后判六个月，有考虑情的因素？

同学26：我觉得有这个考虑。

同学27：这涉及到两个不同的层面。他们在这个船上的时候,他们的情境、伦理学处境和文明社会不同,所以行动也会不同,当他们回到文明社会,文明社会有一套准则,用法律来裁判,这当中有一个跳跃。我们不应该用文明社会的法则去要求他们。这两个法则有它自己适用的不同的社会结构、经济基础。如果强行用一个去评价另一个,就会形成文明对我们所谓野蛮的侵略的正义性。比如纳粹,比如日本对中国的侵略,他们也认为是文明对于落后的一种拯救,如果要是这样的话,我觉得这样危害性就会很大。

同学28:我觉得这里边不愿意吃,吃了之后又去告发的这个人是最道德的,或者说是最值得肯定的一个人。首先是从法律上来讲,他是守法的。他把人吃了,自己觉得是犯了法的,所以他去告了他们这个团伙。从道德上来讲,他在吃人的时候有不忍人之心,恻隐之心,所以说我觉得这个人是最应该值得肯定的。如果我自己站在那三个人当中,我会选择不吃,让他自己死了,再选择吃还是不吃。

同学29:我觉得这跟当时的历史情况有关系,这事发生在有君主的时候,有赦免的可能,如果是搬到我们现在,我们怎么去判?(李泽厚:这件事发生在1884年。)赦免是偶然性,当时判他死刑是追求一种(公正)。

李泽厚:判了两个人死刑。女王改为六个月刑期。其中一人后移民澳大利亚,始终认为不应判罪。

船上杀人案：经验与先验之争

同学 29：两个人死刑，遵循杀人偿命的普遍法则嘛。赦免是偶然性，不是一个普遍的东西。放在现在的民主社会，这取决于我们对道德怎么看，它是经验的还是先验的？如果道德是先验的，那么我们追求民主，从民主程序来考虑，可以通过民主投票来决定我们去杀哪一个。然后再民主投票，谁杀这个人。最后法官再民主投票判决杀人的人，全部走民主程序，这反映了我们这个社会是民主的、先验的。这种民主程序的认同，是先验的问题。（同学 30：民主杀人。）对，这是我们社会历史当中一个民主认同的问题。

同学 31：李先生在他书中不断强调援情入法、儒法互用的问题，比如董仲舒的春秋决狱[1]，在你考量、判决某个案子的时候，你可以用理性原则，但你要把情的因素加进去，强调情理结构，就不会像他们那样裁决，因为更多地把人情的因素加进去了。所以我觉得对这个案子的话，就我个人来看，我不会判死刑。

同学 32：西方法律的陪审团投票，实际上是基于一种

---

[1] 春秋决狱又称"经义决狱"，是西汉中期儒家代表人物董仲舒提出来的，是一种审判案件的推理判断方式，主要是用孔子的思想来对犯罪事实进行分析、定罪，即除了用法律外，还可以用《诗》《书》《礼》《易》《乐》《春秋》六经中的思想来作为判决案件的依据。

习俗，有道德评判在里面，所以它的法律并不是先验的法律条文。

李泽厚：对此有什么回应没有？

同学29：经验和先验是可以互换的。什么叫先验？先验我们最终可以追溯到上帝、宗教上去。但是经验的是什么？经验的是在当大家形成共识以后，形成的制度性实在。我们是有三个实在，物理性实在，制度性实在，技术性实在。如果形成一个制度性实在，人类都认同，对于个体来说，它就是先验的。所以我说就像语言、货币一样，我们现在都认同它。我们的法律来源于习俗，但是习俗经过大家共同认同以后，它对个体来说就变成先验的了。

同学9：我想对先验和经验作一下解释。这对概念出自康德。在康德那里，对先验的理解，可能和您的出入比较大。康德看来，经验和先验是两个完全不同的概念。什么叫先验呢？先于经验并能为经验所检验的被称为先验。至于你所说的语言、货币，它们已经存在，我们可以把它称为固有的东西，但用先验这个词来概括可能有点过了，因为先验这个词是有它的适用范围的。

同学29：对，这是康德的理解，但康德不一定是正确的。

同学9：在经验和先验的界定和区分上，最早或最出名的是康德，我们应该回到公认的康德的意义上来。当然，这并不是说您的观点是错的。

李泽厚：这是一个很重要的问题。这三个概念，经常混淆，先验、经验、超验（有些人翻译成超绝），这三个词是不一样的。我非常同意这位同学的意见。因为这个词现在一般都是在康德的语境中说的，特别是先验和超验的区别。我们讲天赋人权、人生而平等，这些到底是属于什么？

同学9：我觉得它不能在先验的意义上说。

结语

李泽厚：这些观念怎么来的？你讲天赋人权，好像有道理。但真的是天赋人权吗？天是什么？西方有宗教传统，到现在为止，大小哲学家，康德也好，桑德尔也好，罗尔斯也好，我觉得他们始终没有背离那个传统，它变成了集体无意识。有些（人）不信上帝的，康德一生好像没进过教堂，他显然不相信有个人格神的上帝，但是，我始终觉得他的学说中有上帝的影子。中国和西方的不同，根本原因在哪里？一个是一个世界，一个是两个世界。从柏拉图的理想国开始，西方始终是有两个世界的，它就有超验，有超越于这个世界的另外一个世界，而且那个世界比这个世界更加重要，这个世界是从那个世界来的,本源、真理也在那个世界。当然我是不赞成有个超验的东西在那里的。所以天赋人权也好,人皆平等也好,这都是在社会中产生的。只有十分钟,还没来得及讨论代孕问题,还有一些类似的问题。我在一篇文章里举过一个例子,假如你有一笔钱,你是养你九十岁的父亲,还是捐给十个非洲儿童?我想在座的各位应该都是先养父亲吧,尽管他已经九十岁了,活不了多久,为什么会作这个选择?我认为这里有一个很重要的问题,所以我讲情理结构,情本身是有价值的。这"情"不是指动物本能,而是指人的"情理结构"。一开头我讲过,为什么要把正义改成公正,原因就是用正义的情感性丰富一点,太近中国,不符西方。为什么《回应桑德尔及其他》后面附一个"儒法互用"呢?也是这个意思。功利主义和义务论的问题怎么展开,西方这方面的学说已经有几百年了,很厉害,影响至今。我们能不能走出一条(自己的路),走出中国特色的道路?我80年代就讲了,不是因为现在政府提倡我才说的。中国这么大一个国家,能够延续这么长的时间,这是世界上没有的,埃及、巴比伦、玛雅、印加都不行。为什么中国,为什么中国人,能活这么久?我说过许多次,90年代初,一个美国学生问我说:你们中国人不信上帝为什么还能活这么久?你得有信仰啊,你不信上帝为什么还能够维持这么久?我提出情本体,就是考虑走出一条中国的有自己特色的路。所以我在《伦理学纲要》里面讲了,西方是思辨的智慧,中国是生存的智慧。中国人的血液都是不纯的,都不是 pure,每个汉族人都流着很多不同种族的血。我经常举满洲的例子，满洲有它的语言，有它的文化，有整整一套制度，而且是统治阶级，统治了三百年，结果后来姓都改成了汉姓。在北京很多姓金的、姓赵的，都是满族，为什么姓赵呢？赵钱孙李，我第一嘛。再比如，犹太教，现在我们在开封，在扬州，还能找到它的遗迹、后人，这是最难同化的，也被同化了。基督教从明朝就传入中国了，但是在知识分子中没有地位——当然，在农村地下教会很多。其实中国式的基督教，包括我在美国碰到很多留学生，他们信的基督教，也不纯，在知识分子里面，没有成为普遍信仰。中国文化的一个特色，表现为在中国哲学中，伦理学是最主要的。在这方面，特别看你们年青一代、再下一代，能不能做出点东西来。美国现在的Care Ethics，也就是关爱伦理学，希望下次有人讲讲。这是一个时髦，我不是很赞成，但是它有一种观点：你们现在都是男性伦理学，因此你们讲的都是独立性，而我们要讲相互依存。你们讲的都是权利，我们就讲责任；你们讲自由、平等、原子个人，我们就要讲关爱、关心、相互联系。极力攻击男性伦理学，在美国很流行，而且也很出风头，我估计国内也有研究的，这种学说恰恰讲的是情感。但它们能不能成立？它与"男性主义的伦理学"应该是一种什么关系？中国也讲关系主义，中国的关系主义和他们又有什么差别，或者相同的地方？这些都涉及情感，桑德尔与我的根本差异是他不谈情感，情感就涉及心理，政治哲学可以不谈，但伦理学必须谈，因为道德就是你的道德行为所表现出来的你的道德心理状况。你的道德来源是同情、移情,就是休谟、亚当·斯密这条线,也包括叔本华。或者你的道德来源是康德的义务论,即道德心理是理性主宰而非情感当头。我来看你并不是因为我爱你,而是因为我认为应该这么做。讨论道德心理,就牵扯到所谓人性问题。道德跟伦理的关系,是因为你有同情心,然后有道德行为,继而成为一种制度,还是先有制度,先有秩序,先有风习(风俗习惯),然后形成你的道德行为,道德心理?是由内到外还是由外到内?这些问题就更复杂了,是下几次的讨论题目,已经十一点三十分了,已经到时间了。你们还有什么意见?

同学33:我们探讨的很多问题都没有最终的答案,但我们很想了解先生最终的看法,不管是探讨电车试验,还是探讨海上杀人,实际上并没有结论。但一个核心人物的思想它可能会给大家某一个方向的引导,让大家往这个方向思考下去。

李泽厚:简单说,你就是要我发表意见?

同学33:对!(笑声)

李泽厚:我的意见我已经发表了。堵电车的问题,若你是旁观者,你当然不应该推他,若你是司机,你要按照规则行事,有时必须牺牲少数,那没办法,你要服从这个法规。我还是赞成康德的意见，法律你应该遵守，不对的话，要设法改正，要批判的武器，不要武器的批判。船上吃人的案例，有同学讲过，按照中国传统，绝不会判死刑，所以我很赞成中国特有的死缓，在这个例子里，死缓也不应该判，所以最后把他赦免了。这不是出于什么功利主义，它就是出于"情"。中国讲合情合理，但是合情不是不讲理，它讲的是超出一般既定法规或法律的更大的理。可见，"情本体"恰恰不是以动物也有的情，而是以人所独有的"情理结构"为体，这才是合情合理。谢谢大家！（掌声）

郁振华：谢谢李老师，谢谢各位。

第二课

道德心理结构：意志、观念、情感

开场

杨国荣（主持）：我一直说，在当代中国哲学界，真正形成自己体系的哲学家，我们只能说有两个，一个是我们哲学系的奠基者冯契教授，另一个则是李泽厚先生。这两个人的思路很不一样，冯先生的很多观点，李先生未必同意，但是这并不妨碍两者都是真正具有创建的哲学家：不是某一方面的专家，而是哲学家。李先生对一些问题的看法，我感觉既有历史感，也有理论的洞见。我常常讲，哲学的问题需要点破，而不是在外面绕圈子，李先生对哲学上很多重要的问题，不管是历史的还是哲学理论方面的，都真正能做到点破，而不是在外面云里雾里地绕，这是他的一个很重要的特点，所以读了李先生的书以后往往给人一种豁然开朗的感觉，这是我阅读的一些真切感受。说起这一次的来访，我也是一个始作俑者，尽管这个形式是我们后来逐渐拟定的，但大概从2009年开始，我每年都在邀请。因为各种原因李先生一直没有来，今年终于成行，而且我们这个形式非常好，本来我的意思就是随便聊聊，这一次又是这样一个讨论班的形式，那就是更学术化一点，更便于李先生思想的进一步讨论。需要抱歉的是，本来李先生的第一次讲座，我就应来主持，但因外出，未能赶回来。既有失敬之处，也错过了一次聆听机会。

李先生的思考和创造一直没有中断过，好多年以前他就说要封笔了，但是封笔之后还是一本一本的大作不断问世，所以我想他以后还是会贡献出许多创造性的思想，我们这次讨论班也应该是一个重要的契机。下面我也不多说了，我们抓紧时间转入课堂讨论。

李泽厚：谢谢！（掌声）不要鼓掌，我是最不喜欢仪式性的活动，谢谢你（指杨国荣）的讲话，但对你提两点要求：第一点，跟上次郁振华一样，我有时要窃取你主持人的权力，（笑声）我有时候要请这个或是那个同学发言或停止发言……

杨国荣：按照契约论，我让渡我的权力。（笑声）

李泽厚：第二点，你是伦理学专家又是哲学家，你应该参加讨论，而且予以指导。（杨国荣：我跟学生一样。）（笑声）

昨天挺热闹的，大家提出了许多问题和不同意见，但我向来是个怀疑派，会怀疑大家是不是把讨论班只当成个热闹场景。大家回去以后是否会想：到底得到了什么，有什么收获？上这个课好像茫茫然？听了之后到底有什么收获？我明确了什么问题？或者对我哪点有启发？有还是没有？摇头点头都可以。（笑声）你不摇头也不点头，就是中间派，那就麻烦了，这个课还值不值得上下去了？

同学1：李先生，讨论班的规则说，尽量不纠结于桑德尔的案例，上次我有点遗憾的是有点过于纠结于那些案例了。

李泽厚：以后会避免的。假设大家不说的话，我大概能回忆概括为三点。第一点，我主张一种历史的具体的方法来对待一个问题，而不是拿一般的、比较抽象的原理直接套上。我觉得这一点不仅仅适用于桑德尔这些案例，它有一般原理的意义。这牵扯到一个普遍性的方法论问题。经常看到讲道理时头头是道，但一碰到具体问题，就讲不清楚或者不知所措，或者就是错的，这是普遍现象。当年毛泽东批判教条主义说"言必称希腊"，理论头头是道，碰到具体问题就行不通了。康德《判断力批判》讲到应用一个普遍概念到一个特殊事例，是不能直接套上去的，甚至是不能教的，而是自己在经验教训中摸索锻炼中求得结论。可见，像我刚才讲的从一个普遍原理到一个具体事件，是需要一个过程的。一个抽象的道理，好像一下子就能解决问题，其实不是这样的。大家都知道康德讲"人是目的"，人人平等，人是自由的，但是，讲到当年的选举时，康德就认为，有财产权的人才有投票权,妇女和仆人就没有。为什么呢?因为他们经济上不独立,人格不独立,人的自由意志不可能表现出来。这跟他的主张是不是直接矛盾呢?既然把所有的人当成目的,为何又有这种差别呢?因为人是目的作为哲学理论落实到政治层面便有一个历史过程。

第二点,在桑德尔的书里批判功利主义怎么不好,自由主义怎么不好,最后归结为美德伦理。我认为自由主义也好,功利主义也好,在某些情况下都是正确的,上次举的水灾分洪的例子,有时候就得牺牲少数,甚至是他们的生命;但有时候它就错了。所以从这方面看,不能简单排斥或接受某个东西是绝对真理。它们为什么不是绝对的?这又是以后要接着谈的。

第三点,情本身的价值。"情"本身有价值,我之所以要把"justice"翻译成"公正",不是因为"公正"有情,恰恰相反,"正义"这个词有情感因素,"公正"是更加理性的。当然,这个justice到底翻译成正义还是公正,是有争议的,我估计会有很大一批学者反对,但是没有关系,学术上就是需要多元,假设只有一种意见,那就不对头了。在争论中间,经过历史的考验后,证明某种思想是对的。爱因斯坦的相对论出来的时候还有人反对,反对的人是大物理学家,而且是得过诺贝尔奖的物理学家,所以爱因斯坦的诺贝尔奖晚了好几年才颁发。一个真理不是马上就被接受的,这没有关系,通过讨论,最后交由历史和时间来作出检验。

构成道德心理冲突的因素

上次讲了几个具体案例,都是桑德尔的;今天再讲一个,不是桑德尔的。80年代看过一个描写日本的电影,父亲、母亲、孩子之间的关系非常好,后来大概过了二十年,儿子发现他的父亲是被他母亲杀死的,因为他母亲跟另外一个男人好了。怎么办?那个剧情描写的是他告了母亲,结果母亲被判死刑而且执行。看到结局后心里不太舒服。当时我想,照中国人的看法,儿子会不会做告发母亲这个事情呢?母亲把父亲杀了,自己把母亲杀了,很公正啊。我们都是中国人,如果遇到这个问题,你们会怎么样,告还是不告?

主张告的举手……(同学反应)主张不告的举手……(同学反应)

好!有些是没举手,不知道什么态度,(笑声)因为只有这两个选择嘛。

(大多数人选择不告)这说明什么问题呢?什么原因不告呢?假如说别人杀了你父亲,你告不告?肯定告,对不对?告的同学举手吧……(笑声)(同学反应)

那肯定都要告,没问题。为什么是母亲就不告呢?

我们现在可以分析一下,作为一种道德行为的心理因素是非常复杂的。刚才讲的这个电影,描述的其实就是人内心的冲突,因为他爱自己的母亲,母亲很爱他,但是父亲也爱他,不过已经死了二十年了。那他道德心理的冲突估计有几种因素?哪位能够说一说,儿子的道德心理活动中间有什么主要的原因在起决定作用?

同学2:我觉得他告他的母亲是基于人人平等的观念,如果别人杀了他父亲他会告,他母亲杀了他父亲就不告了吗?那别人与他母亲是不是人人平等的呢?

李泽厚:那你是主张告母亲的?好。但是主张告的人少数,主张不告的人是多数。好,你(同学3)讲。

同学3:我觉得告还是不告要看你和父母的关系,不可以抽象地讲。

李泽厚:我刚才讲得相当具体了,他和他母亲关系非常之好。

同学2:舜有个故事,他自己弃官,因为他父亲杀了人,然后他背着父亲逃了。

李泽厚:所以你主张不会告发母亲对不对?(同学2:对。)不过,我刚才不是问哪样是对的,而是问这里面有什么样的心理活动。我们不是对这个案例决定告还是不告。我把问题提得更明确一点,心理活动中有几种什么东西在起作用?

同学3:就是"什么构成了内心的冲突"?

李泽厚：对，什么东西构成了内心的冲突？

同学2：我觉得这是两个原则之间的较量。一个是社会正义，就是刚才那位说的人人平等，是否维护每一个人的生存权利、生命权利。另外一个就是孝道，我要不要孝敬我的母亲，就算我的母亲是最恶的人，但是如果我的内心之中有一个孝道，就会超过任何其他原则，我是她十月怀胎而生，决不能置她于死地。

李泽厚：我的问题还是没有提清楚，我问的恰恰不是哪两个原则之间的冲突，原则也有具体情况，假设你母亲杀的是亿万人民，恐怕非告不可，中国讲大义灭亲，我现在不是讨论这个问题。我问的是这里面有几种因素在起作用。其中一种是情感；一种是理性，理性中又可分出意志因素，即我决定要这么做，和观念因素，即认为我这样做是对的，是善的。我称之为认识或观念，道德是表现为行为的，而这个行为有心理作为它的内在基础，主要是感情、观念、意志。这三种东西哪一个是最主要的？今天不讲案件，而是讲道德心理结构有几种因素。我举了三种，假如有人还能举出第四种也可以。例如在这个案例中，他强力压抑了对母亲的深厚感情，以执行他的善恶是非观念即"公正""人人平等""杀人者死"造成内心极为剧烈的情感与理性的冲突。当然在我们看来，他那善恶是非的理性观念有问题，并不正确，但我们暂不讨论这个具体问题，而只分析他那心理中的三种因素或方面:一个是观念,即是非、对错、善恶的观念;一个是情感,爱、恨;一个是意志,我要这么做,我决定必须这么做。这三种东西中间哪一种是主要的?再提一个与此紧密相关的问题,作为道德行为的基础,道德心理的主要特征是什么?

同学4:我觉得,在道德心理结构的三种因素当中,起主要作用的还是意志。道德行为的主要标志在于你是以人的意志作为道德心理的主要决定因素,这才是道德行为的主要表现。

李泽厚:你能举个例子吗?暂时不举没有关系,你可以想想以后再说。(笑声)

同学5:我认为,在这当中起主要作用的是情感,郭店楚简中"为父绝君,不为君绝父"[1],包括您一直强调汉武帝之前的"春秋决狱"这个问题。所以我认为情感是决定一切的东西,而且您也强调情感是观念之先的,人是先有情感后产生观念的,就像动物也有情感一样,但是动物不一定有观念。

李泽厚:我觉得不必引我的或是哪个古人的,当然可

---

1 郭店楚墓竹简《六德》篇有云:"为父绝君,不为君绝父;为昆弟绝妻,不为妻绝昆弟;为宗族杀朋友,不为朋友杀宗族。"

以引古人的，或者中国外国的都可以。但是能不能举个具体的例子说明，决定道德行为的主要动力是什么东西？

同学6：李先生，我觉得是这样的，作为儿子，告不告都有一种羞耻感，母亲偷情杀了父亲，无论他告还是不告，这个羞耻感是道德中最根本的。不告的羞耻感更强烈，因为自己母亲的这件事张扬出去是不好的。另外，告的话不仅是道德问题，也是一个法律问题。

李泽厚：那你是主张告的？

同学6：我也是犹豫。（笑声）

李泽厚：为什么会犹豫呢？

同学6：就是您讲的情的因素。

李泽厚：那你觉得告的推动力是什么呢？

同学6：如果想告的话就是她把我亲爱的父亲杀死了，（笑声）这是矛盾心理，也有羞恶心理。

李泽厚：羞耻心是最重要的？羞耻心就是道德本源？那救火是因为羞耻心吗？"9·11事件"中那些救火队员不

怕死是因为羞耻心吗?道德讲的是普遍原理,不是讲一个具体的事情。到底什么是促使你作选择的动力?羞耻心是一种情感,救火队员是因为羞耻心或同情心即情感去救火吗?

同学7:李老师,我觉得还是意志是最重要的,因为在道德里面意志必须是能让人绝对服从的存在。而我们的情感,比如我们有时候会有同情心,可能会有移情的作用,但它在道德中不是起绝对作用的。例如有些危害社会的人,他们做这些事情肯定也是有原因的,他们背后可能也有让你去可怜或是同情的地方,难道他们的所作所为能得到我们的道德认可吗?我觉得在道德上起决定作用的还是我们的意志。

李泽厚:好,跟你(同学4)的意见一样。你们能不能举一个具体的例子?

同学9:李先生,我觉得这里还有一个社会因素没有考虑。告还是不告涉及一个社会因素,如果是在一个良性的法治社会里的话,告可能有助于他母亲以后的人生成长,让她悔罪;如果是在一个法制不健全的恶性的社会里的话,告发母亲可能不会产生那样的效果。

李泽厚:我讲了,不要再纠缠告不告了,为什么举这个具体的问题?因为作出这个决定是很复杂的,有情感、有意志、有观念。我要问的是:这三点哪一点在道德行为中最主要？刚才两位女同学都讲了，是意志；有一位同学认为是情感；有的认为是综合的。现在有三种意见。

同学10：因为您刚才谈的是情理观念还有认识，但实际上我觉得意志本身背后有情感，就是说最深刻的不是这三者之间的关系，而是情感本身之间的纠葛问题。比如他母亲杀他父亲，儿子是否告发的考量，有人说是根据人与人之间的平等，有人说是根据他对他母亲的孝道，他爱他的母亲，情感上的爱。但是人与人之间的平等是对人类的一种大爱，它也有情感在里面，所以他最后的选择是情感之间的纠葛，这是最深刻的。还有您刚才谈到的自由意志的问题，我觉得最好的不是告与不告的问题，而是自裁，把自己杀掉，我知道我妈妈杀了我爸爸，怎么办？怎样克服情感纠结，把自己杀掉，实现自由意志。（笑声）

同学2：我还是与其他人的观点不一样，我觉得可能观念占的位置最重要，这也是跟我前面的回答是一致的。前面我为什么说是两种社会原则？因为这两种社会原则实际上可以理解成社会存在或在社会中形成的，是你能够最后作判断的依据，我是举手说不告母亲的，因为在我潜意识当中后一个原则占了上风。我认为从小所受的教育中孝道是至上的，超过现在所主导的社会公平、社会正义，就像您前面说的是和谐大于正义，还是正义高于和谐，那么我的观念告诉我，和谐高于正义，所以我选择了不告母亲。当然在这个过程中涉及到我的情感的纠结,也涉及到我的意志是否坚决。所以我认为这三个里面起主导性作用的是我的观念。

李泽厚:好,她讲得很清楚,她认为善恶观念是主要的,这两位是主张意志的。能否反驳吗?

同学7:我反驳。在我们这个世界上,并不是所有国家都像中国这样主张从小教导培养我们(孝道的重要性),也就是说若在其他国家,你怎样处理这个问题?你是不是处于一种道德相对主义的观念?但是在我们伦理学中,我觉得道德相对主义这样的观念其实是否定道德的绝对存在的。

同学2:首先,我觉得道德就是相对的,没有绝对的道德,这是我个人的浅知。

李泽厚:关于道德的相对性、绝对性这个问题,我们以后还会讨论,我现在集中强调的是,道德心理上的这几种因素到底哪一种起主导作用?可以有不同意见。学伦理学的都知道,休谟这一派和康德这一派是不同的,康德是强调理性的,休谟是讲同情的。并不是休谟一个人这样,亚当·斯密、莎夫兹贝里,包括非常推崇康德的叔本华,都强调同情心是道德的起源,理性不过是工具;康德的意见恰恰相反,只有理性才算道德,同情心不算道德,截然相反。到现在为止这个争论没有停止。而且近来,好像我昨天讲到 Care

Ethics，关爱伦理学或者女性主义伦理学，实际上还是休谟这边的，认为同情心是重要的。我的意见大家很清楚，我是康德主义者。我的意见不一定对，就是说，这个问题是有分歧的。分歧在于，道德最主要的特征是什么？是同情还是理性的意志和观念？

假如我是"9·11"救火队员，我去救火了，到底是什么力量促使我去救火？或者假如我是恐怖分子，人肉炸弹，是什么使我宁愿牺牲生命去做这事情？这样做算不算道德？本·拉登是头号恐怖分子，但大家知道，在有些地区却被当作英雄，是崇拜对象。为什么呢？我们不讲外在的原因，这个可能在下次课讲，我们就在道德心理方面来讲，到底什么是推动我们做道德行为的主要因素，是同情，是感情，还是理性，是自由意志或（和）某种观念？我这个问题有没有提清楚？

同学11：李先生，我个人觉得在私德领域当中，我是比较主张同情心是道德本源，而在现代的陌生人社会中，我更主张理性是道德的本源，这两者之间如何去结合，我倒是觉得非常适合您提出的那个"度"的原则。比如说您刚才提到的是否告母亲的案例当中，它既涉及一个公德原则，也涉及一个私德原则。私德原则就是当事人与母亲之间私的关系，公德原则就是她违反了公共法律，杀了人。但在这个时候，我倒是觉得如果有可能的话会有一个"度"的结合。比如说，作为孩子这个角色，可能要求他的母亲深刻地悔罪，如果她能深刻地悔罪就不去诉诸法律,而在她不能深刻悔罪的情况下,则可能会有其他的办法。这是我的一个想法。

杨国荣:我说几句,我也是学生。

李泽厚:你是专家,有优先发言权。(笑声)

杨国荣:我也就这个问题谈一下自己的看法。谈到道德行为,我想需要作一个区分。从总体的特征来说,我个人认为道德行为至少包括三个因素,一个是思,一个是欲,一个是悦。"思"更多地跟理性的分辨和理性的自觉相联系。"欲"较多地指欲求,跟自我的意欲相联系。"悦"则首先关乎情感的认同。一个真正意义上的道德行为,在我看来,总是包含着以上方面。因为它包含着"思"的因素,所以它是自觉的:"思"更多地和理性的自觉相联系,道德行为当然是一个自觉的行为,自发的行为不能说是真正的道德行为。另外,道德必须出自于内在的意愿,而不是强迫的,强迫的行为不是一种道德行为。同时,道德行为应该源于一种情感的认同。综合来看,一个道德行为应该包含这样一些基本的因素。但是这些因素在不同的具体情境当中并不是平铺地起作用的,"思"的因素,"欲"的因素,"悦"的因素都会有不同的侧重。所以,刚才李先生特别提到,困难的是一般的原则如何与具体情境相沟通的问题,这里面没有一个普遍程序可言。同样地,就具体的道德行为而言,其特点就在于它们是千差万别的，发生在不同情境中，由不同的个体展开，所以差异性非常之大。我刚才提到的一些基本的因素，在不同的行为中所呈现出来的侧重也会有所不同。我这里也可以举一些例子。首先我们可以以革命或战争年代为例。一个革命志士被敌人抓捕了，在这个情况之下，也许敌方会提出一个要求，你如果自首，我就给你一条生路；你如果拒绝自首，那就只能上刑场。真正的革命志士都会选择宁愿上刑场也不自首。这时我们可以说，其中主要的或者侧重的因素是理性的因素，相关志士对理想的追求，对自己理想的清醒认识，以及追求理想的内在意欲，是其作出以上选择的前提。但是同时，情感因素也在起作用，因为这个时候他若签了自首书而免于一死，就会感到于心不安，也就是说，他在苟延残喘和苟且偷生的时候，会缺乏一种愉悦感。在这个具体个案中，我们可以说理性的、意志的方面占了比较重的因素，情感方面同样也有它的作用。我们也可以举个侧重于另一种不同因素的例子，比如说孟子提到的例子，看到小孩要掉进井里，马上就去救助。这个时候侧重的主要因素是情感的因素：同情心在起作用。孟子也以此来论证恻隐之心，人皆有之。此时行动者不是为了讨好小孩的家长，不是讨厌叫唤声音如何烦人等等，这完全是不由自主，出于内在同情之心，这个时候他的行动就是出于情感的推动作用。当然，从更广的意义上看，作为人类中的一员，他对人之为人的内在价值的认识也在起作用，所以其中"思"的因素也有。他也从良心的内在意欲出发。但是在这个具体的个案中，侧重之点首先是情感。所以我们需要作区分，如果笼统地说哪一个方面或者仅仅是哪一个方面起作用，可能便会模糊对具体行为的判断，所以不同层面要区分开来。总体上，一个真正意义上的道德行为，思、欲、悦都包含于其中，但是在具体的情境当中，这三者的位置并不是相等的，不是平铺的，而是会有所侧重。康德在伦理学上之所以遭到很多批评，说他形式主义、说他缺乏对内在道德机制的把握，这和他主要突出理性的作用，没有注意到行为涉及的多方面性恐怕有关系。休谟的观点之所以会遭到很多批评，则源于他仅仅注重情感的作用。笼而统之地用某一种原则去界定，都会不可避免地带来很多偏颇。

李泽厚：大家有什么意见？有赞成的还是反对的？

同学12：我非常赞成所谓道德是由多重因素决定的，但这是一个静态的考察。从发生学的角度来说，我宁可相信道德起源于情感，起源于人的基本本能。人的本能无非一个是保存个体，一个是发展种族。发展种族也是母亲对孩子的最基本的一种情感，男女之间最基本的互相追求的情感。从这个意义上说，刚才举的例子我有不同意见，刚才说儿子告发母亲是公德与私德的矛盾，我认为不然，他母亲杀了隔壁邻居，他告不告母亲才是公德与私德的矛盾，他母亲杀了父亲，儿子告不告母亲是私德与私德自身的冲突，也就是说真正的道德困境就是当你承认要孝的时候同时就在否定孝，这是最困难的，因为父亲母亲都是他要孝的对象，这才是最深刻的，基于情感的道德冲突才是真正的道德困境。

李泽厚：我刚才讲学术上就是需要不同意见才有意思，这有不同的声音，你不介意吧？（杨国荣：当然。）（笑声）还有没有赞成的和不赞成的意见？

动物有没有道德？

李泽厚：告母这个案例只说明强大的意志力量使观念压倒和摧毁情感，从而履行道德，其实大有问题，因为"公正"观念在此处并不一定乃最高原则。我想寻求大家同意，不要再纠缠这个案件，（笑声）但是他刚才讲同情心是动力，好些现代的伦理学家，好像到中国来的迈克·斯洛特，（杨国荣：就在你之前作过几次讲座。）也是这个结论。原本道德情境是千差万别，三因素的比例、结构很不一样。但不要让"道德"一词泛化。有钱人做慈善算道德，牺牲生命去救人也算道德，但两者在体现道德之作为道德的心理上恐怕不能同日而语，因之显出道德的心理特征何在：是情（同情别人）？还是意志（确认自己必须这样去做）？把由同情、怜悯、抚爱出发的所有行为和心理都算道德，便实际掩蔽了道德之作为道德的崇高的理性原则的意义。因同情而掩护一个十恶不赦的残酷杀人凶犯，算道德吗？况且，还有个问题，动物也有同情心，那动物有没有道德？社会生物学派认为人跟动物没有什么区别，人的所有道德行为动物都有，大家同不同意?(同学作出反应)为什么不同意?动物也有牺牲自己去保卫群体的行为。所以社会生物学派认为动物也有道德,从本能出发的同情心。大家好像对动物有道德都摇头,为什么?

同学13:我觉得这个问题在于,人跟动物的本能或情感的驱动可能在最开始时是类似的,但动物只有自身的尺度,它只能这样做,它没有自由;人不一样,人对这个有反思又有理性。

李泽厚:对不起,打断一下,人为什么有这种自由呢?

同学13:您要说起源的话……

李泽厚:不说起源,就是现在啊。

同学13:可能是人比动物多一点。

李泽厚:这多一点哪里来的?(笑声)

同学13:在这一点上,我觉得您的看法跟我差不多,(笑声)我同意您的看法,它是在实践的过程当中积累起来的一种意识。

同学8:那动物为什么没有积累起来?

李泽厚：（笑声）这个问题很好，动物为什么没有积累起来呢？

同学13：要这样说，那在我这里只能变成一个先天的东西。

李泽厚：你把它说成先天的，可以。

同学13：就是人的这种精神上的反思，这种自由……

李泽厚：那就是上帝给的，对不对？先天哪来的？

同学13：我觉得或许也不是上帝给的，我设想可能是这样的，人在从事活动的过程当中，在世界与自身打交道的过程中，它一下子就萌发出来的。

李泽厚：怎么就会一下子萌发出来的呢？

同学13：这个我觉得我讲不清楚。（笑声）

李泽厚：不是你讲不清楚，很多大学者也不一定讲得清楚的。（笑声）

同学13：但它一定不是一个从外面来的东西，比如说上帝，或者其他。

李泽厚：相信上帝会比较好。有些人说先验的，先验哪来的？

同学4：这位同学一直力图讲清楚的一点是人与动物的根本区别，我觉得如果承认动物也有道德的话，就抹杀了人与动物的根本区别。人与动物的根本区别就在于人是具有理性的，我认为他所说的人具有这种自由就在于人有这种理性、有这种自由意志去指导自己的行为。人之所以具有道德，也就是因为人能让自己的理性去主导自己的道德行为。

李泽厚：有反对意见没有？

同学14：我觉得道德从个人层面讲，最后的根源是人的情感。我不觉得情感是同情心，我觉得是一种心安，这种心安算是一种情感，但心安又受到理的指导，这种理从社会普遍来说的话就是善恶观念，或者说是一种绝对律令，作为一种观念产生影响……

李泽厚：对不起，我打断一下，你讲的"心安"到底是本能还是理性？

同学14：我觉得心安是情感，但是这是一种根源，它来源于理……

李泽厚：情感怎么会来源于理呢？动物怎么没有呢？还是那个问题，到底什么重要呢？

同学 15：李先生，我非常赞同刚才杨老师说的每一个道德的行为从整体上来说都包含三个因素，而这三个因素和您的定位是不矛盾的。

李泽厚：矛盾也没有关系。（笑声）

同学 15：他说在具体的行为中是各有侧重的，这点我有一个不同的意见。我觉得当道德发生困境的时候，在认知、意愿、情感这三个因素当中发生冲突时，如果非要找一个产生这个道德行为的主导因素的话，往往你的意志、你的观念会战胜其他的，比如说情感。

李泽厚：好，你不要多讲。你的意思就是，你的意志、理性的因素战胜你的情感？因为时间有限，我想有更多人发言。你就是说理性对不对？（学生 15：嗯。）好的。这显然有两派，一派是情感派，一派是理性派。

同学 16：我认为，最初的本原是情，动物也有情，但是为什么动物没有这些道德观念，就是因为人有情，它随着历史的发展逐渐积淀成一种理,理就成了一种社会规范。

李泽厚:为什么就会积淀成理呢?就刚才讲的,为什么动物就不积淀呢?

同学16:因为人是有文化的。

李泽厚:人的文化是什么呢?(笑声)

同学5:就我个人来说,我认为人的道德起源于情感,但是理性并不是对情感的战胜或是超越,人的理性是对人的情感的延展。人是可以以义相结的,但动物只能以情感,而这在《荀子》中说得很清楚,"人有气、有生、有知,亦且有义,故最为天下贵也",所以我认为"义"也就是"理性",是对人情感的扩展,但是情是一切的基础。刚刚很多人提到为什么人有道德而动物没有,就我个人来看,因为人在进化过程中发生了一些东西,人的技艺和文字的记载,能够把技艺传承下去,通过传承积累出一个共同遵守的,看起来像是一个先验的东西,这是我的观点。

同学8:为什么有时说人还不如禽兽呢?

同学5:因为有时候人的理性抹杀他的情感,就变得比禽兽更加低级。

同学8：禽兽怎样定义？

同学5：人可以杀很多人，但禽兽不能。希特勒可以杀一百万人，禽兽可以做得到吗？（笑声）

同学8：这跟理性有什么关系呢？

同学5：这就是理性把他残忍的一面放大了。

李泽厚：你这点很清楚，还是认为理性是主要的，是不是这个意思？

同学5：我就是说情感是基础，但理性是情感的延展。

李泽厚：问题是情感为什么非延展到理性？

同学5：在人类的文化中，情感必须要有一个基础存在。

李泽厚：我没讲存在，我就讲在道德行为中间。我现在也不让你马上回答，请你（同学17）讲完以后我再说。

同学17：我一直在观察一个事情，小狗是大狗生的，小狗可不可以和大狗发生性关系？我实际发现的是公狗容易和小狗发生性关系，但是母狗和小狗发生性关系的可能性低一点。但是如果拿到人类社会来说，我们都知道有这种乱伦的关系，也是自古以来在讨论的问题。人在这种情况下为什么会受到很多批判或是发生更多异于动物的选择呢？我觉得是因为人类有了很多自己的东西去限制了这种本能、这种冲动。所以我觉得按杨老师刚才说的，"思、欲、悦"这种综合的说法，在历史或具体情境中，是一个消极的问题。如果说很多事情是一个综合的结果，那也就没必要再谈论这样一个问题。所以我还是不大赞同杨老师的说法。

李泽厚：你是赞成理性说对不对？

同学17：对，我赞成理性说。

李泽厚：那就很清楚了。

同学7：我对刚才那个学生说的"理性是情感的延展"这一点反驳一下，因为我比较赞同理性可能是对情感的一种压制。对于情感和理性到底哪种决定人与动物的区分这个问题，我认为我们与动物的不同在于，动物处于一种适者生存的环境里面，但是人不一样，不能为了我们的生存而去做某些事情，这是我们从小接受的教育。但是动物没有接受过这样的教育，什么对它们的生存最有利它们就做什么，这是它们自发的一种情感。

李泽厚：好，我也不能让你讲太多，因为很不公平，你（同学3）发言太多了，就一句话。

同学3：我一直坚持的观点就是理性和观念起主导作用，但是动物没有理性这一点我不认同，您给我时间我就解释。（笑声）

李泽厚：这牵扯的问题太大了，在上个世纪60年代，我看的一本书的第一章讲"什么是理性"这个问题有十几种解释。什么是理性？人的理性到底从哪里来的？是另外一个很大的哲学问题。首先是认识论上一个很大的问题，这些我们先不说。还有哪位举手？

同学18：我觉得这个问题跟您提出的情理结构有关系，因为我觉得观念、情感、还是意志占主导不能抽象地讨论。因为每个人的情理结构都是不一样的，许多人面临选择的时候，可能是观念占上风，可能是情感占上风，也可能是意志占上风。如果是动物的话，它可能是本能的情感占上风；但如果是很理性的人，他就不会让情感占上风；像艺术家，他可能情感占上风；像比较死脑筋的人，可能是观念占上风。（笑声）

李泽厚：道德是关系到应该或不应该做什么事情。

同学1：我看李先生讨论的道德心理的结构有三块，理性是主宰力,情感是帮助力,意志是决断力,最后要落实为行为。前面杨国荣老师讲的"思"是道德行为非常重要的一个东西,要有判断,要有权衡,要上升到自觉,所以理性确实是主宰性的,但光有理性是不行的。

李泽厚:刚才我讲了,善恶观念算理性,意志力量也算理性,但不一样。还是举个例子,例如从小教育孩子不要抢别人的糖果,从小就要学做人。动物没有这个,动物为什么不同呢?你们刚才讲的教育也好,文化也好,都是从这开始的,这说明什么问题呢?道德行为的一个特征是什么?所以我比较赞成它是由理性来主宰和控制情欲这样一个特征,所以我把它叫作理性的凝聚。儿童想吃糖是不是本能呢?是,他就想吃,但是你要规范他不能吃,不能抢别人的,以及不要打人,要有一种行为规范,至于这种规范合理不合理,那我们下次再讨论。规范主宰人的行为,而且主宰自己的欲望,甚至主宰自己的生命,这是道德。就像康德讲的,我们可以羡慕、敬佩、敬仰人的才能、智慧,但道德行为比如救火队员,牺牲了自己生命去救人,会感到一种特别的情感,因为他恰恰克服了求生这个强大的本能。我讲人有几个基本的欲望,我归结为五个,我的书上还没写过,大家认为人最基本的欲望是什么?(学生1:食色。)还有吗?(学生1:爱欲。)爱跟性是不一样的。一个是吃饭,一个是性。sex 变成爱很复杂,不在今天讨论范围内。爱里面也是很复杂的,我不赞成伦理学就是讲幸福问题，幸福很难讨论，幸福如同欲望一样，只要稍微提升到精神层面，就变得极其复杂、多样，互相矛盾冲突，变得很难讨论。这个问题就变难了。有的人觉得爱人就是幸福，有的人觉得被人爱最幸福。

我从来没做过实验，觉得爱人比被爱幸福的，请举手。就讲男女之间的sex，觉得性行为就叫爱的同学，请举手，（同学反应）认为被爱比爱更幸福的，请举手。（同学反应）

好多人没举手，（笑声）真是不好说，这个问题很复杂，因为情感本身是很复杂的。但是作为生理欲望却是很简单的，动物都有。求生、吃饭、性、睡觉（都是本能），社交也是本能，但本能有强弱之分，就个体说，有些人可能不大睡觉，有人吃饭很少，有的人性欲望很强，有的性欲望很弱，有人睡四小时，有人睡十小时，人的本能是不一样的。而道德行为恰恰是把本能压制下去，小孩想吃糖果，你不让他吃。我牺牲我的生命压下我求生存的本能。有时候压制性，我去做修女，我做尼姑，做和尚，压制本能去做些事情。这是什么？这就是理性对感性的主宰，本能的力量非常强大，但理性要把它压制下去，突显出自己更强大，这就是道德的特征。所以康德是反对把道德建立在任何感性基础之上的，反对快乐、同情等等作为道德动力，我帮助你并不是因为我爱你，而是我觉得应该这么做。我来看你并不是我同情你，而是应该来，都是理性的观念和意志所作出的行为。上面即讲，理性里面包含两个不同的因素，即意志能力和善恶观念。心理学家劳伦斯·科尔伯格[1]，把小孩的道德发展分为三个水平六个阶段。六个阶段我不赞同，但我赞成三个水平的说法。其实小孩子的心理，成人也都有，不闯红灯有三种情况：第一种，我怕罚钱，所以我不闯，与自己利害有关系；第二种，不闯红灯，是一种规定，我遵守这种规定，所以不闯；第三种，我就是应该不闯，这是我们普遍适用的自由意志。在康德意义上，前两种算不上自律道德，情感或同情发出的行为也不算道德，真正的道德特点恰恰是理性压制了自己感性的幸福、快乐，甚至牺牲自己的生命，而且是自觉的，这才是道德，当然他讲道德很严格。但我们上面讲的三者却也都是意志起决定作用，你的欲望是赶紧到那里，你的欲望是去，你的情感是急于去会一个好朋友，或有很着急的事情，但是你的意志决定你不能闯红灯。因此，在这个意义上，我认为意志是一种最核心的东西，所以，在将理性主宰感性作为道德这一根本点上，我是康德派、理性派，即认同康德讲的绝对命令，categorical imperative。但是我对康德作了一种解释，包括西方还没有人作过这样一种解释，康德讲的绝

---

[1] 劳伦斯·科尔伯格（1927—1987），美国教育心理学家、儿童发展心理学家。他提出了"道德发展阶段"理论，认为一个人道德判断的发展一般要经过"三个水平六个阶段"，它是一个由低到高、顺序发展的过程：（1）前世俗水平，它分为两个阶段，第一阶段以惩罚和服从为定向，第二阶段以行为是否对自己或别人有利为定向。（2）世俗水平，即第三、四阶段。第三阶段以自己的行为是否得到别人的喜爱或赞扬为定向，第四阶段以维护权威和秩序为定向。（3）后世俗水平，即第五、六阶段。第五阶段以社会契约为定向。第六阶段以普遍的道德原则为定向。

对命令恰恰没有很明确地讲是一种心理结构，而不是一些具体规则。康德举了四个例子，人不能自杀，人不能说谎，人要帮助别人，自己也要努力。这四者他认为是绝对命令，每个人都要实行的，像不能说谎。桑德尔这本书，就为这个辩护。关于说谎不说谎的问题，争论是很大的。按照康德不说谎是个绝对命令，敌人抓到你，要你招供，你招供反而是道德，你不招供反而是说谎。那样行吗？显然不对。刚才杨教授也说了，我宁死不屈，我就是不说，那我就说谎了。但是，不说谎作为人类群体存在，的确是一个非常重要的条件，假设一个社会每个人都说谎，那这个社会没法存在。但作为一种道德原则，却不可能是普遍性的。所以我认为康德是有错误的，错误就是把"不能说谎"作为普遍原则，实际上，人所塑建的道德心理结构才是绝对的、普遍的。心理结构好像是空架子，所以黑格尔批判康德是空洞的形式主义，但它实际上并不空，而且是人类经过教育培养出来的一种区别于动物的特有的心理结构——情理结构。情理结构不是自然发生的，它是经过人的训练才能培养出来的。在道德心理结构的培育中，理性的善恶是非观念当然重要，但这些观念需要有力量即人性能力才能实现为具体行动，道德不能仅是心理，它必须表现为行动、行为，所以，意志在这里又比观念更突出更重要。所以培养人的意志力量是十分重要的。孟子讲"劳其筋骨，饿其体肤，空乏其身"，然后你才能成为大丈夫，然后你才能够做到"富贵不能淫，贫贱不能移，威武不能屈"。有自由意志才能实践自己信奉的善恶观念,我就是决心应该这么做,不管艰难险阻生死祸福,所以意志锻炼是非常重要的。斯巴达那样的小城邦坚持从小的军事训练,包括体育锻炼,不仅锻炼身体,而且锻炼人的意志,这就是文化,这就是教育,是人生很关键的一个问题。人类之所以生存到现在,是因为从原始时代开始就有了意志的培训。所以我讲伦理是在认识之前。我是康德派,但康德的错误就是,没有重视这是内在的人性心理。"人性"这个词遍布古今中外,但是至今我好像没有看到一个对人性的清楚说明。什么叫人性?人性不同于动物性,但人又是动物,不能脱离开动物,人不是机器。我在70年代末就讲,人性是区别于动物性,同时区别于机器性,既不是动物也不是机器,那是什么东西?人性有好几种,我分了三种,一种是认识方面的,动物为什么没有逻辑学,动物为什么不能认识世界,人为什么可以?动物也可以认识啊,它有感官啊。为什么人能审美?牛对着红布,有本能反应,但国旗和红布对它是没有区别的。人不一样,而且在伦理方面,人有自由意志,自己决定自己,我就是应该这么做。文天祥曾有一段话:"天地有正气,杂然赋流形。下则为河岳,上则为日星。于人曰浩然,沛乎塞苍冥。皇路当清夷,含和吐明庭。时穷节乃见,一一垂丹青。在齐太史简,在晋董狐笔。在秦张良椎,在汉苏武节。为严将军头,为嵇侍中血。"这些句子大家都很熟悉,而且这都是一个一个的历史人物,都是牺牲自己来完成"天地有正气",他自己也是"孔曰成仁,孟曰取义"[1]，也就是孔夫子讲的"无求生以害仁，有杀生以求仁"：为了求生，来伤害仁是不对的；杀生，牺牲自己的生命以成仁。这是真正的道德。这种道德靠什么？靠情感吗？动物能做到吗？动物自杀的事件是群体性的，一群鲸鱼会死掉，那不算是道德的。所以为什么人有道德？就是人有自由意志。意志力是否是自由意志？又不然。意志或意志力只是心理描述，与作为哲学原则的自由，并不相等，但自由意志的具体实现，却又离不开意志或意志这个经验描述的心理。这一点在座的有不同意见吗？

同学 10：李老师，我有个疑惑，我们讨论的是情和意志哪个是道德本源的问题，这个问题涉及到对人性的考量，对人性的考量涉及到人和动物的区别。我们提出人与动物的区别是人有理性，动物只有本能。下面的问题就是什么是理性？克服本能就是理性。什么是本能？前面讲的生存欲望就是本能，生存欲望有两个，一个是个体生存，一个是种族生存。问题是，我们看到在这个世界上很多动物有这种行为，比如有些狗为了主人牺牲自己。对于这种行为，我们能说动物是没有理性的吗？这就形成一个悖论。我们说动物肯定是没有理性的，那么是不是就进入到庄子的濠梁之辩，"子非鱼，安知鱼之乐？"我们怎么判断动物没有理性？这是一个

---

[1] 出自文天祥死后在其衣带中发现的遗诗："孔曰成仁，孟曰取义，惟其义尽，所以仁至。读圣贤书，所学何事，而今而后，庶几无愧。"

悖论。

李泽厚：大家有什么回应？那就是你认为动物是有道德的？刚才很多人认为动物没有道德。

同学10：我是这样想的，我不觉得动物有道德，我觉得动物的行为来自情感，这是一个悖论。按照我们刚才那个推论，动物好像是有理性的，但动物肯定是没有理性的。我认为人和动物的行为都是来源于情感的，这是动物的本能，欲望产生情感。人和动物的区别不是在于有无理性，而是在于人是一种符号化的动物，他有比动物更加复杂化的符号。因为人的大脑有更多的神经系统，符号的本身产生理性的结果，理性不是原因。

李泽厚：我要打断一下，这个符号是怎么来的？符号是神经系统发生的，为什么动物没有？这个问题我提出来你以后回答。现在杨先生要讲话。（笑声）

杨国荣：我还是回到李先生对道德的理解这个话题。李先生刚才特别提到道德行为的一个特征就是牺牲自我。对道德行为也许我们还是可以作出进一步的区分，就如同我们对美可以作一个区分一样。"美"我们常常可以区分为优美、壮美等不同的形态。与此类似，道德行为也可以作如下区分：一种是面临剧烈道德冲突的道德行为，这个时候需要一种自我牺牲的精神；另一种道德行为则并非面临剧烈冲突，比如说慈善行为、关爱行为，便并不是发生于非此即彼的剧烈冲突之中。在面临剧烈冲突的背景之下，确实牺牲自我这种道德特点呈现得特别明显。但在不同于剧烈冲突的背景之下，在那种慈善行为、关爱行为中，牺牲自我的特点就不那么突出了。回到我一开始提到的道德行为所以可能的根据，我们可以有分析的说法，同时我们也需要一种现实的观照。分析的说法和现实的观照不应该彼此排斥。从分析的说法来看，我们可以区分出不同的道德行为当中的多重要素。从现实形态来看，在具体的道德主体、具体的道德行为中，这样的因素既不是以一种非此即彼的单一形态存在，也并非总是同等起作用。从历史上看，康德、休谟这两家各执一端，直到后起的哲学依然还在争论，一个推崇理性，一个推崇情感，其实他们各自都确实抓住了、看到了道德行为过程中的一些必要的因素。刚才我们在讨论过程中，不同的同学也分成两派，一为理性派，一为情感派，这也从现实的层面上表明：这样一些因素确实是在考察道德行为时无法完全回避的。理性的因素、情感的因素都是如此。这样的因素在现实的道德主体和道德行为中不能分得那么干净。但同时这些因素也不是以一加一等于二这样累加的形式存在。事实上它往往以一种相互渗入的方式存在，这也是李先生一再提到的。以理性而言，作为人性的理性，实际上已经渗入了情意。同样地，人的情感也不同于动物的情感，因为前者已渗入了理性。刚才李先生提到的问题，小孩子不吃糖果，这是一种理性的力量,但事实上这里面同样渗入了某种情感,因为在事实上,它包含了一种遵从家长之命,这在某种意义上体现了意志的选择,以及取悦于家长或因家长之悦而悦,这则体现了情感的作用。刚才提到的在非常时候牺牲自我,这个时候事实上如果你苟且偷安,你会于心不安,亦即缺乏一种愉悦感,缺乏一种情感的认同。所以这里并不是赤裸裸的就是一种单一的理性或单一的情感作用。当我们回到一个现实情境中、回到现实的道德行为和道德主体的时候,这样一些因素就很难以非此即彼的形式对待。如果这样对待的话,那么从休谟、康德以来的争论就还会延续下去:在这种争论中,往往是或者抓住某一个方面,认为道德主要是这个方面,或者抓住另外一个方面,强调这是道德行为问题中的应有之义。

李泽厚:还有哪一位要发言?

同学6:李先生……

李泽厚:你发过言了,我想让没发过言的朋友说说。你没发过言?

同学19:对,我回应一下刚才关于动物和人性的问题。我看"动物世界"这个电视节目看得比较多,替动物说几句话。(笑声)很多动物我们实际上把它叫作社会性动物,它有很多社会合作的行为,这些行为原来我们以为只有在人类中存在,实际上很多动物都有。比如说有一种鲸鱼,隔代抚养,它是除了人类之外第二种有绝经现象的高级哺乳动物,它为什么绝经呢?它就是为了更好地抚养下一代,不再生产,不让它的儿子和孙子一辈进行竞争,这是我们要看到的。动物有没有理性呢?有句话说,兔子不吃窝边草,兔子是不是一个有理性的动物?情感就更不用讲了,实际很多动物都有利他行为,有些它也是要传授的,狮子教授幼师捕食的时候,它一定有个规则在那里,就是你们不要相互咬。再说捕猎,它也可能有一个传授的过程,我们谈人类的道德,肯定是人类中心主义,没有办法去理解它们的一个世界。还有"学习",这个也是在动物中能够观察到的。所以我自己觉得我们对动物可能还有很多未知的部分,还不好去下一个判断。我看《裸猿》,包括《第三种黑猩猩》,就会感触比较多。实际上,人与动物之间可能没有非常绝对的区别。

李泽厚:好,我知道你的意思了。问题很清楚,动物有没有道德?刚才说了,社会生物学派就是认为有道德,人跟动物没有区别,很有名的动物学家威尔森,他列举了很多材料。大家再进一步思考一下,刚才很多人都认为动物没有道德,当然我是赞成没有道德的。大家再准备一下,到底如何回答这个问题?刚才两位举出很有力的例子,因为大家都不知道动物的一些行为,其实有很多书,大家可以回去看,认为人和动物没有区别,这一点大家考虑一下。

（休息）

杨国荣：我们讨论的下半场现在开始，我们继续回应李先生的问题。

同学20：我的问题就是关于动物有没有道德，我从康德哲学的角度来回答。道德不道德是关于善恶的问题，而善恶问题关系到自由意志的问题，而自由意志的问题从积极的层面讲，它是主动开启一种因果关系的能力；从消极的意义讲，自由意志是忽视自然法则的一种能力。动物有没有道德，从根本上来讲就是动物有没有自由意志。如果你承认动物有自由意志的话，那动物就有道德。

李泽厚：你是说自由意志和道德是同语反复？

同学20：对，我认为自由意志、理性和实践法则都是一致的。比如说地震，我们可以说福祸，但不能说善恶，因为它没有自由意志。所以说，动物有没有道德关系到它有没有自由意志的问题。

李泽厚：问题是为什么动物的这些行为就不算道德？

同学20：我不知道动物有没有自由意志。（笑声）

李泽厚：那行为本身如你所说是道德的便有自由意志，这个问题怎么回答？

同学21：我觉得动物是有道德的，这位同学认为自由意志是界定道德的范畴，刚才老师讲的情感、意志、观念，还有对本能的反叛，动物是都有的。有两种动物都很明显地有利他行为。一是白蚁为了蚁后产卵繁衍后代牺牲很多。还有一种鸟会互相给对方挠痒，就为了对方在季节里及时地脱毛。我觉得从这点来讲，利他和追求理性，动物都是有的，所以从这个层面讲，动物也是有道德的，只是它不会说而已。

同学22：我想谈谈道德的情感性问题。我也比较认同康德把道德看成是一种绝对律令，是一种理性的东西，但是康德同时也把宗教视为一种道德，宗教是有情感的，既真实又强烈，那这个问题怎么解释呢？

李泽厚：我刚才讲我不答问。（笑声）宗教是另一个大问题，以后也许会讨论到，但是先把"动物到底有没有道德"这个问题弄清楚。希望充分听取不同意见。我希望没有发言的同学优先发言。

同学8：我问一下。我现在不能回答动物到底有没有道德，（李泽厚：没有要你回答。）（笑声）但是我想问的是，动物会不会出现类似人类道德的行为？这种行为究竟和人类

的道德行为有什么异同？我不知道，想请问李先生或是在座的各位。（笑声）

同学21：刚才那位同学讲到，动物的很多利他行为是出于本能，那人类的很多道德不也是出于本能吗？虽然道德意味着对本能的反叛，但很多道德行为不都是受人性的驱使！

同学5：我认为我们还是以人类的本位在观察。

李泽厚：你现在可以发言了，因为没有人（举手）发言。（笑声）

同学6：简单讲一下。大陆送给台湾两只熊猫，其中，母熊猫生了一个小熊猫，（笑声）面对一堆竹子，母亲只顾自己吃，不给小熊猫，小的只能捡起掉在地上的两根竹子吃饱，然后两只熊猫玩起来了。从这个例子我感觉动物是没有道德的，灵长类可能有道德，我觉得这个问题纠缠不清。人之所以为人，神话论也好，进化论也好，人性不同于动物性，这是本能，不同于机械性。这是认知，这是知识。其实我觉得还有一个超越性或是神性，李先生的著作里面好像不怎么谈神性或上帝，这个维度比较匮乏，陀思妥耶夫斯基提到的神性和人性，他的人性就是兽性和神性的二重性，我觉得这个可能涉及道德的很重要的一个维度。

李泽厚：那一位，你今天没有发言。

同学23：因为各位都比较踊跃。我一直坚持哲学以人为本的原则，道德也以人为本，道德是我们人类创造的一个概念，也是为人类服务的。是为动物服务的吗？动物有没有创造"道德"这个概念？我再讲一个前面的例子，因为我抢不到发言的机会。在我们中国传统儒家思想主导的社会法官判案的原则是什么？"亲亲得相首匿"，意思就是不举报，如果子举报父母，首先子大堂打一百棍，这是历朝历代"亲亲相隐"的一个原则。这个不是我发明的，这个原则大家都应该听说过。那么李先生提到的情本体、情理结构，我们的文化心理结构，就是"亲亲得相首匿"。

同学4：针对动物没有道德，我想作出两点说明。第一点，主张动物有道德的同学，我就想提一点，所谓动物有道德的判断标准，其实是类似于以人的道德行为为判断标准，它最终的判定标准还是人的道德行为的判定标准。所以从这一点讲，我认为动物是没有道德的。第二点，所谓动物的利他行为，在我看来这还是出于本能，为什么这么说呢？因为动物的利他行为，不管是第一代动物还是第二代动物，以后N代动物也好，它们的这种道德行为都是以一种固定不变的方式进行，而人的道德行为最主要的是能以多样化的方式体现这种利他行为或其他道德行为，这是动物不可能而且永远无法具有的，所以我认为动物是没有道德的，而且所谓动物有道德只是出于本能而已。

同学24：我对刚才的同学所讲的作一下补充。第一点，如果说动物有道德的话，在认识的发展过程中这种道德有没有继续发展或升华？或者说积淀得像人一样变得更加丰富。比如说动物的一些基本技能，狮子带小狮子玩，鹰带小鹰练习捕捉技能，我认为这永远只能停留在一个捕食、生存的基本层面，不会进展得更高，不会像人一样造出更复杂的东西。第二点就是刚才那位同学举的鲸会保存种族的能力，说明它有道德。我认为这个例子不具有代表性，因为有些动物具有一种非常典型的比较强烈的生存能力。如果说它们有道德的话，还有一些动物就居于典型的相反的一面，比如猫，有时候就比较自私，甚至吃小猫。许多动物具有相反的本能。如果说道德具有普遍性的话，那么它对其他动物是不适用的，而道德对人来说具有普遍性。

同学21：我想回应一下这位同学刚才提到的反驳我的两点。第一点，为什么说动物的道德没有发展？为什么在我们看来它是一成不变的？我觉得可能是与动物本身的结构有关，因为我们是高级动物，而它们发展的历程是比较低级的。第二点，人类的道德也没有发生基本的变化，包括很多善恶、对错这些概念，从有了人类到现在有发生什么基本的变化吗？

同学24：有很大的变化。在不同的时代，善恶观念都不一样。

同学21：可是关于"杀人偿命"这种基本性的道德，其实人类自古至今也是没有变化的。

同学24：这需要随着具体情境来看待。比如说，船上杀人事件，他就没有偿命。（笑声）

李泽厚：应该说反驳还是很有力量的。

同学19：我还是举例子说一下动物学的问题。比如独狼，它实际上是没法生存的，因为狼捕食是需要合作的。也有一些狼想搭便车，实际上那些狼是根本没办法生存的。它需要学会合作，它一定要合作，不合作是没有饭吃的。问题是绝大多数动物都是不乱伦的，它长大以后必然离开母体，到另外一个地方去。什么是道德？什么是伦理？实际上我们是在用人类的语言、人类的思维给它命名，所以我基本上认为不能说动物有道德，也不能说动物没有道德。

李泽厚：那你观点改变了？刚才说动物有道德。（笑声）

同学19：我不知道，可能存而不论吧。

什么是道德？

李泽厚：你（同学10）的态度？

同学10：我认为刚才很多例子没有举到位。动物的本能一个是为个体生存，还有一个是为种族生存。但是还有一个例子大家没有提到，就是小狗为了主人出于情感把自己饿死，这个是哪一种？

同学16：我觉得这个还是情感问题。

李泽厚：对不起，你（同学13）讲。

同学13：我觉得要讲清动物到底有没有道德这个问题，还是要针对动物类似人的那些道德行为到底是不是道德的。关于这点我的看法是，（要看）它是否有一个自由的问题。动物做出这样的行为在我们看来跟人的道德行为差不多，比如说关于孝亲的问题，可能有些动物有这种行为，可是它是没得选的，在这点上它只有自身的尺度，它必然这样做。可是我们人类不同，人类正是因为可能在这种问题上有所犹豫，可能作出道德判断，作出孝敬还是不孝敬的行为决定，最后才有道德。

李泽厚：对不起，因为只有10分钟，你发言在3分钟之内好不好？

同学3：我还要挑战一下，我觉得我们今天要讨论人的道德的问题，所以说任何讨论都要界定在一个明确的概念之上，我们完全可以抛开对动物的讨论。首先，对动物的讨论可能根本是不可能的，因为我们不是动物，我们无法完全了解它们，甚至我们连人类自身都不能了解。

结语

李泽厚：好，你的意见我清楚了，这个问题可以继续争论。我现在讲的大约是我准备讲的一半左右，"善恶观念与自由意志是什么关系？"大家没有回答，只好下一次了。还有一个问题就是康德说的，我应该做的，我就能做。但是奥古斯丁认为我该做的，但我不能做，我做不了，我本来应该去牺牲的，结果我（做不了）。他说我需要帮助，需要上帝的帮助。这本来是今天我（准备）讨论的一个重点问题，但时间来不及了。这里面就有情感问题。我讲情感是很重要的一种助力。道德是一种意志行为，即理性主宰感性的行为，认为理性是道德心理的动力和特征，我该做的我就能做，不管什么困难我都能做，面对敌人，无论你怎么折磨我，我就是能做到不招供，这当然是最了不起的。我刚才讲了，杨教授也讲了，道德有三个水平，不闯红灯也可以说是道德的，但是从道德最根本的特征的意义上讲，就是牺牲自己这种充分表现道德的行为，我们最敬仰的人不就是最后牺牲自己的烈士嘛！不闯红灯的人你会觉得他不错，但你会敬仰他吗？不会。因为你也能做到。但能牺牲自己去救人吗？你却未必能做到，为什么做不到呢？因为缺乏足够的意志力量去克服那强大的求生本能。明知应做（观念和情感），却做不到（缺乏意志力量）。所以你敬仰烈士、英雄。所以我刚才一直提，道德主要特征是什么，不能因有综合，便在理论上将道德泛化，淹没了其主要或决定性的因素。中国倒恰恰讲究意志、观念与情感的结合、融合，所以有情理结构。中国讲羞恶之心人皆有之，是非之心人皆有之，恻隐之心人皆有之，从小就要培养这种羞恶之心、恻隐之心、是非之心，亦即认识情感和意志力量的融汇一一。善恶观念便是很复杂的，善恶观念是在变化的。一百年前，男女没有自由恋爱，因为那是不道德的。一百年前，丈夫死了女的就要守节，有很多贞节牌坊，包括1949年以前知识分子家里，夫死不嫁才道德，但到现在算道德？善恶观念变化了。这牵涉到刚才举手同学讲的道德的、伦理的绝对主义还是相对主义问题，这是下次要讨论的。今天我们所主要讨论的是心理结构问题。在心理结构的三种因素中，情感培养的重要性不容忽视，包括罗尔斯有一章讲公正感，他讲 love，讲爱，爱就是情。在西方哥哥弟弟是同一个爱；但在中国，哥哥对弟弟的爱和弟弟对哥哥的爱是不一样的，兄友弟恭，这里面有很多不同的讲究，这个情感方面中国传统资源是很值得挖掘的。我讲情理结构，讲情本体，但今天恰恰讲的是"理"的方面，"意志"方面，讲理性主宰情欲的方面，由于时间关系，我没法展开讲了。我要留几分钟让杨老师发表意见,就讲到这里。

杨国荣:我没有什么意见。今天的主题刚才李先生作了一点总结,主要是关于心理结构,围绕这个主题有分有合。我们也领略了李先生上课的风采,首先让大家自由地畅所欲言,充分发表意见,然后他再提纲挈领式地进行一些理论上的提升和概括,引出一个重要的理论性结论。这样通过多方面的充分讨论,包括个案事例的讨论和理论的升华、概括的相互结合,使得我们更容易对一些问题有一个深入的理解。总的感觉是我们现在这个讨论班渐入佳境,相信以后几次会更好。谢谢大家的参与。当然,首先谢谢李先生。(掌声)

第三课

宗教性道德与现代社会性道德

伦理学作为学科是否存在?

陈嘉映（主持）：大家好！我是陈嘉映。（掌声）我需要先介绍一下我自己，但是我并不需要介绍李泽厚先生，因为大家对李先生已是熟知。（笑声）今天这次课由我来主持，但我事先也问了一下前两次课的情况，李先生说用不着谁主持，因为他要亲自主持。（笑声）这是李先生比较同情我们，让我们能够多休息一会。现在我就把这个讲坛交给李先生，由李先生来介绍今天讨论的题目以及组织讨论的方式。

李泽厚：上次课，我曾向杨国荣教授提过：作为伦理学专家，请他指导讨论。今天，我想向陈嘉映教授提一个问题。
你（陈嘉映）是海德格尔和维特根斯坦专家：《存在与时间》，你是主译者之一，维特根斯坦你近年也谈得很多。海德格尔和维特根斯坦是20世纪一流哲学大家。但是他们恰恰不谈伦理学，甚至是轻视——我不是专家，我讲错你们马上纠正——或不太赞成谈伦理学，因为他们觉得绝对价值无法谈。如果是这样的话，我们的讨论就没有意义了——伦理学根本就不能成立嘛。所以,首先请你(陈嘉映)发表意见。你是否赞成海德格尔和维特根斯坦对伦理学的看法?赞成的话是怎么样?不赞成的话是怎么样?伦理学到底存不存在?我们需不需要讨论伦理学?

陈嘉映:我赞成还是不赞成,我想先问问您是赞成还是不赞成?

李泽厚:我当然不赞成。

陈嘉映:那当然,我也不赞成。(笑声)

李泽厚:我讲过两个不迷信:一是不迷信权威,一是不迷信潮流。所以,他们尽管是哲学大师,我不赞成就是不赞成。你来说说你不赞成的理由吧。

陈嘉映:您的理由是什么?(笑声)

李泽厚:我的理由很简单,就是我的理论根本不承认他们对伦理学的看法,连他们的哲学本身我也持批评态度。

陈嘉映:我事实上也不赞成所谓"没有伦理学"一说,但对这个问题,我比李泽厚先生更纠结一点。因为海德格尔不光是一般地认为不存在伦理学这一个学科,他可能是认为哲学之内不分学科，所以在这个意义上，也不能说他断然否认伦理学的存在。

杨国荣：嘉映，我再补充一句，他甚至认为哲学本身就不是学科。

陈嘉映：对，对，国荣说得特别好。

李泽厚：哲学是不是个学科，这个问题本身很有意义，但我们今天没有时间展开讨论，因为我们今天讨论的主题还是伦理学。

陈嘉映：既然国荣兄说到这儿了，我就再作点补充。

我们都知道，海德格尔不仅对哲学这个学科，甚至对哲学这个名称，后来都越来越抱有怀疑的态度。他谈到"哲学的终结"与思的开始，或者思的任务、思想的任务。所以说，我们要把海德格尔对伦理学的否认，放到他的整个思想脉络中来看。他并不是一般地说其他学科存在，偏偏伦理学不存在。事实上，海德格尔所谓"思的任务"，基本就是我们所思考的伦理问题，而我们所思考的哲学问题，海德格尔恰恰认为不在他所规定的"思的任务"之内。

维特根斯坦的情况则比较复杂，早期维特根斯坦之所以否认伦理学，是因为他认为哲学是用来建构逻辑关系的；而伦理学讨论的问题，也就是所谓的伦理问题，是基于绝对自我才产生的,绝对自我是无法通过逻辑的方式来接近的。

若更一般地来说,我也不知道如何去界定哲学。我想哲学就是探索"通常道理"背后的道理,所以如果我们在伦理生活中会谈到各种各样的道理,自然而然就有向更深的道理探索的冲动和可能性。不过这种探索是如何进行的?它的目的是什么?我的想法也许和诸位有很大差别。例如,我会问:伦理学能教人为善吗?我们在生活中往往有这样的体会:我们所尊敬的、最有品德的人可能并没有读过很多伦理学著作,而反过来我们所认识的学习伦理学的人,可能在道德品质上都并不是最优异的。所以,"伦理学教人为善"是一个高度可疑的命题。

但如果伦理学不能教人为善,它能做什么?这确实是一个问题。在这里,我只说一下我思考的结果。实际上,我认为,伦理学像其他学问一样,产生于轴心时代之后,这个时代我们称之为理性的时代或文字的时代,但这个理性时代正在落幕。既然这是一个说理的时代,那么在方方面面我们都会说理。我们想要说理的要求和我们生活的其他方面是相匹配的,而不是一个单独的要求。李泽厚先生提醒我(控制时间)了,我就先结束。

讨论"动物是否有道德"有无必要?

李泽厚:伦理学能否教人为善和伦理学应否存在是极有意思的大问题,但可惜今天不能讨论了。我们还是首先回顾和连接一下上次课最后讨论"动物是否有道德"这个问题来展开,上次课我们看到有两种不同的意见。今天我们要讨论的首先是,我们谈伦理学谈到动物是否有道德,是不是跑题了,而且我们也花了一定的时间来讨论,到底值不值得?大家对此有什么想法。

同学1:我本人也是做伦理学研究的。有人认为讨论动物是否有道德这个问题可能没有必要,而且在这么短的时间内,讨论也不是很有效。是不是有效我不谈,但我个人认为,讨论这个问题是很必要的。这是我的观点。

李泽厚:为什么?

同学1:首先,通过发掘人类与动物的根本区别,我们能够进一步理解人类道德的独特性到底在哪里。其次,当前的社会生物学对"是否只有人才有道德""动物是否有道德"等问题提出了有力的挑战,我们必须正视而不是回避这一挑战。李先生在他的著作中回应过这些问题,实际上,但凡是伦理学研究者都应该对这个问题有一个看法。这是我的两个观点,我认为讨论动物有没有道德是很有必要的。

李泽厚:有没有反对意见?

同学2:我还是坚持我上次的观点,就是我认为动物可能会有道德，但是动物有没有道德的这个结论不影响我们对人类的道德的思考。

李泽厚：请允许我打断一下，我们的问题是，讨论这个问题有必要还是没必要，也就是应不应该讨论这个问题。有人觉得这是跑题了，根本没必要浪费时间讨论这个问题。而刚才这位同学的观点很明确，她认为应该讨论这个问题。为什么？她的理由也很有道理。那么这里有没有人反对，就是认为我们不应该讨论这个问题的，有没有？

时间不多，好像是没有。没有的话，我概括一下，我认为应该讨论。原因至少有二。第一，这与我们讲过的人性问题有关。我们说，人性不是机器性，也不是动物性。Sociobiology，就是社会生物学这一派，认为人和动物没有什么区别。但是，人类可以有逻辑、数学，能够造得了房子、扩音器，为什么动物一点都没有？人性与动物性的区别是否只在认识、审美，那道德方面呢？这个问题是开放的，有反对意见很好，因为学术就是多元的。正因为有不同意见而且不是简单的不同意见，这个问题才更值得讨论。第二，这个问题也牵扯到我们上次课讨论的主题，就是道德最根本的动力或者基础，到底是情感还是理性？简单概括起来说就是休谟还是康德？是本能性的东西，还是人类所特有的理性要求和规范？当然对这个也可以有不同意见。以上两点至少说明，我们上次课讨论"动物是否有道德"的问题是值得的。

上次课我们讨论，在道德心理结构中，情感占主要，还是理性、意志力占主要？我们讨论了本能与情感，然后提到，意志力很重要，自由意志是主要决定因素。

当然这个问题又是开放的，大家完全可以反对这个意见，所以我在第一次课就讲到，我们不求统一意见，不必要也不可能。哲学课的目的不是为了给人答案，而是提出问题，提出一些根本性的问题。

恐怖分子与救火队员到底有什么不同？

李泽厚：我上次课曾举过恐怖分子的例子。"9·11事件"中驾驶飞机撞向世贸大楼的恐怖分子，他们的行为不是简单的情感冲动，而是经过周密谋划和刻苦训练的，这需要一种意志力。我们不能否认他们有自由意志，对不对？他们自觉选择、决定并就这么做了。但与此同时，救火队员冲进世贸大楼里去救人，也需要意志。既然两者都有意志，为什么我们称一方为恐怖分子必须反对，另一方为救火英雄值得尊敬呢？为什么会有这种区别？如果说构成道德心理结构的是意志、情感和观念，这里牵涉到的就是观念的问题、善恶的认识问题。现在我想来听听大家的想法：同样都是有意志力，为什么会有恐怖分子和救火英雄的不同？两者到底有什么不同？请哪位同学回答。

同学3：根据康德的观点，救火队员与恐怖分子的差别在于救火队员的行为是出于善良意志。康德说善良意志本身有无上的价值,正是因为有善良意志的引导,人才能做有道德的事。

李泽厚:什么是善良意志?恐怖分子认为他们为圣战而牺牲,不是善良意志吗?伦理学是讲"应该"的,当恐怖分子认为"我就应该这么做"时,他的根据是什么?

同学4:如果要我接着讲的话,我的理解是恐怖分子认为他们没有足够的力量去和对方进行正面冲突,所以采取这种极端的方式。

李泽厚:假设塔利班恐怖分子有足够的力量,例如获得国家力量,当他认为"就应该这么做"时,依据是什么?我想了解的是,这种与救火队员的意志截然相反的意志——都是意志,这个大家同意吧——背后是什么东西?

同学5:我觉得还是情感。

李泽厚:为什么会有这种情感?这情感显然不是动物本能,而且背后有某种信念。

同学6:我倒觉得在这背后,先是学习或遵守外在秩序或规范,然后是将外在秩序或规范内化为内心所遵守的力量。就像儿童在原始初期先是接受规范,然后再内化为道德认知的过程。

李泽厚：在由外在到内在这一点上，恐怖分子和救火队员并没有什么不同。与恐怖分子一样，救火队员也是通过外在的严格训练，形成了某种献身的信念。而我还是要问，两者为什么不同？

同学6：是因为他们所遵循的社会伦理规范不同。

李泽厚：你讲到了要害，就是他们所遵循的外在伦理规范，即善恶观念是不一样的。那么又是怎么不一样呢？

陈嘉映：一个人接受这种规范就会这么做，接受那种规范就会那么做，如果扣个帽子的话——我并非是在否定的、完全相对主义的意义上，这就像碰运气。大概是这个意思吧？

李泽厚：（我们不要过渡得太快。）我想还是先让没有发过言的同学先发言，恐怖分子和救火队员有什么不同，还有没有其他意见？

同学7：我个人认为可以根据这两个行为的结果来对其进行道德判断。这两个行为背后的意志力可能是一样的，但差别在于救火队员的行为所产生的结果是救了人，而恐怖分子的行为的结果是杀了很多人，是不同的结果让我们对这两个行为作出了不同的道德判断。

李泽厚：大家同不同意他的观点？就是以救人和杀人、多杀人和少杀人为标准？多杀人就是不道德，少杀人就是道德，是不是这样？为什么？

同学8：我想讲讲多杀人和少杀人的问题。墨子很早就反问过，看见少许黑色就说是黑的，看见很多黑色却说是白的[1]，这个问题在这里就是陈老师刚刚所说的一种特殊主义或相对主义。塔利班有塔利班的正义，美国人有美国人的正义。到底什么是最终的正义？是强权即正义，约定即正义，还是天命即正义？大家都持不同的观点。

李泽厚：那你就认为双方都是正义的？

同学8：塔利班也会认为自己是正义的。

李泽厚：那我们站在第三方的立场该怎么看？

同学9：塔利班和恐怖分子毫无疑问是应该受到谴责的，因为他们违背了社会性道德。这就是为什么善恶和对错必须要彻底分家、宗教性道德和社会性道德必须要彻底分家

1　见《墨子·非攻上》。

的原因，否则就会有人以宗教的名义号召群众集体自杀，塔利班的行为就是这种行为。

李泽厚：大家同不同意这种观点？

同学10：我认为恐怖分子和救火队员在情感和意志力上没什么差别，差别就在于他们所持有的善恶观念不同。而善恶观念又是社会历史地形成的，似乎很难从这个层面对恐怖分子作出判断。这就需要引入李先生讲的另一个层面：社会性道德。社会性道德讲要有对错，我们可以在对错的层面上对恐怖分子进行谴责。

李泽厚：大家同不同意？

同学11：在恐怖分子和救火队员这个问题上，我个人并不认同道德相对主义的立场。我想试着从李先生的"情本体"概念来想这个问题。判断恐怖主义和救火队员行为的依据，最终可能还是来自于内在化的情感。没有哪个物种会认为同类之间相互残杀是好的事情，而同类之间相互救助是坏的事情。从发生学的角度来讲，这种来自于底层的、原始的、隐藏的情感，通过历史的积淀渐渐地内化为我们现在的"情"的道德。所以在这个角度上，我不是一个道德相对主义者，我站在救火队员一边。

同学12：我也认为，恐怖分子至少是抹杀了应团结一致而不应互相残杀的底线伦理。但无论如何，避免互相残杀应是我们保有的底线。

李泽厚：大家认为回答了问题没有？如果没有，大家可以再来回答。

同学13：我刚刚一直在思考。我也觉得这个问题涉及到道德相对性和普遍性的问题。无论是恐怖分子还是救火队员，他们都是依据自己框架内的价值体系在行事。超越这个层次再来看，可能有更高一层次的东西在起作用，这个东西我认为就是道德的普遍性。根据我目前粗浅的理解，普遍性在于我们是否有权力将自己的意志强加于他人，而若想跨越不同的宗教和不同的文化，这种普遍性可能就是止于"至善"，我认为普遍性是存在的，这个"至善"是存在的。

李泽厚："至善"的问题我们下次课再谈，还是回到恐怖分子和救火队员的问题。恐怖分子和救火队员都有意志力，而他们的不同在于所持有的善恶观念不同。那么，他们的善恶观念到底是怎么不同？能不能有个高下，像刚才那位同学说的，善恶和对错要不要分开？我讲宗教性道德和现代社会性道德，那么这两种道德是否成立？假设成立，这两种道德又有怎样的关系？这是核心问题。

同学14：我认为这里有两种不同的"善"。救火队员通过拯救别人的生命来实现自己的善，而恐怖分子则是通过杀害无辜百姓来成就自己的善，一个是通过挽救生命来成就善，一个是通过泯灭生命来成就善。

李泽厚：请大家继续发表意见，两者到底有什么不同？

同学8：如果使用李先生关于社会性道德和宗教性道德的区分，救火队员遵循的是职业道德，是社会性公德，而恐怖分子的行为则是基于宗教信仰、宗教性道德。在现代社会，大家更认同社会性公德优先，所以救火队员不管信仰什么宗教，轮到谁值班谁就会救人，这是职业道德的要求，是一种社会性公德。

李泽厚：大家同不同意？有没有反对意见？那好，他讲的就是我要讲的，所以我也没有很多要补充。

作为救火队员，我就要履行我的职责，不论我信仰什么宗教。我不是旁观者，旁观者没有责任救人，而作为救火队员，我必须救人。这就像士兵打仗一样，既然当了兵，就是要向前冲，这是社会性公德。那这算不算道德？以排队问题为例。不排队不违法，不算法律问题，但它算不算道德问题？遵守秩序排队、不闯红灯，这些行为虽然很普通，但恰恰是道德问题。闯红灯可以快点到目的地，插队可以早点买到票，但是当你不闯红灯、遵守排队的秩序，就是在用你的意志克制你的欲望,就是在受理性的规定。为什么我们说意志力很重要,是因为道德行为需要意志力,就像孔夫子说的"克己复礼为仁"[1]。要克制自己的欲望到什么程度呢?可以到不惜牺牲自己的生命,"无求生以害仁,有杀身以成仁"[2]。从不闯红灯到牺牲生命,这些都是道德的行为,但等级、层次大不相同,今天的道德是社会性公德。为什么要叫社会性公德?是要在它与宗教性道德之间作出区分。塔利班也好,恐怖分子也好,他们为了某些宗教信仰不惜杀人,认为那不是恶而是善,这与现代社会性道德的善恶大相矛盾,恐怖分子奉行的善实际是恶。

但许多时候,这两种不同道德的矛盾并不这么尖锐。许多宗教性道德今天仍是善,可以与公德重叠或接近,有的与今天生活有距离有矛盾,但并不是恶。在欧洲有些国家,因为《圣经》规定星期天休息,所以商店不开门,连水果、蔬菜都买不到,更别说饭馆,开门的只有中国商店——有的地方政府规定星期天必须休息,中国商店也不准开门。他们遵守的是《圣经》中星期天休息的宗教性道德。伊斯兰妇女必戴头巾,这也是遵守宗教性道德的习俗。所以两种道德有重合,有出入有矛盾,有的必须排除,有的无须干涉,这就需要仔细分辨,慎重处理。

我们经常讲中国的道德,那么这其中哪些是社会性道

---

1 见《论语·颜渊》。
2 见《论语·卫灵公》。

德，哪些是宗教性道德？梁启超讲公德和私德。在现代社会之前，这两者是一体的，直到现代社会，人们才对它们作出区分，因为它们之间出现了矛盾。就像桑德尔提出的市场和道德之间的矛盾一样。

关于这个问题，大家还有什么看法、有什么想说的？或者在今天讨论主题的范围内，大家觉得还有什么要说的、想说的，或者认为可以争论的？

同学1：我觉得对作为社会性道德的职业道德的讨论，可能存在着一种潜在的危险。若从汉娜·阿伦特的"平庸的恶"的概念来看，仅仅讲职业道德可能是不够的。按照职业道德的要求，对于救火队员而言，今天排到你的班，所以你应该去救人；但如果这是在二战时期的德国，对于纳粹集中营的士兵而言，今天排班轮到你去集中营杀人，那么是否你也"应该"去杀人呢？尽管士兵同样是在尽忠职守，但这时我们还是应当有一个不能杀人的理由。

李泽厚：提得非常好。又例如前面两讲谈到的食人判罪和告发母亲，都是基于"公正"观念的社会性道德而体现的理性对情感的主宰，但"公正"就一定是伦理或法律的最高观念吗？所以我提出宗教性道德对现代社会性道德的范导和适当构建。战后以色列在耶路撒冷审判党卫军头目艾希曼时，他就说我是在服从命令——是希特勒要我杀人，我不过是在服从命令，我没罪。

我在书里曾讲到，纳粹集中营杀了那么多人，肯定不对，但对日本投原子弹是否就是对的？我很惊讶桑德尔为什么没有提到这个争议极大的问题。两者同样都是杀害无辜百姓，为什么人们的态度却不一样？大家想一想。

同学 15：我认为这也就是康德普遍法则的局限性，也就是为后世哲学家所批评的形式主义。若只是根据道德的普遍法则行事，可能就会忽视历史的情境和具体的问题，而普遍法则就成为了一个抽象的框架。

行为的道德判断：对错还是善恶？

李泽厚：为什么恐怖分子和纳粹集中营军官执行的命令就是错的，是恶？救火队员执行的命令就是对的，是善？假如完全按照职业道德来做行不行？职业道德应该服从什么标准？

杨国荣：我想从艾希曼的例子稍微做一点引申。这里实际上涉及对(错)和善(恶)。虽然同样是将对(正确)错(错误)和善恶区分开来，我的用法跟李先生稍微有些不同。(在我看来，)对错、善恶，都是价值判断，但是具体的判断（标准）在形式上有所不同。所谓对错，主要是相对一定的规范而言，当某种行为合乎一定规范的时候，我们常常说它是"对"的，如果它背离了这个规范，我们会说它是"错"的。

但是,"善"的情况更复杂一点。"善"在一个方面可以说和前面的"对"有重合。我们至少可以从两个角度去理解"善":一个是形式层面上的"善",就是"普遍的善"的原则;另外还有一个实质层面上的"善",从最终极的意义上来看,就是对"人之为人"的内在价值的肯定——包括康德所说的"人是目的"。其实,儒家所说的"仁",讲到底都是对"人之为人"的内在价值的肯定,所以讲到"善"的话,在实质层面上可以从这个角度理解。从更引申的意义上,我们也可以说,"可欲之为善"[1],合乎人的合理需要的,就是"善"。所以,"善"本身有不同的形态,可以从最一般意义上的"可欲之为善"的角度去衡量,也可以从终极意义上的肯定"人之为人"的内在价值的角度去衡量。

如果从这样的区分来看,我们对党卫军头目艾希曼执行命令这样一个行为就可以有一个比较确切的判断。从合乎规范来说,他做得没错,因为他的行为是合乎某个规范的。但是,从善恶这个标准来看,从肯定"人之为人"的内在价值这个角度来看,他的行为毫无疑问是"恶"的:我们必须如此判断。

事实上,在中国历史上也有这样的例子。比如说宋代以来妇女守节,理学家们一直提到"饿死事极小,失节事极大"[2]。一个妇女如果在她丈夫去世之后守节不再嫁,以致

---

1 见《孟子·尽心下》。
2 见《二程遗书》。

饿死，从理学的规范来看，她做的当然是对的，合乎理学提出的标准。但是从"善"这个角度来看，即从刚才我提到的肯定"人之为人"的内在价值（包括生命价值）这一视域考察，那么这个行为当然是不善的。所以，如果我们将对错、善恶作一个区分，明确对错、善恶相应的判断标准，那么，也许可以对上述这些悖论性的现象有一个稍微具体点的解释。

同学13：杨老师，您能否把您所说的"人之为人"的价值再描述一下：什么是"人之为人"的价值？对您提的这点，我非常感兴趣。

杨国荣："人之为人"的价值，和我们刚才讨论的"人和动物的根本区别"有关系。讲到底，还是康德那句话：人是目的。世界上只有人本身是目的，而不是手段。其他东西你都可以说它有价值，但是这个价值从终极意义上我们都可以说是为人所用。

这里我顺便再说一句。我们现在的环境保护主义者，包括动物保护主义者，认为动物本身有内在价值，或者环境本身是有自身价值的。其实，这种观念本身值得再考虑。我们之所以这么关注环境，归根到底还是为了给人类的生存发展提供一个更好的空间。洪荒之时，人类没有出现之前，没有什么价值不价值的，当时有各种各样在现在看来属于灾难的自然现象，但那不叫生态危机，因为那时还没有人的存在。只有在人类出现以后，哪怕是自然灾害，也具有了价值意义。这就是根本之别。

同学16：关于"以人为目的"，我想再问杨老师一个问题。我们在讲"以人为本"的时候，就在说"以人的什么为本"和"以什么人为本"。我觉得"以人为目的"也包含两个问题，就是"以人的什么为目的"和"以什么人为目的"，您能再说一下吗？

杨国荣：讲到人的话，我们总是可以从一个普遍的层面和一个历史的相对层面上去理解。从普遍层面来说，需要强调人区别于动物的根本之点，或者是人区别于其他存在的根本之点。这一点我们古代哲学家很早就有过说明，比如说我们都很熟悉的荀子，就指出水火、草木、禽兽和人的区别，认为可以从这样的比较当中凸显出"人之为人"的根本之点。当然，对人的具体理解，在不同的历史时期会有不同的特点，所以我们可以从历史的相对角度去看待。

李泽厚：还有人发言吗？

郁振华：李先生，我想在这个问题上再提出一个角度。

李泽厚：对不起，首先我们想先把杨国荣教授提到的问题讲透，你要说的和这个问题有没有关系？

什么是道德？

郁振华：有关系，我同意和支持杨老师的说法，但是我想从另外一个角度来讲。关于职业道德的讨论，我想引入康德的另一种区分，就是理性的公开运用和私下运用。职业道德的情形下所涉及的理性运用，基本上都是理性的私下运用，涉及到的只是某一部分人的情形，所以在刚才李先生讲到的例子中，救火队员当然会救人而艾希曼就会杀人。这个时候他们都非常理性，他们对理性的运用属于理性的私下运用。但理性的公开运用关涉到整个人类的利益，因此对个体生命的漠视和抹杀在理性的公开运用下是不可接受的。从这个角度，我们这个话题可以更加深入地讨论。

李泽厚：那么是不是投原子弹也不可以接受？（笑声）

郁振华：我觉得在二战那种情况下，原子弹扔下去是人类理性公开运用的结果，是对的，应该扔。

李泽厚：在集中营杀人，向日本投原子弹，你认为前者不应该而后者应该，那你的判断标准是什么？若因为后者是为了全人类，在某种程度上，纳粹也是以全人类为理想目标。事实上，到现在为止，许多包括大科学家，包括爱因斯坦，都觉得投原子弹是不对的。但是我觉得应该投。只是由于时间有限，我们没有办法展开谈。还有哪位要发言？

同学17：关于善恶的问题，我不太赞同杨国荣教授的观点。您追求的是"普遍的善"的观念,诉诸于人的内在价值。但是对价值思维的强调是非常晚近的事情,在中国古典时代,在古希腊,价值思维不是主导,它是一个现代性的观念。

李泽厚:你刚才说到,价值思维在古代是没有的,是不是这个意思?

同学17:价值思维在古代比较弱。

李泽厚:那古代有没有价值思维?你认为有,只是价值思维在古代弱,在现代强,是不是这个意思?

同学17:对的,我的确认为价值思维在现代和古代有强弱之分。

(休息)

陈嘉映:好,大家安静一下,刚才的讨论非常激烈,所以我们叫停了一会儿,大家冷静冷静,多用思想,多用理性。时间宝贵,我们马上要重新开始,我还是把这个话筒交还给李先生。

李泽厚:不是交还,我是在等你这位"君王"就位。大家对杨国荣教授的观点还有什么看法?请简短一点,因为时间只剩半小时。

同学1：关于刚才杨老师讲的对错、善恶，我想明确一个问题。您刚才说判断对错的标准是其是否符合规范，那么这个规范是职业规范，还是规范伦理学之规范？

李泽厚：我来替他回答，看我讲的对不对。判断一个行为是对是错，就是看它符合不符合职业规范，是不是这个意思？

杨国荣：包括职业规范，但是不限于此。

李泽厚：能不能具体讲一下这个"不限于"？而且你讲的第二点就是善恶要符合普遍性原则，我不知道是不是这个意思？

杨国荣：倒不是这个意思。关于善恶，我区分了两个层面，其中一个是跟对错有重合、有交叉的层面，和李先生刚才提到的普遍的原则、价值的原则有关联。只是对错所符合的规范相对来说具体一点，而价值的原则更普遍，善恶也和这一点相联系。但是，这个普遍的原则还是形式层面的，在我看来，谈到善恶的问题，还应该有一个实质的维度，就是我刚才提到的对"人之为人"的内在价值的肯定。当然，在哲学的层面，我们不能讲得更具体。但是，我们能够确定的是,对"人之为人"的内在价值的肯定如何体现,在不同历史时期可以有不同的表现形态。

再回到规范的问题。我认为它不仅仅属于职业规范。虽然刚才讨论的救火队员等事例中,可能更多地和职业规范相联系,但是当我们谈规范的时候,包括我们在道德领域当中,根据规范作出对错判断的时候,这里的规范显然不仅仅限于职业层面。我刚才举的例子,比如说宋明时期,关于妇女守节,也是一种规范,但是这个规范就不是一个职业道德问题。

李泽厚:那程颐所说的"饿死事极小,失节事极大"到底属于对错,还是属于善恶?

杨国荣:所以我们就需要作一个区分。从对错这个角度来看,一个妇女如果在她丈夫去世之后因不愿失节而饿死,那么,你可以说她的行为是对的,因为它合乎理学的规范。但是从善恶这个角度来看,你就不能够说她的行为是善,因为这里至少包含对人类生命价值的漠视。

李泽厚:如果不是善,是不是就是恶呢?

杨国荣:如果从极端来看,可以说不是善就是恶:对人类生命的蔑视和否定就是恶。但是如果要更具体地说,也许我们可以有一定的度,一个界限和范围。

李泽厚：清楚了。关于杨教授刚才提的问题，善恶和对错，两种道德到底有什么关系，还有没有其他同学要发言的？

同学 18：我同意杨老师的看法，我要说一下我同意的理由。救火队员的行为之所以被认为是善的，是因为他的行为集合了杨老师所说的对和善两个维度，一方面符合于他的职业道德规范，另一方面也拯救了人的生命价值，所以我们认为他是善的。

李泽厚：我要问一个问题。我在书里也提到，在有些地方，老人是会被遗弃甚至杀掉的。遗弃或杀掉老人虽然违背了人的生命价值，但却是为了群体利益，因为这个群体养活不了这么多人，所以必须有些人要死掉。那么这种行为是否是善的？我插入这个问题，你继续说。

同学 18：我觉得您讲到的这一点特别重要，牺牲了老年人的生命是为了使群体生命得以延续，是为了维护群体的价值，从这个角度看这个行为是善的。

李泽厚：那你可能和杨老师冲突了。

同学 18：杨老师的观点我觉得应该放在具体的例子中讨论，是针对救火队员的职业道德和纳粹士兵的职业道德来说的。

李泽厚：这位同学。

同学19：我认为，如果我们站在古代儒家的角度上看这个问题，其实很好判断。古代儒家讲仁、智、勇三大德，这三者都符合才是完善的。如果从这个角度来看，党卫军头目艾希曼属于"有仁而少智"：他有"仁"——这个"仁"可能是良心。"仁"是相对的，每个人都有自己不同的良心、不同的判断标准；而他的行为之所以不对，是因为缺乏"智"。"智"要怎么判断呢？就是要从历史的全局的角度进行理性思考。这个从历史的全局的角度进行理性思考是一种很高的智慧，一般人很难达到，这是党卫军的例子。那么，相反，在儒家看来，还有另外……

李泽厚：我打断一下。就"智"而言，希特勒也是有理论的，他有一整套理论，甚至派人专门去研究人的头骨。而且，当年有一大批知识分子——包括大物理学家海森堡在内的许多科学家，以及我们讲的海德格尔——支持希特勒，虽然有些是被迫的，但是也有很多不是被迫的。"智"在你这里到底是什么意思？"智"是知识还是什么？这一点要弄清楚，我只是提一下，不需要你回答。

同学19：我们需要把"智"区分两层，一层是全局的历史的属于智慧的判断，另一层是知识型的判断。党卫军做人类学的研究可能属于后一个层面，不然的话，我们也不会

什么是道德？

从今天的视角来说他是不对的。

另外在儒家看来，还存在另外一种人，是"有智而少仁"。以商鞅为例。在儒家看来，商鞅有"智"，他可以从历史的全局的角度上进行考虑，但是他缺乏"仁"。

这两种人，他们都不少"勇"，但在"仁"和"智"的方面是有差别的。在儒家看来，这样的问题非常清楚。

我自己感觉这可能和李先生的思考也有重合之处吧。

李泽厚：冲突都没关系，何况重合呢？

同学 19：也有冲突吧？

李泽厚：冲突也很好。还有谁没发过言的？请发言。

同学 20：我想回应一下郁老师和李先生关于原子弹问题的观点。在这个问题上我很不同意两位老师的观点，因为我认为伦理学主要解决的是善恶的问题而不是对错的问题，因而伦理学必须要有一个绝对的普遍标准，否则伦理学就不能成为一个学科。在这个意义上，我很赞同康德的绝对命令，就是说必须要有一个绝对标准。至于现实中该不该投原子弹，这不是伦理学所能管到的事情，而是现实政治力量所管到的事情。但就伦理学来说，我反对投原子弹，因为如果赞同，就违背了伦理学的基本原则。

李泽厚：很明确。你好像没有发过言，你来。但是请尽量简短，因为我还要留点时间给我们的"君王"发言。

同学21：杨老师在休息之前讲到的对错、善恶，我当时觉得还是蛮清楚的，但是休息之后杨老师又补充了一句善恶有两个层面，而在讲到终极善恶时，又讲到在不同的历史时期有不同的表现，我就开始糊涂了。如果说对错在不同时期有不同的表现没有问题，但是连终极善恶都有不同时期的不同表现的话，事情就会变得很纠结。与其说终极善恶在不同的时期有不同的表现，还不如回到李先生在第一次课所说，终极的善恶在不同的情境下会有不同的判断。

李泽厚：还有谁想说两句话的都可以说。

同学1：我觉得大家在原子弹问题上表达了两种观点：一种是后果主义的观点，因为它结束了战争，所以是对的；另一种是道义论的观点，因为它违反了人不应当杀人的道德命令，所以是错的。在这里我就想问一下，后果主义和道义论的观点是一种规范吗？如果它们关注的是人的对错的话，是不是应该有更高的善恶标准对其作出一定的指示呢？

李泽厚：还有一个举手的同学没发过言，请你讲两句话。

同学22：我想针对杨老师对规范和善恶的区分提个问题。我明白杨老师的意思是说，我们如果作出区分，就可以解释得很清楚。但是您能再谈谈善恶和规范本身是什么关系吗？您仅仅区分了这是善恶，这是规范，那么善和规范是什么关系？

李泽厚：杨教授你要不要回答？回答也只能用几句话了。我还要把结束语留给主持人（陈嘉映）。

陈嘉映：可以把我省了。（笑声）

李泽厚：不不不，我还是要尊重这个主持人制度的，你要维护你的权力。

陈嘉映：杨老师说要尊重人的价值。

李泽厚：没那么严重。杨教授来讲吧，不可以讲太多。

杨国荣：那当然，我简单回答一下刚才这位同学。规范制定的基本原则包括两个方面，一个是现实的方面，包括现实所提供的各种可能，另一个是人的目的，人的需要。所以讲到规范的时候，不管我们从哪个层面去看，包括职业规范等等，都是基于这样两个前提来确定的。大概这样吧。

结语

李泽厚：因为时间有限，今天很多问题都没能展开。我们提到的"饿死事极小，失节事极大"，它背后是有一个庞大的礼制规范系统的。例如，按照中国古代礼制的规定，男女七岁不同席，更不要说自由恋爱。《红楼梦》中薛宝钗劝诫林黛玉不要读《西厢记》，因为不符合礼制规范。再如，按照古代礼制，父母死了要守孝三年，不管官职多高，不管你有多重要的事情，父母死了都要丁忧三年不能做官，这是礼制。那么这种礼制传统，其中包括许多规范和习俗，到底是善还是恶？当年认为是"善"，现在呢？在这里，我只提出问题：我们今天又该怎样来看这些东西？我为什么要提出两种道德？为什么要提出善恶和对错的划分呢？我认为，善恶观念恰恰不是普遍必然永恒不变的，即使同一时代同一社会，不同宗教信仰的善恶观念也有不同甚至很多差异和冲突，而现代社会性道德（注意"现代"两字）却具有当前人类的普遍必然性。个人有信奉任何宗教性道德及其善恶观念的自由，却必须服从和履行现代社会性道德的善恶观念。两者冲突时，当以后者为评判标准，因为如前所说，对错乃今天的最基本的善恶。只是为了与宗教性道德相区分，不用"善恶"改用"对错"罢了。

主持人，我只能留给你五分钟了，对不起。接下来让"君王"说话吧。

陈嘉映：五分钟足够了。我就说两点。第一，我想回应刚才那位同学。我猜想郁振华的那个（赞同投原子弹的）立场不一定是基于功利主义的，至少不只是基于功利主义的。我也不讲我的看法了，我的看法也写在我的书里了。（笑声）

我再说一点。有时候，很多谈话都是这么进行的：从一个角度来看是这样的，从另一个角度来看是那样的。我觉得我会建议换一种角度或者换一种方式来谈问题。别管是这种角度还是那种角度，先别做哲学家，先做你自己。就像刚刚郁振华那样——"这事儿要是我，我就扔"。（笑声）对于一个行动者来说，你认为什么对，你去干什么就行。但是我们这样的一个讨论班，则要求我们这样想问题：碰到一件事，你首先可能想"我会怎么做"；但是并不能到此为止，你要去思考为什么有些人会不同意我；然后你再去为自己的立场辩护，而不是一上来就站到"I, Yes！"的立场。如果我们这样开始去想问题，可能就会更实质一点。That's all I want to say.（掌声）

李泽厚：现在你有权力宣布散会。

陈嘉映：我被赋予权力宣布散会。今天上午就到此为止，谢谢李先生！谢谢大家！（掌声）

第四课

道德与伦理的区分和联系

开场

朱志荣（主持）：各位老师、同学，大家早上好！

我本人本来是研究美学的，大学时代就受到李先生著作的深刻影响。1984年夏天我还专门到李先生家里去拜访，聆听教诲，随后毅然决然地选择了研究美学的道路，我对实践美学的辩护和研究正是出于对李先生思想的崇敬，我对中国古代的审美意识和审美趣味的研究也是沿着李先生的《美的历程》的方向向前走。李先生曾有一次在电话里对我开玩笑说："让你误入歧途了。"我不认为这是"歧途"，恰恰相反，我认为这是一条光明大道，当然它并不是平坦的，而是崎岖曲折的，需要付出艰辛的努力。走上这条路，并不像李先生开玩笑地说"让你误入歧途了"，相反，它让我感到终生的荣幸，用屈原的话就是"虽九死其犹未悔"。

美学和伦理学的关系是非常密切的，在学术上是近邻，具有共同的心理基础，在最高的层面上"真善美"是高度统一的。中国古代的思想，比如孔子、荀子的思想，宋明理学等等，其中的美学思想和伦理思想都是交融在一起的。西方康德的美学思想和伦理思想都是密切关联的,所以要把美学研究好,不学习伦理学是不可能的。从这个角度看,我要深入地学习伦理学,这次讨论课是一次非常宝贵的学习机会,在今天的课上还有不少问题需要讨论,希望各位同学的发言能简洁明快,不拖泥带水,以便使讨论的内容更加丰富和有效率,让我们跟前面三场(的讨论)形成竞赛,争取取得更好的效果。下面请李先生讲话。

李泽厚:我刚才到下面的分会场去跟那里的同学交流了大概二十多分钟,但是我听说闵行校区还有一个分会场,假使今天那里还有人,即便只是几个人,我也要表示一下我的问候,因为我没法来跟你们面对面地谈话了。我刚在下面说,我来看你不是因为我爱你之类的原因,(笑声)而是我觉得这是我应该做的事,我的确要表示一种谢意,因为你们虽不见面,还一直愿意听我的(课)。

我为什么要道德?(Why should I be moral?)

李泽厚:今天是最后一场,我想先来回顾一下前面(几场)。第一讲,我主要从桑德尔开始讲起。有人说我是拿桑德尔作"药引子",可以这么说,我主要是说我的伦理学,桑德尔的书在中国和世界都很热销。我就讲我和桑德尔的"异和同",但主要恐怕是讲"异"。为什么"justice"我主张翻译成"公正"而不是"正义",而且我也利用他的例子提出了"情感"这个问题。其中有一句话,大家可能没注意,我说和他有一种方法论上的差异,实际上是本体论上的差异,就是说这个差异不是简单的方法论,而且涉及根本的哲学问题,这个不同可能与中国哲学和西方哲学的不同(有关系)。

第二讲,我们讨论作为人性的道德心理结构,就是我们讲的休谟这一派跟康德这一派的对立,是情感还是理性在起决定作用,西方这两派分离得很厉害,但对中国人来说,我们主张两者融合。但即使融合,却也不是混沌的一团,仍有主次之分,仍有这个问题:到底是意志力为主还是同情心为主?为什么这个问题西方可以在理论上那样的分离,中国却如此的融合?而最后我讲可以把意志、观念的培养和情感的培养结合起来。我讲到善恶之心、是非之心、好恶之心应该融合起来。这一点也可以看出中西方在本体论上的某种差异。

第三讲,我们以恐怖分子和救火队员作为例子讲到两种道德。刚才在下面的分会场,最后一个发言的是搞体育的,他从美国回来,讲到一个体育明星说自己是为了上帝而打球,我们讲到杰克·伦敦的故事时[1],西方当年许多资本家信仰新教伦理,即人赚钱不是为自己享受,而是为了上帝。所以,那些资本家赚钱,但对自己非常节俭,他认为这是在为上帝做事,这里就牵涉到宗教性道德和社会性道德。上次提到的救火队员,从个体角度来说,他可以救也可以不救,

---

1 参见第一讲中对杰克·伦敦小说故事的讨论。

但作为一个救火队员，不管他信什么宗教，他必须救。所以，到底善恶、对错能不能分？如果可以，怎么分？两者的关系到底是什么？这些问题因为时间不多来不及深入讨论，这些问题看起来很简单，但实际上很重要，这就是哲学要提出的问题。哲学家提出一些问题看着非常简单，却是一些根本性的问题。上节课陈嘉映教授说海德格尔讲之所以不需要伦理学，是因为哲学本身就是伦理学。伦理学是多种多样的，有不同层次，有各种规范伦理学，各种职业道德学，有医学伦理，商业伦理，生态伦理等等，但是我们讲的是作为哲学的伦理学，因此就牵涉到我今天讲的到底什么是哲学，到底中国有没有哲学的问题，我们今天能不能建立一个具有中国特色，但又有世界普遍意义的伦理学？这个世界普遍意义不仅仅是限定在现在而且主要是指向未来，这是不是我们应该做的或者可以做的一件事？

既然我刚才讲哲学伦理学，就要问一些根本性的问题。什么叫根本问题呢？我在美国上课时经常问学生：我为什么要道德？Why should I be moral？美国学生的回答有几种，我先把这个问题提出来，希望我们的同学也能回答。为什么我要道德，不讲"我们"就说"我"——"I"，Why should I be moral？请回答。这个问题很简单，大家想一想，我不着急。（等了一会，没有回应）美国学生能作出回答，你们就不能作出回答吗？（笑声）

同学1：李老师，您好。我觉得现在的情况是，有时候我会感觉我有点酷,有点与众不同,因为我敢于道德,挑战我的意志,我 enjoy 这种选择,这能不能是一种解释,至少有时候我会这么想。

李泽厚:我想更具体地听到一些例子。举个例子,我为什么不闯红灯,这是最基本的道德行为,或者我为什么要排队不去插队,为什么别人插队我就反感,认为他不道德。这是非常小的例子,我不想抽象地说你的意志、能力,你的挑战,我只是讲我为什么要做这样的道德行为?道德行为是有心理基础的,是自觉的,所以我讲意志、观念都是自觉的。今天要讲,为什么大家的行为要道德?或者我为什么要守规矩,不守规矩就是不道德?我希望你们讲出具体的道理来。

同学2:李先生,您好!我就您刚才说的那两个例子发表一下自己的看法。第一个,我不闯红灯的原因可能有两个:第一,如果我特别着急闯了过后万一被车撞了,就是我自己的责任。第二,如果每一个人都像我这样闯的话,那整个秩序就乱了,最后会导致我和车子都过不去。具体来说,假如我闯了之后别人把我撞了,那么,在这个交通的十字路口就会形成一片混乱,大家都无法通行。所以我们都遵循规则,你让我一下,我让你一下。另一个您刚讲到的排队问题,我会有这样几个心理:第一,大家都按照这样一个秩序在做,你为什么不按照这个秩序做,大家都是平等的人，为什么我排队，你就可以不排队呢？这是第一个感觉。第二，我会觉得自己的利益受到了损害。具体来说，我花了时间排队但你没有，你就损害了我的利益，所以我会说："前面插队的那位站到后面去，你不能这样做！"当然这两件事情的理由有两点是相通的，一个是站在自己利益的角度来思考，另一个是从整个秩序维护的角度，来考虑要这样做。

李泽厚：回答得非常好。还有什么要补充的没有？

同学3：李先生，我认为这两个例子都说明了，道德是对弱者的一个保护，比如闯红灯这个例子，如果我遵守这个秩序的话，作为一个行人，我就有机会通过这个马路，否则我就通不过。

李泽厚：我刚才问得很明确，我为什么要道德，why should I，不是从一般的来说，就是"我"。

同学3：比方说排队这个例子，如果我按照秩序来排队的话，作为弱者就会有机会，这样比我强势的人就不可能从当中插队，他也受到这个道德的约束，受到这个秩序的管束。

李泽厚：你讲的是外在规范的秩序问题，还是没有讲为什么是"我"，假设我是强势的人为什么也要遵守秩序呢？

我可以不遵守秩序啊。

同学4：李先生好！因为我工作的原因，所以我会经常接触一些新疆、西藏和凉山自治州少数民族的孩子，经常跟他们在一起，看见他们的生活条件，生活环境，学习环境。我觉得我的道德就是我要让这些孩子学好习，念好书，以后能从大山里面走出来。我从来没有想过，过马路为什么要守秩序，这是从小父母教的，说你要与人方便，赠人玫瑰，手留余香，而不是从自己的角度说。

李泽厚：刚才这些回答和美国学生回答基本上差不多，但是缺一点，这恰恰符合科尔伯格三个水平的划分。我为什么不闯红灯？为什么要排队？第一，因为对我有利，或者我怕被撞、怕被罚款、怕被人耻笑。第二，我要尊重客观的秩序，我应该维护它。但是，没有第三种回答，即上帝要我这么做。我必须这么做，这是绝对命令。在座各位没有提到这个问题，因为这里的人不信上帝。那怎么办呢？因此这里就有一个问题：上面说的道德心理符合科尔伯格说的第一个水平和第二个水平，但是没有第三个水平，所以在这里我的行为就牵涉到伦理和道德的关系问题。于是就有一个问题：我们这种道德行为的心理到底是由外面的秩序决定内在的心理，因而有道德自觉，还是我本来就有一个先验的道德要求，好像第三个水平中的上帝，来决定外在的东西？到底是由内而外还是由外而内？请你们回答。

道德是由外而内还是由内而外?

同学5:李先生,您好!我觉得道德从根本上来说是由我的意志决定的,但是外在的秩序能影响我。这是说,从根本上是由我自己决定的,但外面的秩序包括观念会影响我的判断。

李泽厚:对,但是你的意志又怎么确定的呢?我上次讲,意志作为道德行为是一个价值,你为什么会有这种意志呢?再具体一点,你为什么会有"不闯红灯"这种意志呢?

同学5:我受康德的伦理学影响比较大,具体是受《道德的形而上学基础》的影响。他认为这种意志是先验的,但是像您说的,它只是一种形式,缺乏对人的道德心理结构的分析,而这种具体的内容如您所说,主要是通过历史沉积下来的,其中教育是一个很重要的维度。

李泽厚:好。关于"意志",上次杨教授讲到的贞节问题,即"烈女不侍二夫""贞女、好女就不二嫁""夫死守节"等等,现在安徽很多地方还有贞节牌坊,这不仅是一件事情,也不是程颐那一句话[1],它是整个礼教体系,这个体系对妇女来说叫"三从四德"。现在我不知道大家知不知道什么

---

1 即"饿死事极小,失节事大"。

叫"三从"，谁来回答？

同学6：未嫁从父，既嫁从夫，夫死从子。

李泽厚：对，完全正确。"夫死从子"即是说不能二嫁，只能和儿子过日子，所以那些贞节牌坊都是这些妇女含辛茹苦地把儿子抚养长大，儿子中了状元或做了大官，然后写一个奏本给皇上，皇上批示建一个牌坊表彰。男女都有性欲，有时候十几岁二十岁，古人说年方二八——十六岁就出嫁了，两年之后老公死了，十八岁正值盛年。她要克制住自己的这种欲望，这不是意志吗？她的意志的具体条例是什么？就是"三从"。你不能自己做主，也没有自己做主的。我必须承认和服从。所以讲"君为臣纲，父为子纲，夫为妻纲"，臣子必须服从君王，儿子必须服从父亲，而妻子必须服从丈夫。丈夫死了之后就要跟着儿子。我再问"四德"，这恐怕难了，包括一些教授们都不记得。"三从四德"中说妇女要有四种德性，是哪四德？

同学7：妇德，妇言，妇容，妇功。

李泽厚：好极了，因为很多人答不出来。你能大体解释一下这个"四德"是什么内容吗？

同学7："妇容"是指要有端庄的姿态。"妇言"是指讲的话需合乎伦理和礼仪规范。"妇德"是指妇女要贤良淑德。"妇功"涉及女红问题,指妇女要会女红。

李泽厚:对,太好了。"女红"就是指刺绣、缝衣服之类。很好,出乎我的意料,因为很多人能讲"三从",但讲不出"四德"。这些规定是很严格的,"妇容"要求妇女笑不露齿,这是一种道德规范,而且那些大家闺秀是非常讲究的,这就叫礼教,是一套系统。妇女要讲意志,如果想笑也不能大笑只能抿嘴笑,它也是一种伦理规范,现在已经没有了,对不对?还是那个问题:我们这个伦理道德是从外到内还是从内到外的?我是有一个先验的规定,规定我笑不露齿吗?这个绝对命令规定了我必须"夫死从子"吗?或者"既嫁从夫"吗?我想不会。因为刚才说过我认为绝对命令是一种形式,但是形式有具体的内容,这个内容就是善恶观念。哪些是善的,哪些是恶的?或者哪些以前认为是善的,现在已经不认为是善的了?因此就涉及另一个问题:即伦理道德到底是相对的还是绝对的?在什么意义上是伦理绝对主义,在什么意义上是伦理相对主义?你们赞成绝对主义还是相对主义?这个问题在西方和中国都是很重要的问题,只是西方更突出。请发表意见!

相对主义伦理和绝对主义伦理

同学8:老师您好。我一直在思考刚才您提的一系列问题，包括由内而外还是由外而内。我的基本观点是先由外而内，再由内而外。关于相对和绝对的问题，我觉得在一定的条件和范围内达到绝对，但是在不同的情境和历史的范畴内又是相对的，这是我暂时的一个理解。谢谢！

李泽厚：你能不能讲得更具体一些，我讲得都比较具体。当然你有权利可以只讲这么多。还有别的同学请准备。

同学8：闯红灯的例子就可以解释我有关内外的看法，因为在我很小的时候，我会问父母，为什么我们不要闯红灯？这个时候父母会告诉我们各种理由，如同同学们刚才讲的，我对自己和秩序有义务等等。但是经过一定时间的积淀，我现在不会闯红灯，也不会再思考为什么不闯红灯，我只是站在那里不闯，别人走的时候我依旧不走。这个时候我认为它已经内化为我的一种道德要求，即如果闯了我内心会不安，仅此而已。我不再对这个问题本身进行思考。所以我觉得这其实是经历了一个由外而内到最后转化为由内而外的过程。再回答刚开始老师提的那个问题，为什么我要有道德。我当时的感觉有两个层面，其中一个很重要的层面就是，当有一些东西内化为我内在的东西之后，它会让我有一种不安，这种不安决定了我的行为，它可以解释为中国古代的"致良知"。这就是我的标准。另外，关于相对还是绝对的问题，我也一直在思考，前几堂课我也问过李老师。我的感觉是在西方的语境下，康德那个绝对的、先验的东西是可以被理解的,因为西方人从小受的教育使得他们比较容易相信上帝,而相信上帝就意味着比较容易接受先验理性,但是在中国的语境下,我们不太容易接受它,但是否因此就不存在这种普世的、超验的东西又是可商榷的,我觉得可能还是存在的,只是存在的方式不一样。所以我最后想说一个结论是,这个先验的、绝对的东西是存在的,但是它一定落脚于相对的、具体的东西。这就是我的进一步的解释,谢谢!

李泽厚:我觉得讲得相当清楚。这里有没有同意或者反对的意见?

同学9:我觉得刚刚这位同学举的例子恰恰证明了这个是相对的。一个规范或者一个事情在实践过程中体现为一个具体的行动,这种动态性就说明了它的相对性。

李泽厚:我们一个问题一个问题地讨论。先讨论内外问题,然后再讨论绝对相对。刚才她认为首先是从外到内,然后再由内到外。当然,你先讲完。

同学9:我觉得还是从外而内的。因为刚才李先生已经讲的三个层面落实到最后都是利己的。第一层的利己是很直接的或者说是赤裸裸的,因为我怕被撞。第二层的利己表现在如果大家都不遵守这个秩序,最终我的利益也会受损。

李泽厚：看来你的意思和她的完全一样。有没有相反的意见？

同学10：我反对。我认为从发生学的角度来说应该是由内而外，然后再由外而内。因为我认为道德一开始形成于一定的原初先民的社会交往，然后形成一个自然而然的心理秩序和心理结构，通过它们继而发展出很多非常丰富的道德和文化，这个道德和文化会形成一定的制度规范反过来对人的道德行为产生非常强的规范作用。从社会建构论的角度来说，一切都是被建构的，人其实是没有自由意志的，所以说像福柯说的那样——道德铭刻在身体之上。所以，道德本身是一个非常强的规范。

李泽厚：你认为道德是先验的，对不对？

同学10：它一开始是由内而外，后来由外而内。

李泽厚：那个由内而外的"内"是什么东西？

同学10："内"是那个自然而然的（东西）。

李泽厚：那个自然而然的是什么东西？

同学10：那可能就是先验的。

李泽厚：那就是了。（笑声）你可能认为那是先验的，但也可以认为那是动物本能。

同学10：我认为它是一个自然的秩序。

李泽厚：这个自然的秩序是什么东西？是生物的本能还是先验的命令？这是两个东西。

同学11：我比较赞成本能的说法。

同学12：我主要对刚刚那个同学的观点存有异议。她把道德内化为个体的一些东西，当面对红灯的时候，她说自己站在那里不动，是因为心里的一种不安在起作用，对此我不同意。因为我觉得这是把道德完全看作是一种动物式的刺激—反应的结果。比如一只狗，如果对其进行长期的刺激—反应的训练，当主人来时就会到门口热烈欢迎。按此推理，对人也进行这样一种训练，当他面对红灯的时候，也会作这种本能的反应。对此，我绝对不能同意。我觉得道德还是一种自主的行为，比如说红灯我是可以或者想闯的，但是我有一种作为人的意志，我从人的层面来要求我自己不应该闯，于是我才不闯。我觉得道德始终是人的一种自主的、有能力的行为。

李泽厚：对，那我就问刚才的问题，假如你生在两百年前，你是个女的，你（遵从"三从四德"）的意志是怎么来的？

同学12：我可能受到外面的，比如宗庙对我的规范和影响。但即便如此，我仍然有不做的自由和权利。

李泽厚：我是问你刚才承认的这一点，即那个受外面的影响这个具体的东西是从哪里来的？我今天可以自由恋爱，这是道德的。上世纪50年代的时候，自由恋爱尽管好像是可以的，但我记得有个名作家写过，那个时候恋爱会被人耻笑的，因为你没有一心扑在工作上。（笑声）在那个年代，一心扑在工作上是最道德的，你自由恋爱说明你太顾自己了，是一种个人主义。当然，现在不会这样了。不管是自由意志也好或者是情感（也好），到底这个东西是由内到外还是由外到内的？孟子讲看到一个小孩快掉到井里我去帮助他，这不需要什么外在的东西，对不对？那么，这个让他这样去做的东西是什么呢？你讲是本能。如果是本能，我就举狼孩的例子。"狼孩"就是由别的动物抚养的。因为有些婴儿被动物获得，这些动物不仅没有吃他还抚养他长大，长到了十几岁时又被人救回来了。但是他只会爬，要想让他站起来走是非常困难的，更不用说他自觉地去救小孩了。

因此，这到底是由内到外还是由外到内，由内到外也有两种：内是本能的还是先验的？因为中国人不相信上帝，所以便有先验是从哪里来的这个大的问题，宋明理学对此就有很多讨论。总体来看，宋明理学家们认为那个东西是先验的，这个牵扯中国哲学史，这里就不多讲了。刚才那个同学只是强调个体行为内在的道德心理，这就回到了第二讲的问题。我今天讲的不是道德心理，恰恰是讲内在的个体道德行为和外在的伦理制度。我为什么把伦理和道德作这样的区分？伦理是指外在的风俗、习惯、秩序、制度，而道德是个体的行为和心理。道德心理也要表现在行为中。道德和法律不同，法律就是服从。我外在服从而如此行为，但心里并不服。道德不同，它是我自觉地这么做的，这个"自觉"也就使外在他律变成了内在自律。伦理变成了道德，所以非常重要。而由外到内还是由内到外，就是讲是个体内在的道德心理构建出外在伦理制度呢，还是相反？

同学13：李老师您好。我觉得是外在的。一个老人摔倒了我去扶他，这是一种本能。但是看到很多报道，不少老人被扶后反而认定是你撞了他，然后要求付医药费，于是，我再看到有老人摔倒时，我的本能反应就可能是不去扶了。

同学14：谢谢李先生。我认为由内而外和由外而内这个区分恐怕是一个有问题的说法。我听李先生刚才举"孺子将入于井"的例子，在那个例子里孟子并没有说见孺子将入于井触动恻隐之心而施于行为，他说的并不是行为，而是在具体情境下的道德心理活动，没有与行为关联起来，因此拿那个例子来说明由某种心理到某些行为是由内而外并不完全适当。这里我想表达的意思是，如果由内而外的话，那就要么是先验的，即某种上帝的绝对命令，要么是生物学的本能。如果由外而内的话，则是经验的、环境教育的产物，我觉得两种解释恰好都是对人的道德性和道德生存的某种背离。在道德中我们说"内在""外在"，但事实上一切秩序和自觉总是与具体的行为或事情联系在一块儿的。讲道德总是展现在某种具体的知行活动过程中，因此在这个内外的区分之中，我们可能背离了人的存在的真正的开始或者最本质的开始。我们要对道德哲学意义上人的生存的那个原初的绽放点是什么有一点新的意识，不要局限在这种由内而外或者由外而内的区分上。谢谢！

李泽厚：大家对他的意见有什么反对或者赞成的意见吗？或者大家认为他的意见有什么不清楚的地方吗？

同学 15：谢谢李老师。我很纠结，我觉得在刚才大家发言的过程中，李老师挑起了这个话题，人为地把它分割成两个板块，但事实上这两个板块是紧密连在一起的，就像"阴"和"阳"。我特别喜欢中国的矛盾概念，但中国的矛盾概念没有"阴阳"好，矛盾还可以分成两边，一边是矛，一边是盾，但是阴和阳就无法分开了，对着太阳就是阳，紧接着这一面就是阴。其实，人的道德的观念的产生是内外结合的结果，它不是抽象的，而是从一个具体的时代、具体的社会发展而来的，所以内和外永远是粘在一起的。

李泽厚：你完全同意他的意见，对不对？他的意见就是不能分开。有没有不同意的意见？刚才不是有人同意由外到内吗？同意也好不同意也好，都可以说。

同学16：我表达一下不同的意见，我其实挺支持李老师的这种区分的。就从外到内的来说，我们内心有很多情感，但哪一种情感会被当作道德在不同时代是不一样的。所以从这个意义上来讲，你选择哪种情感，然后把这种情感称之为道德，是与社会环境相关的，正如李老师的马克思主义式的总结那样。

李泽厚：关于我是不是一个马克思主义者也可以讨论。（笑声）好，讲得很好，请继续。

同学16：这是从外到内，但是选择以后要有一个内在情感的基础，或者说社会需要这种道德。

李泽厚：你是赞成可以分内外，而且认为是由外到内的，对不对？

同学16：对。

李泽厚：好。所以你赞同我的观点反对他的观点，对不对？我喜欢意见鲜明。（笑声）

同学16：对。现在解释"从内到外"。有那么多内在情感，你需要挑哪一种呢？孟子之所以要讲恻隐之心，是因为面对当时一个陌生人的社会出现以后，他要跟齐宣王、梁惠王解释为什么他要去管这些不认识的人的事情。当然恻隐之心和行为不一样，但是一个人要有这个心理基础以后才可能有一个行为，如果连这个基础都没有的话，行为就谈不上了，所以我接受内外区分的说法。

李泽厚：恻隐之心也是要培养的，因为人的情感中有动物情感的部分，既有同情，也有残酷，人有很多负面的情感。负面情感需要排除，正面情感需要培育。"排除""培育"正是外在的习俗和教育。你不能想象小孩完全不加培养会怎样，所以搞教育的人（认为）小孩应该注意不要让他从小就虐杀动物，这一点很重要。为什么要讲一些童话故事给他听，让他去爱护小动物，就是为了发展他的爱、情的一方面，把那些残忍的方面去掉，残忍的一面也是人的本能，要把它克制住。很多杀人狂，好些人从小就喜欢虐杀动物。所以，从外到内，包括你内在的情感、意志、观念都是需要外在伦理制度的培养的。人性就是在培养人的正面的情感（当然什么是正面、负面还可以讨论），而要把那些负面的情感克制住。因为情感和欲望往往联系在一起，有些欲望是不顾别人的。所以我认为不仅要培养意志，而且要培养情感。刚才举例说，小孩不要抢别人的糖果，但是他会说我要吃，这就是一种情感的克制和意志的培养。但同时也要培育爱护、照顾别人的情感。关于这个问题大家还有什么不同意见吗?我希望是鲜明的看法。可以反对我,没关系的,我这几堂课都是这个态度。

同学17:我对这个问题有一个疑问。因为我看李老师的书,中间说到伦理是一个外在的东西,道德是我们内心的东西,这是一个外内的分别。那么你这里提出道德是由内到外还是由外到内,其中这个"外"到底是指经验还是指社会秩序?另一个问题是由内到外是什么概念?如果是之前说到的内外的话,那道德就是本能或者先验或是外在秩序在我们心灵上的表现,由此出发,这个"内外"是不是一个时间概念,就是时间上的由内到外?

李泽厚:当然有时间问题,教育是需要一定时间和历史(过程)的。也就是上一讲的动物有没有道德的问题。有些人主张动物有道德,不需要什么制度、秩序,因为我本来就可以有道德,与时间无关。

同学17:我就觉得由内而外和由外而内是两个不同层次的问题。

李泽厚:我简单重复一下。我讲的"外"就是指伦理,伦理就是风俗、习惯、制度、秩序、规范这一套东西。道德是人的道德行为,它建立在人自觉的道德心理之上。道德心理是指意志、情感还有观念,这是我讲的"内"。问题是后面这些东西是从前面来的,还是后面的东西产生了前面的制度?因为时间关系,这个问题我就留给大家去想。接着下一个问题,道德是绝对的还是相对的?请大家发表意见。

同学18:李老师您好。针对这两个问题我个人的想法是,道德本身在形式上是绝对的。无论我认为它是有一个先验的道德心理或者是道德情感,但从内容上说它又是相对的,根据不同的历史情境,会有不同的内容和规定。所以,形式上是先验的、绝对的,但内容上又是具体的、变化的。为什么是先验的?以孩子的教育为例,我首先相信孩子有内在的道德情感,可以被感化教育,然后我再进行教育。

李泽厚:这里又牵涉到什么是先验的问题。

同学18:我认为先验就是一种天然的情感。

李泽厚:先验不是这个意思。康德恰恰是说先验是超乎经验之上的东西,上帝的命令是先验的。

同学18:我可能不是从西方的绝对命令或者上帝的那个角度来理解的,我认为它是一种天然的、自然的东西。

李泽厚:那它和本能有什么区别,先验等于本能,对不对?

>同学 18：本能……

>李泽厚：是生物本能。

>同学 18：有一点吧。(笑声)

>李泽厚：那才叫作经验的，而不是先验的。(笑声)这一点可能和我书上说的比较一致，我认为道德心理结构，即自由意志是绝对的，而外在的伦理制度是变易的，从而是相对的。这一点大家还有什么不同看法吗？这里又牵涉一个问题：道德有没有进步或者今天的道德比过去好还是坏？又或者道德根本谈不上进步的问题？比如艺术，现代艺术就一定比古希腊好吗？不能这样说。哲学也很难说有进步，朱熹的哲学就一定比孔夫子好？但道德能不能谈进步，能谈或者不能谈的原因何在？大家发表意见，这和道德是相对的还是绝对的是联系在一起的。

>同学 19：李先生，如果道德是心理的一种相对或者绝对的感受的话，那么就道德本身而言是无所谓进步和不进步的。但是就伦理来说的话，又是有进步和不进步的，最明显的例子就是 20 世纪种族屠杀和被屠杀的产生，我认为这是最好的一个例子。

至善问题

李泽厚：关于外在的（道德行为）是有进步的而内在的心理结构是绝对的，"绝对"是指理性主宰感性这一特征。道德心理中的观念、情感是变化的，相对的。大家有什么不同意见或者相同意见吗？（等了一会儿）没有，那我就太高兴了，因为这就是我书上说的。我刚才讲道德有进步，是因为道德心理结构中的善恶观念和好恶情感是变化的，它们随时代和外在伦理制度、秩序的进步而进步。相对主义伦理学是经过大量研究的结果。康德主义后来受到排斥，如前面所讲，是因为康德把道德等同于伦理（所以我要把两者严格区分），又没有把道德心理结构中的意志与观念区分开（所以我要作道德心理的三分）。道德从伦理角度来展现为一种道德行为，它有没有进步，和我讲的道德心理结构有没有进步是不同的，因为道德心理结构是一种理性主宰感性的形式，它是绝对的，它的具体内容还要看一个人的善恶观念放进去以后会怎样。善恶观念是相对的，比如"三从四德"以前是善的，现在则不是。总之，伦理和道德是变化的，我认为就人类总体说，无论是外在的伦理风习和制度、内在的个体道德心理都有进步，但理性作为动力、情感作为助力这一情理结构在道德领域里的实现，却是绝对的、不变的，古今相同，它是人之所以为人的特征之一（当然，人还有其他特征如认识、审美）。

中国没有上帝的观念，伦理秩序又是相对的，那么，在伦理方面到底有没有一个绝对的准则呢？是不是有一个伦理观念上的所谓的"至善"在？西方的"至善"可以是上帝，一切都是上帝制造的，我信仰和服从上帝，我把我的情感、意志、观念都归结为这个至善——上帝。维特根斯坦不讲伦理学，因为他认为在日常经验层面只有相对价值，那个绝对价值的东西是超自然、超人类的，是不可理解的，所以维特根斯坦不讲这个，维特根斯坦本人就有来历不明的负罪感。这里牵涉到一个问题，和我刚才讲"我为什么要道德？"相联系，即"我为什么要活着？"或者说"我活着为了什么？"。有些人经常批判和嘲笑我的哲学是"吃饭哲学"，但是这里面有一个哲学前提——吃饭是为了活，不吃饭活不下去，但人活着不只是为了吃饭。当然有人会说我就是为了吃饭，因为他首先要保持他的生存，但是你吃饱了之后，活着又是为了什么呢？所以，加缪的存在主义就讲"哲学的首要问题是自杀问题"，为什么呢？因为这问题是为什么活的问题。我活在这个世界上，应不应该活下去，我到底为什么而活，我活在这个世界上有什么意义？难道就是为了吃饭，就是为了生存吗？如果这样，那就跟动物一样了。值不值得活是一个大问题，有些基督教徒认为这个世界是不值得活的，值得活的是另外那个世界。著名的存在主义者克尔凯郭尔认为这个世界是不值得活的，他认为那个世界[1]才值得活。很多人包括为"圣战"做人肉炸弹的人都认为这个世界的生命是不重

---

1 即上帝所在的世界。

要的，重要的是那个世界，我的灵魂是最重要的，因为灵魂超过我的肉体。这是一个大问题，作为哲学的伦理学就牵涉到这些根本性的哲学问题。许多人认为那个"至善"的东西不在这个世界而在那个世界。柏拉图的理念世界的理论就认为善的本质在理式世界不在这个现实世界。基督教讲天国，最后要接受末日审判，这涉及根本性的伦理学问题。

我读海德格尔《存在与时间》的时候，总有一种向前冲的感觉。因为他认为重要的是要将非本真的世界撇开，抓住那个本真的世界。本真世界是我自己对生命的体认和决断，以此来迎接明天，现在、过去都不重要，重要的是明天，但明天是由我自己决定的，这很厉害。所以我1994年的时候写了一篇文章，提到海德格尔的哲学是"士兵哲学"，就是往前冲。[1] 有人奇怪我为什么讲海德格尔"士兵哲学"，出乎我意料的是后来我看了一本书，说在二战打扫战场时，发现有好些士兵带的书就是《存在与时间》，死者当然是知识分子，那时是征兵制，不管你是大学教授或者是知识分子都要上战场。那么"往前冲"是要冲到哪里去呢？我为什么要冲到那里去呢？这个海德格尔并没有回答，因为那些都是属于非本真的世界，本真的世界就是我自己对自己生命的这种体验，我就是要冲，但是冲到哪里去是不清楚的。所以海德格尔与纳粹的联系不是表面上的，重要的不是纳粹让他当校长或者发表一些迎合纳粹的讲话。他写这

---

[1] 见《哲学探寻录》，原载《明报月刊》1994年第7—10期。

个书(1926年)是在纳粹政权上台(1933年)以前,但恰恰可以为纳粹所利用。现在很多学者认为他跟纳粹没关系,我是不赞成的,我认为是有关系的。纳粹其实也不看重他,最后让他去挖战壕,没把他当回事,不像对海森堡、普朗克的那些大科学家们,因为他讲的这些太抽象了。但是跟维特根斯坦一样,海德格尔最后留的一句话是:只有一个上帝能够拯救我们。最后还是归结到上帝那里去,不管你讲的是相对伦理还是绝对伦理,他都有一个绝对的标准在那里,因此尽管西方很多人不进教堂,但他还是相信有一个上帝作为绝对的存在,这是很重要的一种心理,是作为道德的一个心理基石,但是中国好像没有。那我们这个至善应该是什么呢?这大概可以归结为今天我要讲的伦理学的最后一个大问题了。有谁发言?

同学15:谢谢李先生。我们在课下的时候谈到一个问题,人类社会走过的历程就是一个扩大自由的过程,我们没有上帝,但是我们有至善,它就是不可以以自己的利益损害别人的生命。每个中国人的道德理想应是寿终正寝、享尽天年,每个人在追求自己生命意义和价值的道路上,可以追求自己的最大价值和最大利益,但是你不可以侵犯别人的生命,哪怕这个人生病了快要死了,你也不可以随意地终止他的生命,因为那是他自己的生命。

李泽厚:那你的至善就是个人的生命,是不是?

同学15：这个生命从单个意义和抽象角度来讲，是通过个人体现的，从整体上来讲，则体现为一个群体、一个家族、一个社会、一个民族。所以它既是个体的也是整体的。整体是不可能单独存在的，它要由个体组成。当我们在讲尊重生命的时候，如果不体现在对每一个个体生命的尊重和保护上，那你的尊重集体就是一个空话，所以我宁愿把集体和个体有机地联系在一起，我觉得尊重生命是人类社会发展最高的至善原则之一。谢谢！

李泽厚：好，你发言。

同学20：李先生，其实我是想提一个问题，刚才您说中国是没有上帝的，但是我们在中国上古的文本里面谈到很多"天"的概念。《大学》里面讲"止于至善"，又讲"修齐治平"，而"修齐治平"事实上是"止于至善"的过程，"治"和"平"都涉及到政治实践，这是在一个宏观层面上说的。那么，是不是可以理解为我们中国人的古代思维里讲的这个"至善"实际上是和政治实践连在一起的呢？如果是，问题就在于什么样的政治实践是好的呢？我们在《易经》《尚书》等一些文本和经典里看到很多关于"天人感应"的东西，就是说君子要能够理解天道，顺应天道，然后以天道的造化来安排人间世俗的秩序，这是儒家讲的古代圣王的最大功德，这是要让我们从天道来开人道。在古代中国的这个思维里面，是不是天道真的是代表一个能够类比于西方上帝的那个

什么是道德？

东西呢?

李泽厚：那我请问你，不讲人类，也不讲中国古代，你个人的"至善"是什么东西？

同学20：我是相信上帝的，但是我不是基督徒，我的至善是一个客观的先验的东西，或者说是绝对的先验的那个东西。

李泽厚：是什么？可以是关帝，可以是妈祖，也可以是基督，是什么东西？

同学20：这个名称我不在乎。

李泽厚：那它具体给了你什么内容呢？

同学20：道德律令吧。

李泽厚：道德律令是什么东西？

同学20：能够约束自己的东西。

李泽厚：它用什么道理来约束你？哪些是应该约束，哪些是不应该约束，能不能说得具体些？

同学20：我觉得是能够把人性本恶的那个东西约束住。

李泽厚：什么是本恶？

同学20：就是不好的欲望。

李泽厚：什么是不好的欲望？（笑声）

同学20：就是为了实现自己的一己之私利而做的事情。

李泽厚：那我问你什么叫作私利？你认为是私利，可能别人认为不是私利，公私怎么区别？界限怎么划？这个划（分）要有普遍性。我不能干预太多，我只是提出这个问题，有不同意见的或者相同意见的，请发表。

同学21：就我个人来看，中国人最大的至善就是不朽，也就是青史留名。如果不能留名的话，你活在这个世界上还有什么意义。所以说中国人讲究三不朽，立德、立功、立言都有要青史留名这么一个心理特征，就是说我们用这个传承的延续的不朽代替了超验的先验的上帝，而这个东西在中国各个文本中都有很多反映。我认为中国的至善是追求能够传承后世的这种不朽，并不是一个超验的上帝。

李泽厚：好，你是不是追求不朽？

同学21：我追求青史留名，追求千载之下流芳百世。

李泽厚：你是想在哪方面留名，想好了没有？

同学21：立言。

李泽厚：这有没有普遍性？是不是每个人都要为立德立功立言而活着？

同学21：至少从历史的史实上来说，这具有很大的普遍性。

李泽厚：我是讲是不是对在座的每一个人都必须这样。

同学21：如果他们有一个传统的包袱的话，他们会这样做，而且这个在传统的史实中是有很大的普遍性的，有大量的史实可以印证。

李泽厚：我不讲印证，我讲在座的。因为一个东西假使是至善的，它应该具有一定的普遍性。当然我讲过我所有讨论的问题都是开放的，都可以有不同意见，好像我刚才问的问题，是不是适用于在座的各位。我刚才问的问题有同学摇头了，我并不想留名，我只想做一个普通人，那这个至善还成立不成立？好，还有哪位没发言的？

同学22：我觉得不管是中国人也好，外国人也好，这个至善都是人在面对自己存在的有限性时不得不进行超越的东西。我觉得是对此在的一种超越，是如何在有限的时间内让我们的存在更有价值，或者说如何让我在此在的有限性中有价值地活着，我觉得这是中国人或者说是人共同要面对的一个问题。

李泽厚：好，每个人超越的是不是一样？当然是不会一样。好了，我不评论了。你发表意见，时间只有半小时了。

同学23：李先生您好，我觉得我的至善应该是爱。

同学24：李先生您好。我觉得如果有所谓的至善的话，应该还是以人为目的。人的意义和价值就存在于人与人的交互过程中，我认为如果没有和别人的交往，你自身也就没有所谓的价值。所以我觉得这个所谓的"至善"就在于你不仅是对每一个生命个体的价值的尊重和肯定，也是对人类整体的价值的肯定，我觉得这是所谓的至善。

同学25：我觉得至善就是康德的一个公式，或者说李先生这个概念也是从康德那里横移过来的吧。因为人是有理性的动物，他总是要去追求一个无条件的条件作为现实事物的根据，所以我觉得李先生提出的至善跟他（康德）的上帝存在、灵魂不死、意志自由这个三层公式有一定的相似之处，或者它们的功能是一样的。所以它作为人类追求进步和自由的内在的根据而存在。因此，我认为从普遍意义上来说，作为不同于动物这样一种族类的人类，至善作为一个最终极目标应该是引领人向善、向往自由的一个根据。但是具体来说，我觉得可能每个人至善的目标或要求又不一样，比如有些人觉得活一辈子就够了，我没有必要去立德立功立言，但是从人类作为一个族类的整体的延续来说，至善还是作为一个终极的目标而存在的，它像一个星辰引领着人类前进。

同学 26：我认为至善没有普遍必然性。虽然没有最高的善，但是伦理的相对主义应该是历史积淀而成的内在道德的绝对价值。这是我个人的理解。

同学 27：我比较赞同刚才那个同学的观点，我觉得至善是存在的，但是仔细想想至善好像是一个空的理念，或者它是一直在变化的，对于不同的人，不同的时代，好像这个至善始终不是一个确定的东西，我们可能向往更好的东西，而不是最好的东西。

李泽厚：好，还有没有，你要发言？

同学 28：李老师，我认为有至善，我的观点是为了过更好的生活这是每一个人都需要的。每一个人都要过好的生活是一种至善。

同学29：我再具体说一下至善，它是一种信仰，而不是认识的对象。我们并不是说有一个绝对的标准和具体的东西，至善是什么样的，或者说达到一个什么样的地步才算至善。它只是一个抽象的东西，是一种信仰，就像上帝一样。

李泽厚：那你信仰什么呢？（笑声）

同学29：从我个人来说，我觉得我活下去就已经很不错了，或者说其实这也就是人类的最终目的，即人怎么样更好地活下去。

李泽厚：你刚才讲对你来说是什么？

同学29：对我来说就是怎样活下去，如何活得更好，这也许就是至善。

李泽厚：关键是什么叫活得更好呢？

同学29：第一个层面就是生存本能，作为动物我活下去。第二个层面是我区别于动物的，作为一个人我如何活得更好，它属于精神层面。

李泽厚：问题就是作为人，什么样叫精神层面上活得更好呢？

同学 29：人的本能是自由。

李泽厚：问题是自由是什么？

同学 29：这个就比较抽象了。（笑声）

李泽厚：非常不抽象。

同学 30：我比较倾向于牟宗三翻译成的"原善"，简单地说就是德福一致，通俗地讲就是……

李泽厚：德福一致是康德的。

同学 30：通俗地讲就是道德高尚的人能生活得更好，可以避免那种末日审判。

李泽厚：德福一致就是至善，那还是康德的说法。还有谁要发言。

同学 31：其实，李老师的书里面关于"至善"讲得很清楚，人类总体的生存延续这才是至善，而且在我看来这是李老师的重大的哲学创造，包括认识从哪里来，人类从哪里来，美学为什么是第一哲学，这些李老师书里都讲得非常精彩。所以至善就是人类总体的生存延续，而且这是有人类的普遍性的,不只是中国的传统。

李泽厚:大家也不一定同意的,所以我让大家先发言。我还要留点时间给杨国荣教授,大家还有什么要讲的?

结语

李泽厚:我书上提出来的"人类总体"包括过去、现在、未来,它的生存延续就是我们的上帝。所以我讲我的哲学是离不开人类的哲学,本体论,认识论,伦理学都是如此。在50年代我和蔡仪先生争论的时候,就说过离开人类没有什么美丑可言,因为蔡仪的观点是离开人类还有美丑,我讲那不对,离开人类就没有善恶美丑。[1]如果你相信上帝,那么离开人类可以有善恶美丑。所以,我讲我的哲学是人类学历史本体论,是人类的事,因此人类的生存延续就是我的"至善"。但是这个生存延续它又是很具体的,它随着时代的不同,要还原到(具体时代去)。今天我特别强调要重视个人存在,着重在未来个人的各种潜在能力的开发,就是人是目的,因为到现在为止,人是目的或者说个人是目的还远远没有达到。康德提出来有很大的现代意义,但是我在书上讲,实际上人是工具,还是一种普遍存在。你给老板打工是为了

---

1 指1956—1962年在中国大陆出现的第一次美学大讨论。这场大讨论最终产生了以朱光潜、蔡仪、李泽厚等人为代表的三大美学派别。

挣钱，老板其实是把你当作工具，这还有很多例子。但是我想鲜明地提出"人是目的"是当下社会个体存在和获得幸福的重要思想，是人类整体生存延续在现代的模式。因此就不能以任何集体、种族、国家的名义，把个人压下去，但这又是不一定的，要根据情境而定。有时候就必须要牺牲个体，这就要看具体情况了，比如战争的时候，士兵就是工具，必须要士兵去打仗、送死，刘少奇说要做党的驯服工具，他错了吗？没错。职业革命家就是要去献身做工具，我一生就是为这个组织服务的。所以"人是目的"要放在人类生存延续的各种具体情境中来理解和运用。

前些年提出"中国到底有没有哲学"的问题。孔夫子的《论语》到底算不算哲学？这是一个问题，而且是一个很严重的问题。黑格尔说那只是道德训诫，根本算不上哲学。德里达到中国来，说中国没有哲学。其实，德里达是恭维中国，因为他觉得西方那个理性思辨道路已经走到头了，但是中国哲学家很气愤，认为中国怎么会没哲学呢？因此什么是哲学？哲学是什么？是不是一定要那种思辨的，一人一个思辨体系就算是哲学？你讲经世致用的，讲经验性的东西就不算哲学？我也提出过这个问题，当然，我认为中国是有哲学的。但我认为只讲精神世界，不讲物质世界才算哲学，我是不赞成的。"天地之大德曰生，生生之谓易"（《周易》），牟宗三认为这个"生"是精神生命，他讲的生命哲学，我就不赞成，我认为这个"生"首先是人的物质存在，所以我说我是一元论者、唯物论者，我不承认也不相信有脱离身体的灵魂，我不相信有灵魂脱离肉体到天国去。我认为孔夫子的学说不仅是道德训诫，它里面提出了很深刻的问题，人生意义的问题，也有刚才讲的天道和立命的问题，这些都是伦理学问题，这恰恰是中国式的哲学。中国哲学在某种意义上主要就是伦理学。

我再讲几分钟，整个课程要结束了。我和童世骏教授说，我到这里有两个冒险：一个是身体不太好，我平常没有高血压，因为环境的变化，时差，各种见面谈话很多，导致我血压一直有点高。还有一个是我到这里来上课也是冒险，因为虽然我在美国教过书，但也不到十年，我在"文革"前后，从来没有在大学上过课，可能我有冒险的个性。到这里来，一是出于理性承诺，孔子讲："人而无信，不知其可也。"一个人没有信用怎么可以。中国古人讲"君子一诺千金"。"一诺"要一千金，我讲我就欠杨国荣教授四千金了。（笑声）我是来还债的，这是一个原因。另外一个原因，在这里我希望最后向大家提出一个问题：在今天是否可以有一个中国的伦理学？它有中国特色但又具有世界普遍意义。有没有这个可能？我觉得不必老跟着西方跑，所以在《回应桑德尔及其他》这本书的最后，我引了1995年讲的话，又引了1997年的话。我来念一下吧。附录前面最后一页是1995年我与中山大学教授的对谈里面说的："中国不必一定完全重复西方现代化的过程，而可以争取走出一条自己的路。这就是我的总观点。"还有一个是1997年写的，这一段稍微长一点："在我的思想和文章中，尽管不一定都直接说出，但实际占据核心地位的，大概是所谓'转换性创造'的问题。这也就是有关中国如何能走出一条自己的现代化道路的问题，在经济上，政治上，也在文化上。以中国如此庞大的国家和如此庞大的人口，如果真能走出一条既非过去的社会主义也非今日的资本主义的发展新路，其价值和意义将无可估量，将是对人类的最大贡献。而且，在当今世界，大概只有中国还有这种现实的可能性，这种可能性也大概只在这三十年左右。因此，我觉得，中国人文领域内的某些知识分子应该有责任想想这个问题。"

这次伦理学讨论班以前没有先例，以后也下不为例，我觉得这只是在尽我的人生义务。同学们还提出了很多很好的问题和意见，可惜来不及进一步展开讨论了。谢谢各位！（持续的掌声）

杨国荣：在李先生说了这样的总结性的话之后，我接下来的话可能就是多余的话了，（笑声）不过多余的话还是要说几句。第一我再一次对李先生这一次的一诺千金表示衷心的感谢。他这次伦理学讨论班，刚才提到是空前而绝后的。确实是空前，以前没有过；绝后，他以后也可能不会以这个模式上课了，在座各位都见证了这样一个事件，这是很有意义的。

从上世纪 80 年代开始，李先生就提出走自己的路，80 年代他有一部书就叫《走自己的路》，他也确实是这样走的，是这样实践的。几十年来一直如此，而且他今天还提出了更高的要求,就是要求我们这一代中国人都要走自己的路,不光是个人,而且是一个民族都要走自己的路。用冯友兰的话说,这是更高境界的看法。

今天的讨论比较热烈,所以我不忍心打断,李先生刚才说让我说几句,我就围绕今天这次讨论的内容简单说一下两个方面的问题,一个是头,一个是尾。头就是刚才一开始提到的,关于道德形式的内和外的问题,我们都知道,李先生的基本概念之一是区分伦理和道德。道德比较侧重于道德形式这一面,这里我暂时不去讨论。我想集中简单说几句关于一开始我们讨论的内和外的问题。"内"和"外"这个问题,事实上,一方面我们可以借用李先生的话,另一方面我们也可以放在一个内和个体的角度来讨论这个问题。我们都知道李先生有著名的三句箴言:"经验变先验,历史建理性,心理成本体。"这里我着重从前面的(第一句)来说。"经验变先验"这句话,在我看来,实际上它的重要意义就在于对康德问题作了一个中国哲学式的或者李先生独特的回应。康德一开始从伦理学到认识论都提出先天形式,但是这个先天哪里来的他没有回答。李先生的经验变先验,实际上就回答了这个问题。这个问题是从"类"的角度来谈的,结合我们今天讨论的问题,我想再补充一句,也许是狗尾续貂,就是在谈"经验变先验"的同时,可能我们还需要一个"先验返经验",这就是从个体角度来说。从类的角度来说,我们是从经验的层面提升为普遍的先验的层面,那么,从个体层面来看,可能还会有一个"先验返经验",就是说道德毕竟最后要落实到我们每一个具体的个体，而个体行为和他内在的意识、心理等等与李先生说到的"情本体"论这些东西是无法分开的。从这个角度来看，由类的角度提升而成的先验本体最后还要落实到融合于个体的经验，包括心理的层面，这样才可能化为个体的具体行为，这就是中国人所说的良知。

这里我们可以从明代开始一直讨论的本体和功夫这个角度来讨论这两者之间的关系。王阳明晚年的时候有一句话叫作"从功夫说本体"和"从本体说功夫"。"经验变先验"，我们可以说是"从功夫说本体"。这个"功夫"是"类"的知行过程，这是一个本体逐渐形成的过程。"从本体说功夫"是着眼于个体行为：个体任何行为都需要在一个本体的引导之下来具体展开，而这样的引导不是外在的强加，而是融合于他的内在个体意识。所以本体与功夫的互动是在这样一个过程中逐渐展开的。从哲学史上看，这里涉及到心理和逻辑等等关系，讲到意识，讲到心，总会是一些心理层面的东西，当然这个心理并不单单是纯粹的心理，一旦提升到一个形式的先验的层面上，它同时就带有了逻辑的意义。从哲学史上看，黑格尔是不太注重心理的，而在我们中国哲学的传统中，禅宗是不大注重逻辑的，李先生对这两者我想都同时给予了相当的关注。事实上，这是和李先生提到的"情本体"联系在一起的，我刚刚提到的"先验返经验"，实际上也和李先生说的"情本体"是有关联的："情本体"也涉及个体的心理和情理之间的联系。再进一步说，从"先验返经验"的层面来看，也关乎具体的道德机制问题，道德最后是要通过一个个具体的个体展开的，李先生非常注重个体，从个体行为的角度来看，可能离不开具体的道德机制。我注意到，李先生今天没有谈到，但是书里面提到的，他区分了道德动力和道德助力。他说理性和意志主要是动力，而情感主要是助力。在我看来，从具体道德机制来看，也许我们可以把动力和助力整合在一起，在实际行为的展开过程中，这两者也不是分得那么清楚的，"先验返经验"事实上就涉及动力和助力之间的融合问题，也就是我第二次讨论课的时候提到过的思、欲、悦之间的相关性。

最后我们讨论的是"至善"的问题，"至善"是一个大问题，但是我们必须要特别注意一下，李先生一再提到的是从中国哲学的角度来看的至善问题，他不是泛泛而谈至善问题。从中国的角度来看，谈至善问题我们也许可以关注以往经典中的两个提法，一个是《大学》中的提法，一个是《易传》中的提法。《大学》开宗明义就说："大学之道，在明明德，在亲民，在止于至善。"所以这个"至善"不是西方的专利，我们早就讲"至善"了，对《大学》而言，有一个从明德、亲民到至善的过程。另外一句是《易传》中的话，叫"一阴一阳之谓道，继之者善也，成之者性也"。其实，中国人这种对至善的讨论，如果我们用中国人本身的概念来表示的话，就是天道和人道之间的统一，这也是李先生一再比较注重的"一个世界"的观念。"一阴一阳之谓道"，这是从天道角度来看，马上就"继之者善也"，这跟人道相联系，"成之者性也"则和人的存在联系在一起，所以至善和这样一个过程是不能相分的，这是我们传统的理解。对于这种关于至善的理解，这种关于天道和人道的比较形而上的提法，我很赞同后来李先生具体补充的内容，即可以把它理解为人类总体的生成、演化和发展，或者说人类生存延续，这是一个比天道和人道更具体的内容。不过，人类总体的生存延续，整体来讲是一个事实层面的概念，它还缺乏一种具体的价值内涵。这个具体的价值内涵，我们可以具体联系我一开始提到的《大学》中的那句话，"在明明德，在亲民"，尤其要注重"亲民"，它是跟对"民"的一种价值层面的关切始终联系在一起的。这个意义上的人类总体的生存和延续，又可以结合马克思提到的话来理解。马克思在这方面有几种不同表述，总的意思是，在未来理想的社会中，"每一个人的自由发展是一切人自由发展的条件"，或者说，"未来的理想社会是自由人的联合体"。这里"个体"跟"类"都包含在里面了。当然我也特别注意到李先生最近的一些说法，我们要把理想社会和社会理想区分开来，这里更多的是从社会理想的角度，而不是要固定和凝化在某一种特定的形态之中，"至善"在这个意义上是一种社会理想，也是一种具有价值内涵的人类的理想。所以，它既和我们中国人天道和人道的统一这个总体路径相联系，又包含着人类生存、发展的具体内涵，从而具有价值的意义。我觉得，至少我们可以从这个角度去具体理解，不知道李先生赞成不赞成。好，我们再一次感谢李先生！（掌声）

朱志荣：因为时间关系，讨论会到此结束。

整理后记

作为当代中国知识界最具原创性的思想家之一，李泽厚先生的哲学、美学和中国思想史研究曾影响了一代代学人。早在1985年，李先生第一次来华东师范大学讲演，就在青年学子中受到了热烈追捧。三十年斗转星移，李先生的学术影响力依然无与伦比。2014年5月，李先生应思勉高等研究院的邀请再次访问华东师大，在丽娃河畔开设"伦理学讨论班"。消息不胫而走，立刻在春季的上海滩掀起了一场思想的旋风。因参与人数众多，除了可容纳一百多人的主会场，学校还在两个校区分别设立了更大的电视直播分会场。除了上海本地的青年教师和学生，还有专程从北京、湖南、杭州、广州等地赶来的教师、律师、媒体人等各界人士，其中不乏两鬓斑白的老者。李先生的这次沪上之行成了2014年度中国思想界的一桩"文化盛事"。

2014年5月9日至27日，李泽厚先生共开设了四次伦理学讨论课。公开课全部采用对话式，通过具体案例引导学生讨论现实的伦理困境。既非授课，也无演讲，而是一场场师生间平等、自由的讨论。所有听课者身份、地域不限，但必须按要求事先细读指定书目。讨论课场场爆满，气氛热烈，形成了深刻的思想交锋，为青年学子、哲学爱好者与学术大师平等对话搭建了极好的平台。

为了使未能如愿亲临现场的读者，能够原汁原味地分享到这一思想的盛宴，我们按照课堂和对谈的原始录音，整理了本《实录》。华东师大哲学系和思勉高等研究院的研究生参与了整理工作。四次讨论课的整理者分别是黄家光、孟静、李爽、伍龙同学,由付长珍、王韬洋老师做了润色完善。在整理过程中,我们一方面力图呈现课堂的现场感,同时为便于读者理解,整理时添加了若干小标题,并做了必要的注释。

李泽厚先生对学问的严谨态度,给我们留下了深刻的印象。在最初接到出版邀约时,李先生认为上课时间太短、讨论未及深入,曾多次提出不必整理出版。可当我们将整理初稿呈送李先生审订时,他逐字阅读,仔细审校,两次从美国寄来亲手批改过的纸稿。

本书的整理工作由华东师大哲学系伦理学教研室付长珍教授具体负责,王韬洋老师、华东师大出版社项目编辑朱华华老师和研究生伍龙、张荣荣、孟静同学全程参与。从暑期开始商讨方案,历时半年,数易其稿,尤其是伍龙同学做了大量联络工作,在此一并致以深深的谢意!

李泽厚伦理学讨论班实录整理小组

2015 年 3 月

伦理学补注（2016）并附录（2017）*

Additional Notes on Ethics

---

* 补注者，《什么是道德？——李泽厚伦理学讨论班实录》（华东师范大学出版社，2015年版）一书之补充注释也。附录"举孟旗行荀学"者，补注中所提问题之再次说明也。——作者

一

科学+诗

常言道，老人爱说车轱辘的重复话，看来我的文章也如此了。批评我"总是那一套"，不大有人在吗？我的辩解是：第一，有些话重复说说有好处，巩固印象；第二，仔细看看，可能也并不完全是重复。近年我发表了一些关于伦理学的观点，领域很大，问题很多，虽有新说，意远未尽。特别是在2014年华东师大讨论班上，更感到如此。但今天坐下来写时，的确又感到不过是老调重谈，只能先写下去再说。

记得上世纪80年代初，我说过哲学是科学＋诗，意思是说，哲学既有对当今现实和现代科学的思辨的抽象与概括，也有对未来的模糊憧憬和情感追求。历来各种哲学似乎是以各种不同姿态和程度倾斜、糅合、摆动于两者之间，这也可能就是王国维说的可信与可爱的问题吧。既不可信又不可爱的哲学多有矣，既可信又可爱的似几无。上世纪 Heidegger 和 Wittgenstein 将两端发展至极致（"哲学乃诗之思"；"哲学乃纠正语言"）之后，哲学走向何方不很清楚了。认识论由分析哲学而心灵哲学，伦理学由元伦理学、各派自由主义而社群主义，美学则由博物馆美学（"艺术世界""惯例论"）而生活美学、环境美学。哲学一方面似乎成为实证性的表面论述；另一方面又成为专业性很强的艰深语言。Heidegger、Wittgenstein 对这种专业化话语已相当厌恶，却又自身难免。哲学关门也许热闹，而外行却不敢问津。当今心灵哲学、现象学、后现代主义的好些哲学文章，能有多少人看懂和愿意看？

拙著《历史本体论》（2002）序中说，我的哲学不想如此，无论内容和形式，我都想走常识哲学、大众哲学之路。近年来一直如此，这与我愈来愈厌恶 Heidegger 哲学可能有关。我所提出的"积淀""度的本体性""历史主义""情理结构"等等，都是相当宽泛、普通的日常话语。例如提出"情理结构"，但情与理究竟如何"结"，如何"构"，情、理、欲三者的关系、层次、顺序、比重又如何，都不能也没有具体展开。如硬要借用 Aristotle 的"四因说"，也可说理性是形式因、情欲是质料因、实践是动力因，而人的生存延续是目的因。但这也并不能说明什么。又如同样属于情理结构，道德作为理性凝聚、认知作为理性内构、审美作为理性融化等等，其间的区别、关系和联系，并没有说明。它们的发生、发展和变易又如何，其普遍性与个别性的关系又如何，都没怎么说。不确定的"度"的不断成功，便要对自己动作、行为的这个"度"力求确定和巩固，于是外在群体的行为指令便逐渐成为个体心理必须服从的绝对命令，此即由伦理而道德，亦即实践理性。再经由积淀而成为人类思维——认识普遍必然不可违背的形式逻辑、数学根源和因果观念。其中的情理关系和形式结构（forms、 structures、frameworks）如何，凡此种种，均巨大课题，涉及心理学、教育学等大量艰深的问题。我以为它们的具体研究，属于科学特别是脑科学的范围。尽管我非常关注现在科技哲学的探讨，也关注人类和中国当今的走向和命运，但我所能提供的哲学，仍然只是制造一些日常语言通俗性的基本概念，提供一种视角，如此而已。这是首先要补注说明的第一条。

二

词语与方法

第二条补注是，在华东师大讨论班上，我发现存在"道德"一词的"泛化"问题，即各种层次、意义、内容大不相同的道德行为和心理，都被一视同仁地称为道德。"杀身成仁，舍生取义"是道德，不闯红灯、按序排队是道德，宁死不屈是道德，富人捐款是道德，不乱扔垃圾、不随地吐痰也是道德，等等。虽然这些行为和心理都或多或少有某种道德属性（即为他人或公众有某种自我约束、克制或付出），但毕竟差异太大。道德作为可达到牺牲自我生命的主要标志，在这"泛化"用语中被完全掩盖掉了，这使"什么是道德"的讨论变得更加混乱。所以我觉得要特别注意使用日常语言的这一现象。这方面分析哲学可以给我们很多帮助，要注意"道德"这个词语在具体应用上有很不相同的内容和涵义。不能在同一个"道德"的词汇下，把许许多多完全不同的道德行为和心理不加区别地混为一谈。

这里就涉及我所主张的历史主义方法论的问题。在讨论班上，我特别强调"具体问题具体分析"。这是上世纪50年代我们所熟知的所谓马克思主义方法论。我至今以为正确，因为这也是我所主张的实用理性。例如，功利主义的

"最大多数的最大幸福"原则和自由主义"人是目的"原则,两者都并无错误,但如何适用在特定时空环境条件中,却各有不同,而不能说谁对谁错,直接搬套。如讨论班上所说的,著名的电车案例(杀一救五)、海上吃人案(有罪或无罪)、救灾涨价案例(市场原则或道德原则),都不能直接套用功利主义原则或自由主义原则,而必须按不同的具体时空、环境、条件来作出具体的判断和处理。救灾、分洪和战争,有时必须牺牲个体和部分,这采取的是功利主义原则,而非自由主义原则。而在电车案例中,尽管杀一能救五,但并不能由旁观者推人堵车,这采取的是自由主义原则,而非功利主义原则。这就是我强调的历史主义方法论,重视的是事件的历史具体性(即一定时、空、条件下的具体情境,如时代性、社会性、阶级性等等),这也就是没有先验理性制限的"实事求是"的中国传统。

历史主义还有积累性和偶然性,我称之为"历史三性",都属于实用理性的范畴。积累性也可称进步性,因为我认为人类物质文明、日常生活以及精神生活(包括伦理规范与道德心理)都是有进步的。这与反启蒙、后现代主义相反,是历史主义的方法论,也是本体论,我说过实用理性亦可称为历史理性。

三

"伦理"与"道德"两词语的区分

第三条补注是，重复讲一下"伦理"（ethikos）与"道德"（moralis）两词区分的重要。因为这两个词语在中外古今一般都是同义使用，不作或极少作区分。本来伦理作为群体规范与道德作为个体行为，的确紧密联系，很难分割。群体规范表现在个体道德行为和心理上，个体道德行为和心理一般却又不必然是群体规范的呈现。两者始终紧密相连，我却强调两者区分的必要。为什么？第一，我以为这个区分有利于澄清好些说不明白的伦理学问题。第二，明晰表达我的伦理学的一个基本看法，即由外而内、由伦理而道德的路线，这条路线也可称为历史—教育路线。这是我的历史主义人性积淀说的重要部分。

我所用的"伦理"一词包含很广，指的是人类群体社会，从狭小的原始人群到今天的全人类的公共规范，先后包括了原始的图腾、禁忌、巫术礼仪、迷信律令、宗教教义一直到后代的法规法律、政治宗教，也包括了各种风俗习惯、常规惯例。它们都属于我所使用的"伦理规范"这个词的范围。总之，伦理规范是群体对个体行为的要求、命令、约束、控制和管辖，多种多样，繁多复杂，不一而足。

我所用的"道德"一词，则指群体规范要求，经由历史和教育（广义），培育内化为个体的自觉行为和心理，从自觉意识一直到无意识的直觉。所以道德不是本能的欲望和冲动，而是包含着理性和情感的某种情理结构，并且以理性主宰情感、欲望、本能为特征。理性在这里又分为作为内容的观念和作为形式的意志。它不同于也是情理结构的认识（理性内构，并不主宰行为）、审美（理性融化于情感，也不主宰行为）。

外在群体的伦理规范，通过个体自觉意识及道德心理中的观念，而主宰个体的道德行为。所以道德不能只是观念，道德不能只是"善念"，而必须还是"善行"，即实践、履行、落实这种善念（观念）。这只能依靠对理性意志的长久培养和训练。

我说过，基督教伦理学第一个字大概是"信"（faith），信上帝。中国儒家伦理学的第一个字应该是"学"（learn），学做人。无论是"信"还是"学"，在这里都是一种理性观念，而非动物本能和生理欲望。因此它的重要表征就是个体有自觉的选择性。人的道德行为即使表面看来类似于动物的行为，例如动物也有为群体利益而做的个体牺牲。在讨论班上，我们作了"动物有否道德"的专题辩论，虽未展开，但主题很清楚，就是反对当今非常流行的社会生物学。社会生物学的理论认为动物也有道德，认为道德源于生物族类生存竞争所产生的自然本能，并以某些动物存在着个体牺牲以维护群体而使该族类在生存竞争中取胜来作为论证。但我以为如果道德是动物族类自然演化而成的本能和欲望，那就应对该动物族类所有个体具有普遍必然的绝对性，而无个体的选择自由。人类的道德却恰恰是在个体有选择自由的情境下，自觉地选择牺牲自我。保存生命是任何生物族类个体均具有的本能和欲望，人类并不例外。人之所以如此敬重、尊仰、崇拜那些杀身成仁、舍生取义的仁人志士、英杰男女，正是由于他（她）们自觉做到了大多数人做不到的道德行为。为什么大多数人做不到？因为个体有求生的动物性的强大本能。为什么少数人又做到了？因为他（她）们用更强大的理性观念和意志压倒了这种强大的本能。可见，道德在这里表现为自由意志，自己选择、决定、不顾个体生存和其他利益而认为"就应该这样做"而行事。也正由于这少数人物逆生物本能、自然欲望而行，并以此为榜样引领着群体开辟未来，这使得人类的生存延续区别于其他动物。我以为这是中国传统宣扬的伦理学，也是 Kant 宣扬的伦理学。这种伦理学才真正抓住了人类道德行为和心理的要害，因此应该和上面提到的那种泛化的道德区别开来。

当然，有人会说，你怎么能肯定动物就没有这种自觉选择的能力，没有自由意志？我非专家，我只是就自然演化的生物本能应该适用于该族类的全部成员来提出质疑。我也不懂为什么社会生物学理论有大量论据，却极少、甚至没有谈及这个问题。

四

由外而内

不久前，我读到一本有趣的书，《道德的起源：美德、利他、羞耻的演化》(*Moral Origins: the Evolution of Virtue, Altruism, and Shame*，2012)的中译本。作者 Christopher Boehm 是资深教授，数十年观察、研究灵长类动物和人类原始群体的活动。该书采取自然演化的社会生物学视角。但极有意思的是，他的论证研究可以概括为：道德起源于外在群体（包括灵长类动物和原始人类）在生存延续和族类竞争中要求个体的"自我克制"从而产生了道德，道德是个体自我克制的生物机制。作者一再说，"自我克制的良心是道德起源的第一个里程碑"[1]，"早在共同祖先（按指人类与某些灵长类）时代就已经出现了一些群体强加给个体的'规则'了，而在作为共同祖先的后代的人属祖先那里，这种趋势就更加明显了"[2]。尽管书中好些假说，如反等级制的平等情感是自然演化而来、平等地分享大猎物有助于种族的

---

[1] Christopher Boehm：《道德的起源：美德、利他、羞耻的演化》，杭州：浙江大学出版社，2015年版，第204页。

[2] 同上书，第124页。

生存延续而产生道德、脸红表示内在羞愧等基本论点,我以为论据不足并不赞成,当然更不同意作者将"更加明显"的人类道德与灵长类其他动物的所谓"道德"完全混为一谈、毫不区别。但我以为重要的是,作者以大量材料论证了作为道德特征的"自我克制"的内在心理机制是来自外在群体规则,亦即个体道德心理和行为来自外在群体的强迫规范。其中叙述了个体如不遵守群体规则即被杀戮、惩罚、驱逐(等于死亡)等事例,多次谈论了动物界的"死刑"。同时也强调产生道德是一个漫长的历史过程,"道德的起源本身就是一个缓慢的渐变的过程"[1]。该书着重讨论了"良心"问题,认为动物也有"基于恐惧的自我控制",但"真正强大的良心开始于距今二十五万年前"[2],即原始人类群体开始合作捕杀有蹄类大型动物如斑马、羚羊的时期。作者说,"我将聚焦于良心问题,探讨良心这种独特的自我意识如何作为惩罚性社会环境导致的结果而出现的"[3],作者认为惩罚性的社会选择过程中创造了羞耻的良心,而此"良心内化了那些有利于合作规则……"[4]。所有这些,不正是我强调的由伦理而道德,由群体外在规范和要求产生出个体内在的道德心理,即人的"内在自然的人化"吗?但中国儒学最

---

1 Christopher Boehm:《道德的起源:美德、利他、羞耻的演化》,杭州:浙江大学出版社,2015年版,第362页。
2 同上书,第358页。
3 同上书,第20页。
4 同上书,第235页。

强调的是人兽之分、人禽之别,我以为非常正确,这与将人兽道德等同的社会生物学恰恰背道而驰,因之这些材料的意义,对我来说,仅在于即使在动物界,个体"道德"行为也是受群体"规则"产生"自我克制"这一重要论点。我以为,动物还有非群体规范内化的"自我克制",如潜伏忍耐以伺机捕取猎物,这是许多动物的族类本能,这是上述群体规范落实到个体的可能性更原始的生物性基础。

在1979年的《批判哲学的批判——康德述评》里,我曾强调指出,日后也多次提到,人的个体道德是从幼儿时的"不"(不许抢别人的食品,不许打骂别人……)开始的。《礼记·曲礼》中记载了那么多的"不……""毋……",将从儿童到成人的行为、活动、言语、举止、容貌等日常生活规范规定得如此之细密严格,也显示出"礼"作为伦理规范,正是对个体行为和心理的道德塑造,而使之成为人("立于礼")。我以为这位作者所指出的其他灵长类动物的类似行为,只是说明了这一由外而内的人类道德行为有其动物祖先的潜在的生物可能性,但正是人类才将其转化性地创造为具有现实性的"礼"(伦理)和"德"(道德)。所谓二十五万年前猎取大型动物的时期,不正是原始人群大规模地制造、使用工具而需要紧密地分工合作产生社会和理性的时期吗?作者也讲到制造使用工具,但没有看到这一关键环节对产生人类的转折性的巨大意义。如我在认识论中所说明,人类正是在制造、使用工具及其不断地改善更新过程中,产生了分工合作、协同作战的社会实践中的理性,然后转化性地创造

伦理学补注并附录

为人类主体的实践理性,并通过语言中的语义,传递和保存下来,代代相传。群体要求和实践经验成了社会的外在规范,个体内在的道德和认识也由此而萌芽、建立、巩固和发展。何谓理性?理性便是在上述实践中所产生的有利有益于人类群体生存延续的规范、秩序、规则和规律,通称之为"合规律性","度"在其中起了根本性的作用。首先有实践理性以构成社会,同时加之于对象,成为认知理性即思辨理性,理性在实践中的不断发展和扩展,使人类的生存延续产生了根本性的转变,而逐渐脱离动物界。这位作者完全未能涉及这些,但其由外而内的道德起源论,包括强调论证良心(conscience)、自觉意识(self-conciousness)、羞耻(shame)等等,都源自群体规范,却与我是一致的。而这就以生物科学的例证,进一步堵塞住道德作为良心、良知、良能,来自天授、来自先验理性的自古至今占据统治地位的中外各种理论,从基督教的神定论、Kant 的纯粹实践理性到中国的宋明理学和当代各派儒学理论。

这里特别值得注意的一点是,这个由外到内、由伦理到道德,都有一个严厉强迫的过程和性质。就自然生物说,这个个体的"自我克制"得来并不容易,如那位作者所说,它是经过群体的严厉惩罚和杀戮并在极其漫长的时期才逐渐形成。就中国传统说,同样被学人忽视的一点是,远古的巫术礼仪到三代特别是周代的礼仪规范,也是与严厉的惩罚直接相连接的。"不孝""不友"都将以严刑厉法处置,所谓德治、礼治,在开始时期是建立在习惯法的严厉惩罚之上的。后世特别是今人误以为"礼"就是温情脉脉的揖让进退,其实恰好相反。"周人以栗,曰:使民战栗。"(《论语·八佾》,参阅王国维《殷周制度论》及今人林岗《口述与案头》等著作)这一直要到礼坏乐崩的春秋时代,孔子释礼归仁之后,礼出自内心仁爱的理论和面貌才被塑造出来。孔子回答"使民战栗"问题时说,"成事不说,遂事不谏,既往不咎",过去的事就不要再提了,这正是孔子释礼归仁的伟大贡献所在。可见,内在道德的良知良能,归根到底是来自外在群体的严格和严厉的伦理命令,至今对儿童的道德教育,从家庭到学校,仍然免不了一定的强迫因素。我以为这是必要和重要的。

从而,我所作的"伦理""道德"两词语的区分的意义,也就非常明显了。以前也有人作过区分,例如认为共同而非自觉的风俗习惯属于道德,伦理则是自觉的制度性的理性约束,等等。实际上仍然是将二者混为一谈。由于这两个词语在西方来源不同,一来自希腊,一来自罗马,两词均包含内外,因之在长久同义使用中,要将来自古希腊文的 ethic 专指外,来自拉丁文的 moral 专指内,可能很不方便和习惯。中国语言无此问题,将伦理专指外在社会规范,道德专指个体行为和心理,顺理成章。我以中国语言为桥梁作此内外的理论区分,突出了群体社会要求与个体道德行为、外在规范与内在心理(亦即内与外、己与群)的关系,便能更好地解答不作区分所带来的好些疑难和问题。

有人会问,你既然引用了上述自然演化论的看法,是否就完全同意 Darwin 的理论呢?明确回答:否。Darwin 没有注意或重视人类不只是自然进化的动物，而同时更是制造、使用工具，从而产生理性和社会的动物。因之，Darwin 的许多论断，如上述作者所引用的 Darwin 的话："动物不管是什么，都与人类一样，都有一种与生俱来的显著的社会本能，包括父慈子爱的情感在内，因此，只要它的智力能够得到良好的发展，或接近良好的发展，就不可避免地产生道德的言行。"(《人类的由来》) 数百万年的历史证明并非如此，不仅所谓"智力""良好的发展"等词语，非常含混模糊，而且许多灵长类动物自然进化也已数百万年，但至今不能造出飞机和手机，也没有什么父慈子孝、兄友弟恭，自由平等、个体人权，等等。

　　这里还要说明一点：有人可能会说，如果是由外而内，那道德行为就不是道德自律，而是道德他律了，就没有什么自由意志了。不然，由外而内、由伦理而道德，是讲道德形式（意志）和内容（观念）的根本源起，而不是讲道德的具体实现状态。这实现状态仍然是自律，即自己做主的选择和决定，而非他人或外在规范的强迫。这也正是道德自觉不同于法律服从之所在，服从法律也需要意志克制情欲履行观念，但无自主的选择性。道德与法律（和习俗）的复杂关系是政治哲学的重要课题，我所反对的是，将道德自律（或自由意志）的来由解说为某种先验（或天赋）的观念（或力量）的自然（或突然）的展现，这属于道德心理学范围，但又不是一般的经验心理学，而只是从哲学角度来谈道德心理。

五

直觉、性善与孟、荀

本来是由外而内、由伦理而道德，但长久占住统治地位的，特别在中国，却是由内而外的理论。西方虽有直觉主义，但并不突出，中国则是著名的性善论一直为主流，道德启蒙读物的《三字经》一开头便是"人之初，性本善"。为什么？这里需要再作一条补注。我以为有两个重要原因。一个原因是这种理论似乎与人的日常道德行为比较吻合。在讨论班上，有人便说道德既是由经验到先验，又是从先验到经验，也是如此。

其实，"由经验到先验"是讲，由外在伦理规范（经验）进入个体心理，成为似乎是先验的情感、意志（先验），这里讲的是道德起源的根本问题；"由先验到经验"是讲，个体道德行为和心理（经验），似乎是从"不虑而知""不学而能"的良知良能（先验）生发出来的日常经验描述；这两者是完全不同层次的问题。后者如见孺子入井的"恻隐之心"似乎人人都有，是著名的经典，所以孟子说，"仁义礼智，非由外铄我也，我固有之也"。从开头所说的"道德"一词泛化的许多事例看来，这似乎是一种普遍现象。但从人类学和教育学来说，它们仍然是长期培育的结果，是由强迫和学习得来的，先变为自觉，再变为潜意识和无意识，从而似乎是不虑不学的结

伦理学补注并附录

果。正如游泳、骑自行车等技艺,由训练培育进入无意识状态一样。其实,狼孩和未经受教育的小孩与成人,并不会如此。因之孟子所说的仁义礼智"我固有之"的道德心理学,未必然也。孟子认为君王有"不忍人之心"便可行"不忍人之政",便可以保四海、一天下,由道德(内在心理)而伦理(外在政策制度)的政治哲学,亦未必然也。后世宋明理学("格君心,定国是")和现代新儒学(良知坎陷开启科学与民主)亦未必然也。我感兴趣的是,西方颇有地位的直觉主义与此也有类似处。G. E. Moore 认为善(good)有如"黄"的颜色一样,是不可定义、不容解说的直觉自明公理。因之重要的是去分析道德诸多语词、概念、判断的含义、作用、功能,从而开启元伦理学(meta ethics)数十年至今的学院派统治。道德心理是否就是直觉判断呢?在上世纪 50 年代的美学讨论中,我在"美感两重性"中便提出过美感直觉性问题,美感直觉比道德直觉更为明显和突出。但讨论的结果,似乎多数学人赞成实践美学所提出的:美与美感均来自人类实践,美感并非不可定义的感觉,也非动物性的生理直觉,更非自明公理,它仍然是在先天生理基础上的后天培育成果。道德直觉当更如此。

Michael J. Sandel 说:"我首先得说,通常情况下,我们的直觉是错误的、误导人的,这种直觉可能建立在无知、迷信或者缺乏反思的基础上。但我不觉得人们应该否定直觉,直觉可以成为批判性反思的起点,特别是在伦理和灵性的领域。因为有时候普通人的直觉能够表现出一些值得思考的东西,其中一部分是关于伦理、公正和共同利益的思考。因为共同意见往往是历史、习俗、传统的积累的结果。这些共同意见往往包含着很多偏见和误解，但是也包含一些长期积累下来的见解，特别是在讨论伦理与文化传统时，这些共同意见组成了文化。我说的文化是指特定的社会，或者社会秩序下长期累积的共同的自我意识。这当然不是说共同意见（common opinion）就一定是对的，但这是一种参与到历史、习俗和传统中的一种方式。"[1]

这说得很平实，我非常赞同。总之，不管是对或错，直觉是历史、习俗、传统的积累所形成的。这就是说，是外在的所谓"共同意见"的伦理规范进入内在心理，时间一长，成了直觉。而从内在心理本身说，John Doris及其研究小组2010年出版，2012、2013年多次重印的《道德心理学手册》(*Moral Psychology Handbook*)，从当今道德心理的实证科学研究，着重论证了道德中"情感—直觉系统"（affect-intuition system）与"意识—认知系统"（conscious-cognitive system）的交互作用，其结论是没有道德判断的单一心理过程，相反，道德判断依赖不同心理系统之间的交互作用。该书一再提出，所谓直觉是否真的是直觉？直觉真可靠吗？以及不能将道德判断等同于情感的直接反应，等等。意识认知系统和情感直觉系统如何交互作用，这本书没有说，因为今天的实证科学还不知道。

可见，从远古人类的"自我克制"到今天的道德行为和心理，都是一个情理结构的历史—教育的培育过程，而并非

---

[1] 杨潇：《桑德尔：我们的公共话语是如何耗尽和空洞化的》，共识网，2015年9月7日。

天生即有的直觉活动。因此也才可能从根本上解释，为何当今人们外在的伦理规范要求和内在的个体道德心理可以有如此大的、高速度的变迁更易，而为其他动物族类所无有。因为它从来就不是自然进化或先验本性。

那么，人性是否有善恶呢？孟荀之争如何理解和解释呢？拙著《伦理学纲要》（2010）明确认为，人的天性本无善恶，善恶是一套观念系统，产生于人类历史形成中。动物本身有爱恋、协调、温顺、合作等所谓"善"的方面，也有抢夺、争斗、凶狠、杀戮等所谓"恶"的方面（这里所谓善恶也是人类加上的观念标志）。荀子强调的是去恶，即压抑、消灭后一方面，孟子强调的是扩善，即培育、成长前一方面。其不同是把重点放在扩善或控恶，但共同点更为重要，就是重视教育。如上面所引的现代科学理论，荀子显然在逻辑论证和理论思辨上更缜密、有力，但孟子以其饱含情感的类比联想论说，却更容易使人倾倒和信服。从后代历史来说，集理学大成的朱熹强调"存天理灭人欲"，其实是举孟旗、行荀学（指理论的客观建构和实践功能，非朱的自觉意愿），以纲常伦理压抑人的情欲，无怪乎好些学者都以朱学为荀学。包括崇孟的牟宗三不也严厉批评朱子是"他律道德"吗？如仅从由外而内的角度看，这批评也不无道理。谭嗣同说"二千年之儒学，荀学也"，毛泽东说"百代皆行秦政制"，说得都没错。以"灭人欲"的教育来管控百姓，巩固这个大一统的专制帝国，在当时有其历史的必要。所以孔—荀—董—朱，成了中国伦理学传统的实际主线。而到王阳明心学，以心为理，以良知为本体，几传之后，除一部分走入意志主义和禁欲主义，其主流便逻辑地和历史地走向或指向"天理即在人欲之中"的近代个人主义的自然人性论了。[1]

朱熹既是孟表荀里，那么就回到一开头提到的为何"人性善"成为中国传统的第二个也许是最重要的原因。这也是"孟表""举孟旗"能起重要功能和作用的原因。千百年来，孟子作为亚圣，其地位、影响远大于荀子，至今如此。为什么会这样？

我以为，这主要与中国传统的有情宇宙观有关。如拙著《说巫史传统》（1999）所认为，中国的"天"从古至今皆有双重性格，一方面是非人格神而有神性的上天（heaven），另一方面是自然的天空（sky）。这种两重性的意义在于，它从物质和精神两个方面肯定着人的生活，从而人就该以肯定性的积极乐观的情感态度来论证、认识此生此世、此性此情。无论在伦理规范的政治哲学上，还是在个体修养的道德心理学上，都如此。《左传》有"天视自我民视，天听自我民听"，《易传》有"天地之大德曰生""生生之谓易"，到董仲舒就提供了一套天人相应、天道即人道，"仁，天心也"的有情宇宙观。如同基督徒对上帝的感恩一样，中国人对天地一直都有感恩怀德的情感，只是这天地并不是脱离自然的人格神，而

---

1 参见李泽厚：《中国古代思想史论》，北京：生活·读书·新知三联书店，2008年版；《中国近代思想史论》，北京：生活·读书·新知三联书店，2008年版。

就是宇宙自然本身。在这里,人不是如《圣经》说的要管控自然,而是要与自然协同共在,这个"协同共在"远不只是物质性的,而且更是道德和超道德的感情和信仰,人是在物质和精神两方面去"参天地,赞化育",亦即参与天地的工作和培育自己。《中庸》更将本无善恶可言的自然人性解释为上天所赐的善良品德,孟子对此大加发挥,于是"天行健"与"人性善"在精神上更加紧相联系起来,使人获得强烈的肯定生存和生活的情感信仰。因此尽管在学理方面,荀居优,但在情感方面,孟居上。孟子以那种尽管不符合逻辑却极为煽情的论辩语言,比务实可靠的荀子论证,作为情感信仰便更易为人们所亲近和接受,而成为中国传统的宗教性道德和乐感文化的特征。"性善"与"原罪","好死不如赖活着"与"这个世界不值得活",可以作为中国人与基督徒不同的通俗极端写照。今天,从人类学历史本体论来看,一方面强调人性的自然产物本无所谓善恶,善恶是后天社会的观念界定,并来自后天的培养教育;另一方面,"至善"既是人类总体的生存延续,从而人性善可说是由于个体参与这个人类生存延续的实践而"性善",即由总体"至善"而个体"性善"。(参见《伦理学纲要·新一轮儒法互用》)前一方面是现代社会性道德的基础,后一方面是对中国传统的宗教性道德的承续。这就是我说的,兼挑孟荀,归宗孔子。

  附带说一下,与性善、直觉相关的另一重要问题,是道德中的超道德。在西方,超道德便进入宗教,中国则是"孔颜乐处"和天地境界,也包括现代中国学人如牟宗三爱讲的"智的直觉"以及所谓"转识成智"等等,其中的某种共同底线,就是拙著《关于"美育代宗教"答问》(2016)中所说的神秘经验。这是日常未有或少有,而由个体苦修得到的,如 William James《宗教经验种种》所描述的,以及佛教禅宗和宋明理学所讲的"父母未生我时面目""喜怒哀乐之未发"等等。人类学历史本体论承认这种种神秘经验的存在,并称之为"感性的神秘"。但认为在脑科学发达之后,它们完全可以在实验室内制造出来,尽管距此还相当遥远,但今天的某些材料,尽管零星破碎,也并不见得可靠,却已展示了这种可能。抄录一份报道如下:"……大脑的这种反应巩固且加强了嗑了 LSD 之后的嗨感,你会处于一种变异的清醒之中,并且感觉到自我在慢慢解体,一片一片地逐渐融入到整个大自然中去。就像那首歌唱的,灵魂片片凋落,然后慢慢拼凑出一个完全不属于真正的我。当然不属于你了,因为你已天人合一了。这种体验有时被纳入宗教或精神的框架中;当药效渐渐消失,你可能会成为一个更好的自己。"[1]

那么,那种道德又超道德的神秘直觉和经验,还有什么神秘呢?于是只有我说的"理性的神秘"了。[2]

---

[1] 刘楚楚:《英国科学家首次完成 LSD 作用于大脑成像研究被称作五十年以来最大突破》,观察者网:http://www.guancha.cn/europe/2016_04_13_356889.shtml.

[2] 参见李泽厚:《人类学历史本体论》,天津:天津社会科学院出版社,2008年版。

六

Kant、伦理相对主义和美德伦理

西方哲学伦理学绕不过 Kant，但众说纷纭，两百年也一直讲不大清楚。我以为重要原因之一，便是没有作伦理与道德的区分。如果将 Kant 的绝对律令第二条"人（个体）是目的"作为外在伦理规范，其他两条（"普遍立法""自由意志"）作为个体的内在道德心理，使二者区别开来，就似乎容易理解些了。前者为人文追求，后者为人性塑造。人性塑造，是人类自上古至今天所必须有的绝对心理形式；而"人是目的"则只是特定社会、时代的要求，受着历史具体性的制约，它并非绝对律令。

实践理性之所以高于思辨理性，如前所说，就在于前者使实践中的理性变为实践理性，它以符合人类生存延续的合规律性为表征，首先正是指这种伦理命令在实践活动中呈现理性的特殊重要性，以后才呈现为认识论的合规律性。认识论的合规律性在根本上也脱离不了有益于人类的生存延续。如果要把 Kant 列入伦理绝对主义，就主要是指这一点。因为 Kant 指出了每个人做出道德行为时所应抱定的信念：我这样做，应当适用于所有人的规则律令，所有人均应效法于我，我的行为是可以普遍立法的行为。从人类学的历史源起看,这大概就是制造使用工具的实践活动中所最先出现和存留的经验、语义和理性。它以绝对律令的形式塑建人的内心,由强迫服从到自觉选择,逐渐成为由理性主宰自己,置苦乐、幸福、生命、经验、感性存在于不顾的自由意志。这也就是 Kant 所说的"善良意志"(Good Will)。可见"善良意志"主要指的,便是这样一种能"普遍立法"的个体的道德心理。它也就是 Kant 所谓实践理性,高于优于先于认识的思辨理性。它大概是人类语言中首要的语义,"鼓天下之动者存乎辞",它由远古巫师借"天命"咒语,将保存着一系列制造使用工具的实践中的要求、规则、规律作为不可抗拒的神圣命令发布出来以指挥、组织和控管群体和个体的行为活动。巫术礼仪使人类彻底脱离动物族类,产生了社会,其中,语言和理性(秩序和规则)是核心,基础仍然是制造使用工具以猎取食物(获得对外界事物的把握和认知)、分享食物(群体个体间的生存关系和秩序)的种种经验。这使语言不止于沟通,而是以声音(以及之后的文字)的轻质外壳,负载着厚重的历史经验,来维护人类的生存延续。"语言是存在之家",只有从这个角度去解说,才有深刻的意义,这意义是建筑在人类制造使用工具不断进步不断创新的数百万年历史经验之上的。所以,不是语言而是历史进入形上,因为它才必要而充分地具有人类生存延续的本体意义。这就是以中国传统和 Marx 来解说 Kant 实践理性的要点所在。

同样,从这个历史角度看,"人是目的"如前所说,却只是现代社会所要求的个体的行为规范。文化人类学的大量材料证实,"人是目的"并非普遍存在,无论中外,古代并无此"绝对律令",它是现代社会的产物。作为现代性道德的根基,它在某些地区和国家已经在制度和法律上有所落实,以平等的个人为本位和价值根源,也已成为自由主义政治哲学的总纲领。但对全球来说,远未如此。文化人类学说明,不同时代、不同社会、不同文化、不同传统,存在着很不相同的伦理规范,很不相同的宗教教义、生活习惯、制度和礼仪,其中充满着差异、冲突,同一文化中伦理规范的矛盾冲突也很常见,特别是在近现代。从不允许离婚,到允许同性婚恋,从全身黑袍、只许露双眼,到几乎全裸的时装表演,从禁欲主义到性放纵,以及在这两端之间的各种理论和实践,"此亦一是非,彼亦一是非"。它们或并行不悖,或激烈冲突,至今如此。"人是目的"远未成为全球的伦理道德。由自由主义引申出来的文化多元主义、伦理相对主义,倒是今日主流。再重复一次:"人是目的"并非普遍必然的绝对律令,而是具有某种普遍性并兼理想性的现代社会性道德。但普遍立法和自由意志则是自古至今的人性塑建中普遍必然的道德心理形式结构,也许用"框架"(framework)一词更明朗。我以为所谓"绝对律令"(categorical imperative)就是指建立人的内心的这种框架,从而使人成为人,任何道德不管是何种宗教性道德或社会性道德都必须有此框架才能成为道德。这框架也就是以意志为特征的观念、情感三合一。框架和意志是不变的,但观念、情感却随时代、社会、文化而差异而不同而变迁。所以,人类学历史本体论在一定限度内认同伦理相对主义,因为如前所说,它们都是历史具体性的合理产物,各种时期个体遵循的社会群体规范(《伦理学总览表》的由礼到理的实线)以及对此规范的背离和反叛(由理到礼的虚线)是历史行程中的常规。不能拿今日之我去衡量昨日之我,这几乎是不必再作讨论的问题。问题在于,在这主流中有一种所谓"无限制的伦理相对主义"(unrestricted moral relativism),即认为各种伦理规范完全等价同质,不可通约,因此也就不能去作优劣长短高下和进步落后之分,否则就是政治不正确,从而也就否定了历史的积累性。历史积累性也就是肯定历史有进步性,包括伦理道德。这在妇女问题上非常突出。妇女有否受教育的权利,妇女能否外出工作,妇女能否自由婚恋,妇女能否自己决定堕胎,就是例子。所以,"人是目的"作为现代社会性道德,对整个人类来说还远未完成,正如《共产党宣言》中所说"每个人的自由发展是一切人的自由发展的条件"一样。

特别值得注意的是,在个人为一切价值源泉的自由主义的统治下,出现了反历史、反进步、反启蒙的各种思潮。也许这里就应该提一下与这思潮有或多或少关联的社群主义(Communitarianism)和美德伦理(virtue ethics)了。现在中国也有许多学者跟着呼唤美德伦理,其共同点是反对自由主义的个人本位,坚持各种传统的群体本位。但西方社群主义的美德伦理，是以古希腊为指归，有着古代希腊自由民个体为本位，从而以平等的友谊为特色。尽管强调群体优于、源于、高于个体，但与自由主义的个人本位在根本上差异并不太大。中国的美德伦理却不然，它是以传统的父慈子孝为核心的伦常道德，也就是梁漱溟早就透彻论述过的"伦理本位"，其个体是在各种不同的伦常关系中尽其不同的义务和职责。这种美德是一种关系美德。

但如今，中国正面临前所未有的社会变迁，农村人口大规模地进入城市，自由买卖劳动力和契约原则使个体从家庭、家族、乡里在物质和精神上都"解放"出来，日常生活全面现代化，传统家庭瓦解，家族、宗族荡然无存，所谓"三纲六纪"的传统制度和精神指归已不可能再造和复现。个体的平等、自由、独立、权利，取代了传统的关系主义和角色伦理。那么，中国的美德伦理究竟到哪里去寻找它的根基呢？

这已成为一个重大问题。看来，只有提出情本体，重视人性情感，将关系、角色的社会伦理建构原则，转换性地创造为情感、心理的塑造。三纲已不在了，上下级的关系也是建立在个体人格独立的基础之上，在抽象理论上可以是"君臣朋友也""父子朋友也""夫妇朋友也""兄弟朋友也"（谭嗣同），上级炒鱿鱼，下级也可拂袖而去、辞职不干。"天下无不是的父母""君不君臣不可不臣"的时代不能再回来，契约原则、个人本位已成为现代社会性道德的表征。但是，上下级（君臣）、父子、夫妇、兄弟之间的社会人际角色关系特别是情感关系却仍然并不能与朋友完全相等同，从而"君仁臣忠""父慈子孝""兄友弟恭""夫义妇顺"就仍然可以在情感的关系和角色中起作用。例如，在情感思想上严格区分工厂的按劳分配、经济刺激与儿童教育中物质奖励的根本不同。在公民课优于先于《三字经》的前提之下，仍然注重"孝亲敬师、长幼有序、勤奋好学、尊老扶幼、阅读历史、重视经验"，它们可以起着超越物质利害、调节纯粹平等的作用，协调绝对自由的个人之间的关系、矛盾、纠纷和冲突，使市场经济不变为一切向钱看的市场社会。市场经济、商品生产、劳动力自由买卖，都以等价交换和理性计算为基础。人是理性的动物，但并不是理性＋动物，而是将理性渗入动物性的情感欲望甚至本能之中，使动物成为具有情理结构的人。

梁漱溟说，"伦理关系即是情谊关系"，"伦理因情而有义"，"其情愈厚，其义愈重"，"道德为理性之事，成为人的自觉自律"，"孔子深爱理性、深信理性"。梁漱溟所用的"理性"一词，如他自己所强调，就是"情理"，而非"物理"（理智），即不只是知性。这其实是强调自觉自律的理智与情感的完全融合，成为情理。由这种情理生发出来的义（义务责任），就可以无往不适，并使人具有"更强的生命力量"[1]。可见，中国人的合情合理、通情达理、心安理得，便远不是情＋理而已，而是本由理智（观念）所决定的理

---

1 梁漱溟：《中国文化要义》，上海：上海人民出版社，2005年版。

性意志。由于情感的渗入和交融,已合为一体,从而使得这个理智的道德义务似乎是由情感而生发。这正是中国传统将是非(理)、好恶(情)合为一体培养的重要特点。它不同于 Kant,也不同于 Hume。下面似不妨看看作为中国美德伦理的传统儒学,如何积淀和实践在人们的日常生活中的。

七

儒学深层结构

我有抄旧作的习惯，虽有愧疚之感，尚未见人深责。我的理由以前也说过，那就是与其编新词谈旧货，不如直接摆旧货再求售，亦所谓"家有敝帚，享之千金"者也。我1996年发表的《初拟儒学深层结构说》，似仍可参考。所谓深层，也就是讲自觉和不自觉的个体情理结构。大抄数千字如下：

> 我的兴趣……主要是想探索一下两千多年来已融化在中国人的思想、意识、风俗、习惯、行为中的孔子。看看他给中国人留下了什么样的痕迹，给我们民族的文化心理结构带来了些什么长处和弱点。这个孔子倒是活生生的，就在你、我、他以及中国人的观念中间。……因之，即使广大农民并不读孔子的书，甚至不知孔子其人，但沉浸和积淀在他们的行为规范、观念模式、思维方法、情感态度等意识和无意识底层的，主要仍是孔子和儒家的东西，而不是道家、法家或佛教。当然这些东西也有，但大半已被吸收、包含、融解在儒家中了。……

这也就是我今天要谈的儒学深层结构说。因之，所谓儒学的"表层"结构，指的便是孔门学说和自秦、汉以来的儒家政教体系、典章制度、伦理纲常、生活秩序、意识形态等等。它表现为社会文化现象，基本是一种理性形态的价值结构或知识/权力系统。所谓"深层"结构，则是"百姓日用而不知"的生活态度、思想定式、情感取向；它们并不能纯是理性的，而毋宁是一种包含着情绪、欲望，却与理性相交绕纠缠的复合物，基本上是以情—理为主干的感性形态的个体心理结构。这个所谓"情理结构"的复合物，是欲望、情感与理性（理知）处在某种结构的复杂关系中。它不只是由理性、理知去控制、主宰、引导、支配情欲，如希腊哲学所主张；而更重要的是所谓"理"中有"情"，"情"中有"理"，即理性、理知与情感的交融、渗透、贯通、统一。我认为，这就是由儒学所建造的中国文化心理结构的重要特征之一。它不只是一种理论学说，而已成为某种实践的现实存在。

这个所谓"深层结构"，也并非我的新发现。其实它是老生常谈，即人们常讲的"国民性""民族精神""文化传统"等等，只是没有标出"文化心理结构"的词语，没有重视表、深层的复杂关系及结构罢了。当然，所谓"深层""表层"的区分并不容易。第一，"深层"是由"表层"经历长久的时间过程积淀而来，其中包括自觉的文化教育（如古代的"教化"政策）和不自觉的风俗习惯。中介既复杂多样，自觉不自觉也交错纠缠，从而很难一刀两断，截然划开。第二，"深层"既然包含无意识和情感，也就很难用概念语言作准确表达。它与"表层"的区分只能大体点明一下。

那么，什么是这个"深层结构"的基本特征呢？我以前论述过的"乐感文化"和"实用理性"仍然是很重要的两点。它们既是呈现于表层的文化特征，也是构成深层的心理特点。将这两点归结起来，就是我近来常讲的"一个世界（人生）"的观念。这就是儒学以及中国文化（包括道、法、阴阳等家）所积淀而成的情理深层结构的主要特征，即不管意识到或没意识到、自觉或非自觉，这种"一个世界"观始终是作为基础的心理结构性的存在。儒学（以及中国文化）以此而与其他文化心理如犹太教、基督教、伊斯兰教、印度教等相区分。自孔夫子"未知生，焉知死""未能事人，焉能事鬼""子不语怪力乱神"开始，以儒学为主干（道家也如此，暂略）的中国文化并未否定神（上帝鬼神）的存在，只是认为不能论证它而把它存放在渗透理性的情感状态中："祭如在，祭神如神在"，"吾不与祭，如不祭"。儒学之所以既不是纯思辨的哲学推断，也不是纯情感的信仰态度；它之所以具有宗教性的道德功能，又有尊重经验的理性态度，都在于这种情理互渗交融的文化心理的建构。儒学不断发展着这种"一个世界"的基本观念，以此际人生为目标，不力求来世的幸福，不希冀纯灵的拯救。而所谓"此际人生"又不指一己个人，而是指群体——自家庭、国家以至"天下"（人类）。对相信菩萨、鬼神的平民百姓，那个神灵世界、上帝、鬼神也仍然是这个世界—人生的一个部分。它是为了这个世界、人生而存在的。人们为了自己的生活安宁、消灾祛病、求子祈福而烧香拜佛，请神卜卦。

由于儒家的"一个世界"观，人们便重视人际关系、人世情感，感伤于生死无常，人生若寄，把生的意义寄托和归宿在人间，"于有限中寓无限"，"即入世而求超脱"。由于"一个世界"，人们更注意自强不息，韧性奋斗，"知其不可为而为之"，"岁寒，然后知松柏之后凋也"。由于"一个世界"，儒学赋予自然、宇宙以巨大的情感性的肯定色彩："天地之大德曰生"，"生生之谓易"，"天行健"，"厚德载物"……用这种充满积极情感的"哲学"来支持人的生存，从而人才能与"天地参"，以共同构成"本体"。此即我所谓的"乐感文化"。由于"一个世界"，思维方式更重实际效用，轻遐思、玄思，重兼容并包（有用、有理便接受），轻情感狂热（不执着于某一情绪、信仰或理念），此即我所谓的"实用理性"。至于这个"一个世界（人生）"的来由，当然并非始自孔子，而是源远流长，可能与远古黄河流域自然环境优越（较诸巴比伦以及埃及、希腊），人对"天地"产生亲近、感恩、敬重而非恐惧、害怕从而疏离的基本情绪有关。这一点，好些人（如牟宗三）也都指出过。

不过我以为更重要的是中国远古巫术传统的缘故。巫术是人去主动地强制神灵，而非被动地祈祷神灵。中国巫术的过早理性化，结合了兵家和道家，而后形成了独特的巫史文化，这是一个极为重要的古史和思想史课题，另文再论。

由于是"一个世界"，便缺乏犹太——基督教所宣讲的"怕"，缺乏无限追求的浮士德精神。也由于"一个世界"，中国产生了牢固的"伦理、政治、宗教三合一"的政教体制和文化传统；"天人合一"成了公私合一，很难出现真正的个性和个体。于是，一方面是打着"天理"招牌的权力/知识系统的绝对统治，另方面则是一盘散沙式的苟安偷生和自私自利。总之，由于"一个世界"的情理结构使情感与理知没有清楚划分，工具理性与价值理性混为一体，也就开不出现代的科学与民主。

今天的工作似乎在于：要明确意识到这个问题。要明确意识它，需要进一步了解儒学在表层是如何来构造这种情理结构的。儒学向以人性为根本，讲伦理、政治、宗教或统摄或归结为人性问题。不管是"礼"是"仁"，是孟是荀，人性问题始终乃关键所在。人性与个体的感性心理直接关联，由此才可能产生情理结构的建造。

孔子说："性相近也，习相远也。""于女安乎？……女安，则为之。"孟、荀都大讲人禽之辩，端在人性。因此不管是"性善"（人有先验的善端）、"性恶"(自然动物性),都强调教育,以使人性复归(孟)或获得人性(荀)。而所谓教育,也就是要求将理性渗入情感,使人的动物性情欲转换为"人性"情感。例如,在动物界,母爱是一种生物本能。儒学虽以这种生物本能的感性为前提,却强调它的"人化"性质,即强调不但母亲而且父亲也应该爱子女(父慈)。更重要的,它强调必须是双向的爱,即子女更应该爱父母(子孝)。儒学强调这种爱不能只是外在的礼仪秩序或制度规范,而更应该是内在情感态度的培育。孔子说:"至于犬马,皆能有养。不敬,何以别乎?"儒学以人性的情感心理作为出发点,以这种双向的亲子之爱以及兄弟(家庭成员)之爱作为轴心和基础,来建构社会的一切,由伦理而政治("迩之事父,远之事君"等)和宗教(三年之丧、祖先崇拜等)。从而,所谓"孝悌也者,其为仁之本与"就完全不是某种纯粹理性的哲学的思辨,也不是某种实践理性的道德规范,而是在营造某种感性心理的情理结构。各种宗教都着力建立自己的情感结构。它们常常以一个超越的神本体作为信仰的对象和情感的依托;或以理性独立自足,绝对无误,通过理知便足以论证神的存在(如本体论、宇宙论、目的论等证明);或恰好相反,强调"正因为荒谬,所以我相信",排斥理性,直接诉诸情感。这里这些情理关系和结构便颇不同于儒学。儒学把依托和归宿不建筑在神或理性(真理)之上,而建筑在情理交融的人性本身之中。因之，不强调理性与感性、灵与肉、彼岸与此岸的对立和冲突，而是要求由感性肉体负载着的心理本身，成为形上追求的对象，即追求感性血肉本身积淀的完成和圆满。所谓"兴于诗，立于礼，成于乐"，即此之谓也。

这也就是情本体的儒学传统，因之无论是对外在人文（包括外在伦理规范）的追求，或者是对内在人性（包括个体道德心理及行为）的塑建，都并不离此"一个世界"。"一个世界"使日常生活中的人间情感关系，成为不可或缺的人生存在的真实本体。前面所讲父子夫妇兄弟朋友在这"一个世界"中的人间情爱，与"爱上帝和上帝的圣爱"（两个世界）为背景的人间情感，是否仍有些不同，很值得研究。前者的人间情感本身可以是本体，后者则不然，本体必须是上帝，即使上帝就在人间。这也就是当年我讲《红楼梦》与《卡拉马佐夫兄弟》的不同，基督徒拯救灵魂与儒家士大夫救民水火的不同。

港台新儒家和大陆新儒教宣讲者都没有着重注意到，这个千百年来百姓日用而不知的"一个世界"中的情理结构，它作为本体的现实存在和强大力量的重要性。这个重关系、重人情的情理结构系统，便可以作为今日的传统宗教性道德和美德伦理，在人欲横流的市场价值中起解毒和纠偏作用。孤独、吸毒、流浪、性放纵、沉溺于虚幻世界的年轻人，在偶一为之的个体浪漫之后，可以猛回头来在人世现实中去求得真正的心灵快乐。中国社会至今仍然是人情味相对浓厚，人际交往相当频繁，人际关系比较稠密，访亲探友、礼尚往来的风俗习惯仍在延续。虽然这与中国人口多、聚居密有关，但"一个世界""情本体"传统仍然是其心灵底色。在政治哲学上，1999年《说儒法互用》文也曾提出重情感的"屈法伸情""原心论罪""重视行权""必也无讼"，其实还可以加上"戴罪立功""将功赎罪"，而不只是就事论事，按律议处。

与此有关联的一点，像许多学人一样，我也曾将中国传统的"安身立命"，与基督教的"终极关怀"相提并论，混为一谈，其实错误。当然，基督教有许多不同的教派和理论，Paul Tillich 的"终极关怀"（ultimate concern）未必为 Karl Barth "全然异者"（the wholly other）所接受，尽管基督教某些教义和教派强调上帝就在这个世界里，与人同受苦难，以消除灵肉、身心、天人两个世界的割裂。但对创造和主宰这个世界的超验的、非物质性的力量和最终实在的信仰和崇拜情感，却仍然是各教派理论的主流。基督教的上帝仍然不同于中国的"天"，从而，"终极关怀"与中国的"安身立命"也仍然不同。从情感说，后者是以横向关系的人间情爱为最后的皈依，前者仍然是以纵向的人与上帝的爱为最终本体。基督教以拯救灵魂为使命，中国士大夫以怀万民忧乐、开万世太平为担当。得志与民同乐，不得志或退隐山林，或传授门徒，或寄情文艺，超脱执着，安身立命。而经常还是"身在江湖，心怀魏阙"："关心莫过朝中事，袖手难为壁上观。"（李锐诗）

此外，按照基督教原罪说，各种苦难和受难并非因为个体的不道德行为和心理所导致，生存的有限性本身就是罪的表现，与道德与否可以全无关系，所以无辜者受苦难，具有一种本体论的意义。无辜受难而追求救赎，却并不可能得到，于是基督教以圣爱来超越遵循道德也无辜受难的福德两违，泯灭善有善报、恶有恶报的世俗期望，以超越道德和伦理而归属于神。这的确令人震撼，而感受到其崇高伟大，但这却并不符合中国传统。有如历史本体论所引 Einstein 的话说，"我不相信个体的不朽，我认为伦理学只是对人的关怀，并无超人类的权威立于其后"。中国传统执着于"一个世界"中的"善有善报、恶有恶报"的历史论评，将福德统一、将"历史与伦理二律背反"统一于人类未来世代中而非神的怀抱。人类学历史本体论也强调，只有爱能使虚无消失，但这个爱并不脱离世俗生活和自然世界、山水草木，历史进入形上便将个体生存的缺失性、暂时性、有限性，安息在历史世代前行的道德又超道德的崇高的审美心境中。真所谓：无可奈何人活着，似曾相识爱归来；四大皆空还得活，知其不可而为之。如斯而已，岂有他哉。甚至不是去追求三不朽，因为它们一万年也如尘土，于是只有爱此人生爱此世界，感伤、了悟、珍惜、眷恋，超脱而又执着地度此一生。此说或将被猛烈抨击，更无所谓也。

八

自 我

既然一切包括伦理道德最终归结于个体，那么这个个体自我便成了补注的最后一条。关于自我，从经济、政治、社会以及各精神领域，从启蒙主义到存在主义，从自由个体到原子个人，西方哲学的讨论已汗牛充栋，包括后现代主义的"人也死了"，自我成了当下碎片，如此等等。中国学者起而效尤，也大讲无我，媚权附势，更显混乱。于是，得简陋说几句。

第一，有没有自我？自我重不重要？答曰：有，重要。但人类学历史本体论从一开头（《批判哲学的批判》）便以"大我小我"论证自我个体是大我即人类在近现代的历史产物，这是个体小我在经济、政治、思想意识和情感上非常重要的自我觉醒。个体生命的有限性，和对这有限性的重要把握，使以个人作为价值源头的自由主义在近现代成了思想主流。Kant 说人是目的，也正是对自我最显赫的呼唤。全社会个体劳动力的自由买卖，则是它的现实基础。这一历史洪流即使常被压抑，迟早终将涌现，想以各种传统文化和时尚理论来阻挡、对抗，必将是极大的错误和历史的倒退。

第二，中国传统有此自我否？答曰：否。严复说："夫自由一言，真中国历古圣贤之所深畏，而未尝立以为教者也。"（《论世变之亟》）中国儒家有"匹夫不可夺志"的个体自由意志，但非现实物质生活中的个体自由。相反，儒家强调个体的生存意义和人生价值在于"尽伦"，即履行三纲六纪的义务和责任。中国道家有"逍遥游"想象翱翔的精神自由，也不是现实物质生活方面的。自由、平等、独立、人权的个体自我，都是现代产物。

第三，自由主义说个人是价值的源头，那么到底有没有"原子个人"即与群体完全脱离的自我？答曰：无。无论物质和精神、肉体和心灵，自我都有来源，都处在关系中，与他人和环境共在。抽空一切关系的"原子个人""无负荷的自我"只是一种假设，并不存在。因此，将个人作为价值的源头，正如许多自由主义理论，如天授人权、人生而平等的纲领口号一样，也并不成立，但这些理论、纲领和口号在坚决反对前现代的专制统治和后现代以民族、国家、人民民主等作招牌维护绝对权力的斗争中，具有极大的价值和意义。

第四，既然如此，中国传统的"伦理本位"在当代还有无意义？答曰：有。伦理学本就有"为人"（What sort of person should I be?）和"做事"（What should I do?）两个方面，"为人"和"做事"虽然难分，但毕竟并不相同。特别是在当今各种不同宗教、族群、文化、主义、教派严重对峙和冲突，很难对所谓"共同善"（common good）、"好生活"（good life）取得一致的世界情境下，更是如此。人类学历史本体论之所以提出两种道德论，也正是对此情境而发。现代社会性道德主要（并非全部）是讲求"做事"的对错，而传统宗教性道德是讲求"做人"的完满。前者确立了各种职业伦理学中的角色道德和对错规范，明确权利和义务，职责与荣辱。传统宗教性道德是以情感和信仰来追求"为人"的品德和安身立命。这两种道德虽可有一致处，但并不相同，如何沟通、兼容、连接，以至交融，避免严重的冲突，是当今一大问题，例如在伊斯兰地区。如前所述，中国传统追求一个世界中的情理交融的心理结构的建立，在今天对此具有世界性的重要价值。

第五，未来的自我将如何？答曰：不可知。1992年《世纪新梦》说："……不再是乌托邦社会工程之梦，而是探求人性、教育、心理本体之梦，从而也是询问和研讨'自然的人化'和'人的自然化'之梦……承继和阐释传统可不可以为这个梦做出某种贡献呢？"1999年《己卯五说》"说天人新义"提出内在自然人化的"硬件"问题："这里所谓人化的硬件，就是指如何改造作为人类自身的自然，即人的身体器官、遗传基因等等。21世纪的克隆、基因科技，将在此揭开新页，使内在自然的人化硬件方面发展达到高峰。它将史无前例地促进人的健康，治疗各种疾病，延长人的寿命，增强人的体力和智力，成为人类发展的最强音。"2015年《答高更三问》认为，未来会有比上世纪哲学的语言学转折更为重要的心理学转折。例如，将芯片植入人脑，与神经元联结，或者对个体基因做出某种改变，这将把人类和每个自我引向何方？它将使人的智力体力极大增加，寿命高度延长，疾病完全消失呢，或者人类与其自我将变为同质机器而消失或逐渐毁灭？这是一场欣快欢畅的美梦呢，还是惊恐异常的噩梦？不可知也已。乐感文化对此持乐观和肯定的态度，"人性、情感、偶然，是我所期望的哲学的命运性，它将诗意地展开于二十一世纪"（《第四提纲》1989）。个体是非常偶然地被抛在这个世界的"三重悲剧"中（《历史本体论》2002），"其目标、前途、遭遇并无一定之规，从而不可预测。命运偶然性、个体特异性、人的有限性、过失性和对它们的超越，在这里充分绽出，这就是生命，就是道路，就是真理，就是'情况'，也就是自己，就是我的、他（她）的'我活着'和'我意识我活着'"（《历史本体论》2002）。并无原子个人，也无先验心理，更无天堂地狱。个体自我只有在这偶然性的历史生存中，去体验那并不专属于自己的存在。伦理学也将在这未来的偶然性中，异常热闹，争吵不已，我则身不及见，不可妄说了。

（原载《探索与争鸣》2016年第9期）

附 录

举孟旗行荀学

本附录主要想再次说明,"道德非知识"和"举孟旗行荀学"两个问题。

(一)目衰年迈,孤陋寡闻,近因华东师范大学郁振华教授介绍,略知围绕 Gilbert Ryle 数十年前所提出的 knowing that 与 knowing how,有理智主义与反理智主义、Hume 主义与反 Hume 主义的分歧,以及国内有关王阳明"致良知"的争辩。(见《学术月刊》2016 年 12 月郁振华文)由于涉及伦理学重要问题,遂借此明确拙著的几个要点。

拙著《伦理学纲要》明确认为,道德不是"知"而是"行",道德中含有知识(即观念),但并非知识,道德属于行为本身。从而道德既不是 knowing that 也不是 knowing how,道德主要不是知不知应该去做或不做,也不是知不知如何去做或不做,更不是愿不愿意去做或不做的问题,它不是知不知、会不会、愿不愿的问题,而是"做不做"的问题。我所提出的道德三要素——观念(即认知)、情感、意志(我仍愿采用古典的"知、情、意"三分法)三者之中,强调以"意"为主。道德乃是具有非常重要的自觉选择性的自由意志,即:做还是不做。

只有这种自由意志才导致道德行为。知而不能行，会而不能行，愿而不能行，即知道"应该"去做，并知道"如何"去做，也"愿意"去做，却仍然不做者，有善念而无善行，盖多有矣。也如 Ryle 所说，善念与善行只是逻辑关系，并无因果关系。知识无论是 knowing that 或 knowing how 是可以传授的，情感不能传授却能感染，意志不能传授也不能感染，它表现为"立意"（即自觉意识的"决心"，而非动物本能和欲望，并且常与这种欲望或本能相冲突）去做并真正做了，它常常需要锻炼或斗争才能获有。因之，知和情在道德领域中只是助力，只有意志才能使得人们去"做"或"不做"应该做或不做的行为，意志才是道德的动力，由于它具有做或不做的自意识（即自觉）的选择性，所以名曰自由意志。"应该爱父母"是观念，爱父母是情感，只有将爱父母实现在行动中，即各种具体的关怀、护卫、尊敬等行为、态度、言语、面容等等中，才成为道德。实现主要靠意志，非观念（即认知）也非情感。当然，意志并不全在道德领域，在日常生活和一般行为中，也需要意志和锻炼意志，如吃苦耐劳、发奋读书、体育训练、军事操习等等，但只要直接涉及他人或群体（这点很重要，即非仅为自己），它便含有不同层次不同程度的道德因素。意志在道德领域中则特别突出，尤其是在艰难困苦特别是生死关头，人仍能坚韧不拔、一往无前，以至杀身成仁、舍生取义，从而成为道德典范。可见，把道德纳入认识论范围，脱离情感特别是脱离意志（自觉的行动力量），乃是一种谬误，使之失去了本体品格，而强调自由意志作为个体行动力量正是主体性（subjectality）实践哲学即人类学历史本体论题中应有之义。当然，知与行，知、会、愿、做之间有许多关联和一致，也会有不少矛盾和冲突，这需要道德心理学进一步研究。

（二）因之，我明确反对孟子的"不虑而知，不学而能"的良知良能说，也不赞成王阳明"行即知，知即行"的知行等同说。这种主张，不仅抹煞了认识的"知"与道德的"行"之间的差异、距离和问题，而且将道德视作人人具有"见父母就知（行）孝，见兄长就知（行）悌"的自然的天赋能力，将孝亲、忠君等等道德行为等同于"好好色，恶恶臭"的自然生理的官能反应。这在今天如果不归之于神秘的或基督教的神恩、天赐、启示，便完全可以与当今西方流行的社会生物学合流。这与孔子讲的"克己复礼为仁""性相近也，习相远也""下学而上达""我非生而知之者"也大相径庭了。

其实，只有"克己"才能"复礼"，只有学、习（人为）才能有善，所以荀子说"其善者伪也"，"伪"即人为。这种学习或"克己"、人为，除了认识（即我所说的"观念要素"之外），主要依靠自觉意志的培育。王阳明强调"力行"，认为在"力行"之中才有真知和良知，其实强调的也正是"知行合一"中的坚韧不拔的意志力量；但毕竟由于其哲学理论上的天赋说，使王阳明很难清楚交待良知如何"致"和如何由"致良知"而开出社会伦理的整套规范，从而必然从逻辑上和事实上产生"满街都是圣人""端茶童子即是圣人"等并无客观规范的思想学说,后学也终于走向"天理即在人欲中""人欲即天理"的自然人性论。这一点,拙著已一再说过了。另方面,便演绎为否定"性"只认"情"、却又严厉地将"情"与"欲"绝对分开来的禁欲主义(如刘宗周)。于是王学虽然在特定时期可以产生反抗传统、解除束缚的思想解放的巨大功能、意义和价值,但也就如此了。

这样,比较起来,就反而不如朱熹。朱强调:"圣人千言万语,只教人存天理灭人欲",要求人们进行"今日格一物,明日格一物"的"格物致知",以外在的、先验的天理(实际乃"君臣、父子、夫妇、兄弟、朋友"的"礼",即外在社会规范)来主宰、控管、约束、规范人的一切自然情欲,以此日积月累地不断磨打、锻炼从而培育人的意志以及观念和情感,有如蔡元培所简明指出的"其为说也,矫恶过于乐善,方外过于直内"(《中国伦理学史》),由外而内,由伦理规范而道德行为,而这,不正是荀学吗?在朱熹那里,仁是理,理即性,仁之端是心,恻隐是情,心统性情。总之,以外在的、先验的理,主宰并融解为内在道德心性,而完成道德行为。并以"理一分殊",即承认从而要求每个人"变化气质",以所谓"义理之性"或"天地之性"来统管控约压抑人各有差异(所谓不同"清浊")的以自然生理为基础的"气质之性",把"事事物物"实际是人的各种行为都纳入这个规范中,订出各种等差顺次秩序规则的系统,成为可实践施行而非常庞大细密的道德观念和伦理准则,来有效地统治人们的身心。如拙前文所引谭嗣同所说"二千年之学,荀学也",荀—董(董仲舒"性仁情贪""性三品"说)—朱便成为统治中国两千年的伦理学。但朱熹却又是高举"四端""性善"的孟子大旗来构建此荀学的。

与此相关,韩国数百年前关于"四端""七情"的各派激烈争辩,细致深入,已超中国。其中一说认为"四端"(仁义礼智)乃理性抽象,"七情"(喜怒哀乐爱恶欲)是自然情欲,主张以"四端"控"七情"来解孟子。其实这正是朱学。程朱将"四端"说成有关形上、太极的天理,把"孝为仁之本"(《论语》)变作"仁为孝之本"(见拙文《论实用理性与乐感文化》),从而尽管高谈"性善""四端",实际有如上说,已转入荀学。宋明理学强调人需要"变化气质",强调"义理之性"主控"气质之性"等等,便呈现着某种荀学特征。本来,"四端"除"恻隐"之外,其他如"羞恶""辞让""是非",从常识说也很难说是生来具备"人皆有之"的天赋的"良知良能"。这涉及中国哲学史的许多问题。本文不能详论了。

(三)关键在于,既然我站在荀子、朱熹这条线上,为什么又说"兼祧孟荀"?既然认为朱熹是荀学,为什么又认为"孟旗"很重要?"孟旗"的价值、意义、功能又何在?拙文虽提出,但未详说,此问题重要,应补充两句。其实,这与我从一开始便强调应以 Hume 来补足 Kant、非常重视道德三因素中的情感要素,乃同一问题。

因为我认为,中国是巫史传统,没有宗教,它是"一个世界"观的"乐感文化"。这个世界观赋予整体宇宙、人生以乐观的、积极的、深厚的情感色彩，我称之为"有情宇宙观"（拙著《中国古代思想史论》1985）。《易传》说"天行健，君子以自强不息"，这个"自强不息"不是去追求灵魂升天回乐园，而是就在这个物质世界中奋勇力行，从而以一个与"天行健"相匹配的"人性善"作为支持人们行善的情感力量，就颇为重要。既然我已设定"至善"乃人类生存延续及其实践（见拙作《伦理学纲要》），从而作为个体，设定生来便有参与这生存延续和实践的"性善"作为情感、信念，也未为不可。由于有动物本能积极面（如动物也有的爱抚、协同、同情、互助等）的经验支持，使这一情感的哲学设定在后天理性培育扩展下由潜在而可以成为现实。"人性善"也只能是这样一种情感设定和表述。中国哲学的"有情宇宙观"认为处理一切事物，包括人自身的生长发展，需要理性（实用理性），仍然是"立于礼"，但是作为支持、鼓励、帮助这个生长发展得以完成、得以圆满的，却是乐观主义的这个世界的世俗或非世俗的感情："成于乐"（乐感文化）。正如中国传统的音乐理论一样：既强调快乐，同时又注重节乐，也就是快乐本身也是有节奏有韵律的，其中含有理性的节制，而不同于酒神精神的纵欲狂欢和毫无节制的生理享受；当然更不是禁欲苦行或超验理性的全面统治。这就是中国儒学的宗教性道德，以"人性善"的情感力量来构建人的可完善性的坚强信念，并使实用理性本身也渗入了某些情感因素。但是，它又仍然是情感信念，而非理性的逻辑推论。在那张"情—礼—理—情"的"总览表"（见《回应桑德尔及其他》）中，第一个"情"主要是指外在现实情况、情境、情势等,由于中国宗法血缘的社会结构基础,这情况情境等等与所谓"人情"就常有关联。夫妇、父子、君臣、兄弟、朋友便不只是社会角色的身份确认,而且其间有各种由近及远的情感关系和关怀。不同于以自由民独立平等的个体身份进入政治,从而以"理"(rationality)的"公正"(justice)为标的,中国传统及政治讲"情"的"和谐"(harmony)、"礼乐"并称,重视"关系",是有这个极为久远的现实物质生活根基的。

正因为此,情感作为助力就具有重要性。所以拙伦理学反复强调中国传统以塑建"情理结构"为人性根本,强调"好恶"(情感)与"是非"(观念)同时培育、相互渗透,合为一体,或有如阳明所说,是非也无非是个好恶之心,特别是锻炼出刚毅木讷的意志力量以实践之。这就是中国伦理学的品格,它也可说是一种儒学内部的"儒法互用",即以情润理,范导行为,并将个体修身与治国理政亦即将宗教性道德与社会性道德混同构建,合为一体。这也就是为什么朱(熹)式的性善说在中国传统中一直占据上风,而那些强调"原罪""超验"或追求"空无"的外来宗教教义和思想学说很难动摇这个传统的重要原因。这个儒学传统在未来可能具有更普遍的人类性、世界性,它既不是理智主义,也不是反理智主义,既不是 Hume 主义,也不是反 Hume 主义。从而如拙著所认为,今天需要对此传统分析、解构而重建之,即以情本体的宇宙观和审美形上学来范导和适当构建公共理性的现代社会性道德。也可说是:后者乃现代荀学,前者为现代孟旗,都有待人们去创造,以劳动力自由买卖和以个体为基点的现代社会(西体)如何与以家族农业生产和以群体为基点的古代荀学(我主张回归原典儒学,并反对以心性为体的宋儒,所以不能是朱学)特别如何与孟旗,既有严格区分又相交接融会(中用),等等,便是问题所在。这也就是包含在我提出的"两种道德说"和"新内圣外王之道"中的重要课题。

那么,到底人性善还是性恶呢?以前已回答过:从科学说,非善非恶(见《伦理学纲要》)。要注意这些概念应用在不同领域的语义问题。作为动物,人的自然性即动物本能中有群体间的相助、合作、亲昵、爱抚的方面,也有彼此争夺、伤害、仇恨、杀戮的方面。所谓人性善恶,实际是指如何去培育、发展前者和压抑、泯灭后者以成为人(个体)和维护整体的生存延续(人类)。性善、性恶或原罪等等都是某种宗教性传统的情感信仰,今天你我既可以接受也可以完全不接受这种信仰,完全可以不去相信孟子的"四端""良知良能",而只相信这个不可知而可思的宇宙总体有其"可知"(即发明)并可循的规则,从而以乐观的情感信念("宇宙与人协同共在")认定人类命运可自身掌握和创造,从而极端重视自己的自由意志的各种选择和决定。这在拙著如《哲学纲要》中已屡论及,此处不赘。

(四)上面多次讲到,善行不能止于善念。一般说来,有善念也才有善行,但好心办坏事,恶念成善事,也常有之。我也反复申说过"历史与伦理的二律背反""历史在悲剧中前行",这便超出道德(个体行为及心理)的讨论,而属于外在伦理规范和政治哲学的范围。这也就是我为什么要区分道德与伦理、区分道德心理学与政治哲学的重要原因。个体行为、特别是不同社会角色的个体行为的社会效应和历史作用,便是政治哲学和历史哲学所应详加讨论的重点之一,其中,历史的偶然性乃关键之所在。所以,尽管经济是社会生活的基础,但政治人物始终是历史的主要角色。

此外,西方近现代以来,功利主义、自由主义、社群主义、美德伦理所提出的核心议题,便是"自我"。拙著对此已有表态和交待,认为"自我"无论从外在的行为规范还是内在的心理追求说,都是非常重要的个体觉醒的成果,不能否定或否认,而应该力加保护和发展,而且挖掘和发扬个人的不同潜能,将是人类远景的重要方面。但实际上,又从来没有所谓"无负担的""原子个人"。拙伦理学的自我理论,是由大我而小我的历史主义,从而既反对自由主义的个人,也反对贬低、否认个人的社群主义。

这里想提出的一点是,反现代、反理性、反启蒙、反进步,其中包含着反个体反自我,已是当今世界的学术时髦,中国学人起而效尤。其实很简单,如无现代化的科技和启蒙所带来的自我和进步,包括医药、健康、寿命上的进步,那些反现代的时髦人物,恐怕根本活不到今天寿命的平均年龄来反现代化。当然,重要的是,当未来基因研究和人工智能的新科技进一步发展,有可能威胁到作为"至善"的人类的生存延续的时候,如何对待这些异化产品,将成为哲学特别是伦理学的核心。前景茫茫,课题林立,乐感文化的传统相信人类仍能解决。但解决之道则远非当今这些貌似高深、实乃浅薄的反现代化的叫喊喧嚣。

(五)与此相关的几个问题也可在此一说。

1)欲望。拙伦理学诸文将情感与欲望作了区分,拙著讲的"欲望"主要是指以自然生理苦乐感受为基础的物质方面所要求或追求的需要、快乐和幸福,它也就是人类生存的衣食住行、性健寿娱。我认为它们与道德并无直接关联。欲望能驱使人们行动,但并不一定是道德行为,它不是也不能成为道德行为的来由。这种"欲望"从来不是道德的动力或助力。

那么,如何解释孟子的"可欲之为善"、王阳明的"为善最乐"?我以为,这里的"欲""乐"并非上述自然情感、生理需求和物质享用与追求,而是人类培育出来的一种高级精神、情感和心理状态。这也就是我在《回应桑德尔及其他》中所说的 John Mill 的"高级"的幸福、快乐和欲望,如读书的欲望、祈祷的欲望、欣赏艺术品的欲望;道德领域内的行善的欲望、为群体或国家作贡献的欲望、参与义举的欲望,等等等等。这种"可欲"和"最乐"是某种精神上心灵上的追求和满足,其最高境界,例如某些基督圣徒背负十字架的"欢欣"、许多英豪烈士忍受苦刑或走上刑场的"快乐"等等,便与上述自然情欲完全不同甚至相反(如绝粒求死与饥饿求饭），经常恰恰是忍受、压制甚至泯灭自然情欲和生理肉体的苦痛，它实际上根本不是也不可能是一般的所谓快乐、幸福和欲望。我认为将这种与生理需求、快乐相反或并不相干、仅为精神追求的高级的"欲望""快乐""幸福"，与一般含义混同而泛论之，就会把问题弄得更不清楚，所以我在讨论中把它们暂时剔除在外。从正面说，王阳明也说，真能做到行善或善行如同"好好色、恶恶臭"的自然反应，就只有圣人了，道德或德行能做到有如生理官能反应一样的自然，是极为不易，即使"贤人"也只能"勉强而致之"。它当然只是包括但远不止于上述最高道德境界，但由此可见，道德并非一般"人皆有之"的欲望或情感。

2）情感。首先，什么是情感？我曾以情感（由内而外）与感情（由外而内）来区分 emotion 与 feeling，但自己也未能贯彻，现在只好不管西文，以"情感"与"情绪"来区分人与动物（包括婴儿），以及区分人性情感和动物性情绪。道德情感当然是前者。但什么是道德情感？这个词语也并不很清楚。是指道德行为之前的情感，如孟子的"恻隐之心"、Hume 的同情心呢？还是指由道德行为所生发出来（即道德行为之中或之后）的情感，如自己的快乐感、自豪感和他人或后人的崇敬感、景仰感？还是指日常生活中对人对事融是非于好恶的爱憎情感？Kant 讲，道德感情应是敬重，这倒可以包括道德行为中或行为后的自身和他人的主要情感。而鲜明的爱憎情感，则有如孔老夫子所说，"唯仁者能好人，能恶人"，以及"行己有耻""知耻近乎勇"（《中庸》），它接近走入意志—行动,亦即"羞恶之心"(义)。这些都正是我所强调的"以美储善",也都是道德心理学的重要问题,此处只能提及,不能展开了。至于作为所谓道德起源的情感,如恻隐、同情,我已反复说明,它们作为自然情绪,只是重要的助力,既非动力也非来源。也反复说过,我坚持中国儒学传统的人禽之别、人兽之分,反对动物也有道德感情。这就不必再说了。道德情感(moral emotions)中西文都用得极多,但都缺乏明确的界说或定义,其中种类繁多,等序有差,层次各异,关键仍在必须含有自觉或不自觉(如由习俗得来)的是非判断(即观念),才能区别于动物本能。拙作《论语今读》对"唯仁者能好人能恶人"有如下诠释,或可参考:"谁不能喜恶?这里依然是说,虽喜恶也并非一任情感的自然,其中仍应有理知判断在内。……其中有理又有情……不只是理知判断,或服从某种先验的律令态度,这与……Kant讲的实践理性……不同。中国的'是非'……总或多或少含有价值判断和情感态度在内。"(中华书局版,第69—70页)即融是非好恶于一体的道德情感。总之,要探究情感如何帮助、扩建意志,如何与观念相冲突、协同、磨合、融会等等,是坚持而不是舍弃"人是理性的动物"来构建自身,这才是要点所在。"理"是前导(阳),"情"是地基(阴),阴阳互补,才有情理结构。

3)观念。拙伦理学强调意志作为理性的形式力量,其内容或材料乃观念,即认知(包括 knowing that 和 knowing how,即知道应该去做或不做什么,也知道如何去做或不做什么)、知识、规范、准则。观念有对有错，有善有恶，也正因为观念有善恶对错，人的自由意志便既可行善，也可作恶。善恶观念是随时代、文化、宗教有所不同，而且变异，具有历史具体性和文化相对性。但是，人类各文化、各宗教、各社会在这些相对性、具体性的善恶观念之中，经由长久历史，又逐渐积累出具有人类普遍性、绝对性的伦理观念，如原始部落从杀戮或放逐老人到不杀不逐、各种战争中杀戮俘虏妇孺到不杀、今天不再溺女婴割女阴缠小脚等等。可见，不但内在意志有绝对性，而且外在伦理也积累出绝对性，它们成为国家、民族以及人类群体生存延续的必要支柱。这一观点和态度，在十多年前施琅问题的争论中，我已表明，即伦理道德具有绝对价值。

也可见，道德行为的善恶并不完全取决于"做不做"的自由意志，而取决于自由意志与善恶观念（善恶本就是人的观念，属于伦理规范，即认为对自己但主要是对群体生存延续有益有利的行为乃善，反之乃恶）的渗透合一。前面强调了道德行为的主要因素是自由意志的形式（亦即行动）力量，即"绝对律令"，即认为自己此行此举可"普遍立法"，他人均应仿效，正是在这意义上，我说过"9·11"恐怖分子可以说也有道德，他们为"圣战"（此观念被认为是"善"）献身，所以当年某些伊斯兰地区曾因此而欢呼他们以及拉登是英雄；但也如上述，善恶观念随文化、宗教特别是时代而不同而变异，在今天，这种自由意志的选择献身，便普遍不被认为是"善"（对）而被认为是"恶"（错），从而"9·11"

恐怖分子便不是英雄，而是恶汉，尽管有"汉子气"（即选择献身的自由意志），却是杀害无辜大众的巨恶，因为他们的善恶观念完全错了。这里显示出自由意志的形式力量被制限于伦理观念的具体内容的道德特征，也正是 Hegel 批评和取代 Kant 的要害所在。

但恶行并不止这一种，不止于自认为选择的是善念而做恶行，还有自己明知是恶却仍选择去做的另一种，它占了恶行的多数，特别在政治舞台上，某些恶行却可以取得成功，而成功却使得万千民众甚至整个国家民族和社会受惠，这里展开了历史进程的复杂面貌。孟子也讲过"徒善不足以为政"，只靠善念搞政治是不行的。在理论上出现了"理性的狡计""恶是历史发展的杠杆"，在事实上则有如拙前文举例的唐太宗、唐肃宗等等。从而如何分析、衡量、判定它们的是非善恶，就只有依靠"度的艺术"了，这属于政治哲学范围，这不详说了。但也因此，好些神学家便完全甩开各种具体历史情境，把自觉选择的自由意志作为恶的总根源，Kant 也说"根本恶"（radical evil）并非自然禀性，而在人的自由："道德上的恶必须出自自由。"（《单在理性限度内的宗教》）而我之所以提出"歌其功而不颂其德"和"历史与伦理二律背反""历史在悲剧中进行"等概念，就正是针对此，强调一方面伦理道德虽产生在人类历史行程中，需要具体地分析和解说，另方面它又具有不依附一时一地历史的独立性和绝对性，朱熹将之说成"天理"，王阳明将之说成"良知"，其实乃历史在人心中沉淀下来的积累性，而且仍须学而知之。所以，具体人物、事件的善恶判定、点评既显示出人生、生活各种复杂多变的面貌和状况，显示出历史的偶然性，也更清晰地展示：是理性（包括作为理性内容的观念和作为理性形式的意志）而非本能、欲望或情感，才是道德行为的动力；同时也更展现出在"历史与伦理二律背反"的悲剧行旅中，对实用理性的"度的艺术"把握的重要，这些都不是先验理性所制定的自由主义各项抽象原理所能限定了。

因之，在这里要说明的是，上面所说的"举孟旗"，便不再是举朱熹"天理人欲"的"四端"心性旗，而是举孟子充满情感的自由意志仁义旗（参见拙作《伦理学纲要》"孟子的伟大贡献"节）[1]。情感虽属道德的助力，但"其情愈厚，其义愈重"（梁漱溟），人的自由意志和生命力量可随情感而

---

1 拙著《中国古代思想史论·孔子再评价》（1985）曾指出，孟子认为"作为伦理实践必要条件的意志力量之所以不同于一般的感性，便正由于其中已凝聚有理性，这就是所谓'集义'。它是自己有意识有目的地培育发扬出来的，这就是'养气'"。不过，"这种由'集义'所生的'气'与'四端'，如'不忍人之心'（'恻隐之心'）等等又有何关系，是何种关系，孟子并没交待清楚。但很明显的是，孟子强调的正是这种凝聚了理性的感性力量"（三联书店版，第48页）。该文再三指出，孟子所谓"先验"的"四端"并"没有离开人的感性心理"（第45页）。因之"先验"只是"天赋"的意思，并无超越经验而又天赋予经验之义。后儒以脱离人的感性心理讲"四端"并以之为道德源头，却忽视或掩盖了孟子强调具有巨大感性力量的自由意志乃其主要贡献，是伦理学核心。正因为个体道德以此具有感性力量的自由意志为轴心，便使"仁"的四因素（见该文）能运作展开，从而构成中国传统伦理道德具有"人情"特色，而不同于 Kant 纯理性的"绝对律令"（categorical imperative）。

极大地增强和加大,并以之接养"上下与天地同流"的"浩然之气",这是由宋明理学回归原典儒学,这才是中国人的"位我上者,灿烂星空;道德律令,在我心中";亦即崇奉"天地国亲师(历史经验和至圣先师)"的情感信仰,似宗教却非宗教,它是审美形上学的有情宇宙观,也是道德领域的"情本体"建构。

(六)最后再讲几句"情理结构"。我认为,塑建"情理结构"即是树立人性,仍愿按古典说法,它主要是"知、情、意",三者又各有其知、情、意的方面,且三者相互渗透。认识以知为主,审美以情为主,道德以意为主,它们是脑神经元各区域间的不同通路、网络和信息形成的不同关联、结构、形态、模式,各关联、结构、形态、模式又有各种不同方式、不同层次、不同种类、不同类型。其变异之多,区分之大,形态之繁细、之复杂、之精妙,只有后世科学才能窥堂奥、得结果,但这很可能是未来对付可怕的所谓"完美的基因人"的重要前提。总之,今日哲学仅能提供某种视角,发明几个概念,澄清一些问题,以作引言而已。

2017年2月波斋

(原载《探索与争鸣》2017年第4期,略有增补)